NOUVEAUX
SAMEDIS

CALMANN LÉVY, ÉDITEUR

OUVRAGES

DE

A. DE PONTMARTIN

Format grand in-18

CAUSERIES LITTÉRAIRES, nouvelle édition.	1 vol.
NOUVELLES CAUSERIES LITTÉRAIRES, 2ᵉ édition, revue et augmentée d'une préface	1 —
DERNIÈRES CAUSERIES LITTÉRAIRES, 2ᵉ édition.	1 —
CAUSERIES DU SAMEDI, 2ᵉ série des CAUSERIES LITTÉRAIRES, nouvelle édition	1 —
NOUVELLES CAUSERIES DU SAMEDI, 2ᵉ édition.	1 —
DERNIÈRES CAUSERIES DU SAMEDI, 2ᵉ édition	1 —
LES SEMAINES LITTÉRAIRES, nouvelle édition	1 —
NOUVELLES SEMAINES LITTÉRAIRES, 2ᵉ édition.	1 —
DERNIÈRES SEMAINES LITTÉRAIRES, 2ᵉ édition	1 —
NOUVEAUX SAMEDIS	20 —
LE FOND DE LA COUPE.	1 —
LES JEUDIS DE MADAME CHARBONNEAU, nouvelle édition	1 —
ENTRE CHIEN ET LOUP, 2ᵉ édition.	1 —
CONTES D'UN PLANTEUR DE CHOUX, nouvelle édition	1 —
MÉMOIRES D'UN NOTAIRE, nouvelle édition	1 —
CONTES ET NOUVELLES, nouvelle édition.	1 —
LA FIN DU PROCÈS, nouvelle édition.	1 —
OR ET CLINQUANT, nouvelle édition.	1 —
POURQUOI JE RESTE A LA CAMPAGNE, nouvelle édition	1 —
LES CORBEAUX DU GÉVAUDAN, 2ᵉ édition	1 —
LE FILLEUL DE BEAUMARCHAIS, 3ᵉ édition.	1 —
LA MANDARINE, 2ᵉ édition.	1 —
LE RADEAU DE LA MÉDUSE, 2ᵉ édition	1 —
SOUVENIRS D'UN VIEUX MÉLOMANE, 2ᵉ édition.	1 —
LETTRES D'UN INTERCEPTÉ, nouvelle édition	1 —

IMPRIMERIE GÉNÉRALE DE CHATILLON-SUR-SEINE, J. ROBERT.

NOUVEAUX SAMEDIS

PAR
A. DE PONTMARTIN

VINGTIÈME SÉRIE

PARIS
CALMANN LÉVY, ÉDITEUR
ANCIENNE MAISON MICHEL LÉVY FRÈRES
RUE AUBER, 3, ET BOULEVARD DES ITALIENS, 15
A LA LIBRAIRIE NOUVELLE

—

1881

Droits de reproduction et de traduction réservés

NOUVEAUX SAMEDIS

I

L'ASSOMMOIR A ATHÈNES

1er novembre 1879.

— Monsieur veut-il aller ce soir au théâtre ? On donne *Martha*, me dit le garçon de l'hôtel du *Luxembourg* [1], mon ami depuis trente ans.

Martha ! ce doux nom me fit l'effet d'un rayon de soleil après un cauchemar, d'un baume sur une brûlure, d'une bonne gorgée d'eau fraîche après un verre d'absinthe frelatée, d'une vague senteur de thym et de ro-

---

1. A Nîmes.

marin dissipant tout à coup une odeur nauséabonde. Il me délivrait des *diables noirs* amassés dans mon cerveau par la lecture des premiers chapitres de *Nana*[1]; il me rappelait un mélancolique souvenir, ravivé, ces jours-ci, par la rentrée de madame Adelina Patti dans sa bonne ville de Paris. C'était, si je ne me trompe, le 6 février 1864. La merveilleuse cantatrice venait d'atteindre sa vingt et unième année, et elle avait pour elle, non seulement la majorité, mais l'unanimité. Mario, quelque peu vieilli, mais toujours élégant, lui donnait la réplique. La salle était splendide, étincelante, éblouissante, féerique, digne de l'époque héroïque du Théâtre-Italien. Le 4 septembre et la République n'avaient pas encore passé par là ; ils y ont passé, et ce beau théâtre n'existe plus.

L'avant-veille, Adelina avait chanté Rosine, et, tout en admirant les prodiges de cette jeune voix au timbre d'or, les habitués de l'orchestre, les grognards, la vieille garde du dilettantisme de 1830, avaient légèrement froncé le sourcil. L'adorable enfant gâtée en prenait trop à son aise avec la musique de Rossini. Trop de vocalises et de fioritures à la clef ! Le texte disparaissait dans les notes, le dessin dans les arabesques, l'étoffe dans les broderies. On savait ou l'on croyait savoir que l'illustre maître, avec cette ironie souriante et cette spirituelle insouciance qui cachaient un orgueil olympien, avait félicité la nouvelle Rosine d'avoir substitué sa musique à celle d'un

---

[1]. Voir le dernier chapitre du XIXe volume.

vieux radoteur tel que lui. Quoi qu'il en soit, elle s'était tenue pour avertie, et elle chanta tout le rôle de Martha, notamment la romance de *la Rose*, avec une simplicité si exquise, un tel charme d'expression et de style, une telle délicatesse de nuances, une telle perfection de sentiment, que le public ravi oublia d'applaudir, et qu'un frémissement de surprise et de plaisir courut dans toute la salle. Pour moi, cette douce soirée n'eut pas de lendemain; quelques heures après, je tombai gravement malade, et, quand je fus rendu à la circulation, l'oiseau de passage était parti. Je ne l'ai plus revu.

Martha à Nîmes, le 16 octobre 1879, me laissera un souvenir d'un autre genre. L'orageuse période des débuts n'était pas finie, et les cinq artistes chargés des cinq rôles de ce joli opéra savaient qu'ils allaient être, à la fin du spectacle, refusés par les abonnés, à grand renfort de boules noires et de bulletins négatifs. Cette certitude, on le comprend, les disposait assez mal à entrer dans l'esprit de leur personnage et à prodiguer des trésors de virtuosité. Ils auraient pu même se borner à une pantomime, en se disant : « Quoi que je fasse, c'est comme si je chantais ! » — Étaient-ils plus mauvais que d'autres ? Je n'en sais trop rien ; je me suis contenté de les plaindre au lieu de les écouter. D'ailleurs, je n'étais plus à Nîmes, j'étais à Athènes, et voici comment.

Par un reste d'habitude parisienne, j'avais acheté *l'Entr'acte nîmois;* je l'ouvre, croyant n'avoir qu'à le refermer sans le lire, et ne me doutant pas que ce petit journal me réservait une revanche. Ces mots : L'ASSOMMOIR A ATHÈNES, me sautent aux yeux. Je lis, et j'oublie Martha, Lionel, M. de Flotow, ces pauvres chanteurs qu'un inflexible aréopage va *tomber;* j'oublie même la Maison-Carrée et les Arènes. Me voici dans la ville de Minerve, en face du Parthénon et de l'Acropole. Il est bien entendu que je laisse au spirituel correspondant de ce *Furet nîmois* (c'est son titre) la responsabilité d'un récit qui m'a paru intéressant. Il signe Caloudès ; c'est déjà de la couleur locale.

Les Athéniens attendaient avec impatience la première représentation de *l'Assommoir* sur le Grand-Théâtre d'Athènes. La curiosité publique avait été vivement surexcitée par un retard de quelques jours et par un luxe de réclames désormais inséparable du bagage littéraire de M. Émile Zola, qui trouverait moyen de coller ses affiches sur le tombeau de Thémistocle. Les rôles de Coupeau, de Lantier, de Mes-Bottes, de Gervaise et de Virginie devaient être joués par MM. Épolutès, Mikalôs, Xilaphras, et par mesdames Philéïa et Kalomis, deux jeunes femmes de la plus élégante beauté.

Épolutès est un artiste très remarquable, dont le talent offre des analogies avec celui de Mounet-Sully. Il sait admirablement le grec ancien et moderne, parle à merveille le français, a cultivé ses classiques, et pourrait traduire, à livre ouvert, Euripide ou Aristophane.

Les Grecs peuvent avoir beaucoup de défauts ; mais ils sont généralement sobres ; Épolutès ne s'était jamais grisé de sa vie. Acteur extrêmement consciencieux, il répétait sans conviction, lorsque sa camarade Kalomis, — une fine soubrette, genre Augustine Brohan ou Jeanne Samary, — lui dit avec un malin sourire : « Je le crois bien ! tu vas jouer un rôle d'ivrogne, et tu n'as jamais bu que de l'eau rougie ! » Ces paroles ne furent pas perdues ; Épolutès voulut en avoir le cœur net. Il s'enferma avec une amphore, pleine de vin de Chypre, trois flacons de vin de Samos, une bouteille d'eau-de-vie, léguée à son père par l'héroïque Botzaris, et un panier authentique de la veuve Cliquot.

Il but ; mais, fidèle à ses traditions helléniques, ce ne fut pas sans avoir fait préalablement des libations à Phœbus-Apollon, à Bacchus, à Silène, à Cybèle, à Hercule, à Diomède, aux héros de l'indépendance ; après quoi, il s'en fit à lui-même ; l'effet fut prompt. Au sixième verre de vin de Chypre, il était gris ; à la quatrième gorgée d'eau-de-vie, il était ivre ; à la troisième coupe de vin de Champagne, il s'endormit. Épolutès avait joué la tragédie ; son sommeil ne pouvait être que tragique, c'est-à-dire doublé d'un songe. Muses ! si vous n'êtes pas découragées par les triomphes du naturalisme, aidez-nous à raconter le songe d'Épolutès.

Le ciel d'Homère ; un ciel d'azur, coloré, à l'horizon, des plus riches teintes de la palette méridionale, et se découpant sur des collines dont la nudité majestueuse peut faire envie aux cimes les mieux boisées. Au fond, le canal de Salamine, aboutissant au défilé que forment le mont Parnès et le mont OEgalée. A droite, un bois d'oliviers, trente fois séculaires, dont l'huile avait coulé sur le torse des athlètes, lors de la quinzième olympiade.

gauche, le Céphise, serpentant à travers ce bois sacré ; un peu plus loin, l'Ilissus, baignant le mont Hymette, où murmurent sans cesse des essaims d'abeilles, arrière-petites-filles de celles qui voltigeaient sur le berceau des demi-dieux. D'espace en espace, le temple de Thésée, le Pnyx, l'Aréopage, le Musée, le Parthénon, dominés par l'Acropole. Un rayon de soleil couchant répandait — c'est Chateaubriand qui le dit, — sur ces marbres de Paros et du Pentélique une couleur dorée, comparable à celle des épis mûrs ou des feuilles de chêne en hiver. Il n'y avait pas, dans ces paysages, dans ces monuments, dans ces ruines, un détail qui ne parlât à l'imagination et à l'âme, qui n'éveillât un grand souvenir historique ou poétique. C'était à la fois triste et souriant ; la traduction vivante de cette belle idée de l'auteur de l'*Itinéraire* :

« Je sentis que j'aurais voulu mourir à Lacédémone avec Léonidas, et vivre à Athènes avec Périclès. »

Au premier plan, où le dormeur *se voyait* couché sur un banc de gazon, le jardin d'Académe, bordé de lauriers-roses, orné de statues de Phidias et de Praxitèle. Épolutès crut entendre un grand bruit, comme si Jupiter tonnant eût essayé sa foudre. En même temps, le ciel bleu se voila d'un nuage plus lumineux que le ciel même. Le nuage s'ouvrit, et le Coupeau athénien eut la faveur d'une de ces apparitions mythologiques dont la recette semblait perdue depuis l'*Iliade* et l'*Énéide*. C'était Minerve, entourée d'un cortège digne d'elle ; Melpomène, Clio et Polymnie, précédant de quelques pas le groupe des grands hommes de la Grèce antique ; Homère, Hésiode, Solon, Périclès, Thémistocle, Eschyle, Sophocle, Euripide, Démosthènes, Phidias, Zeuxis, Praxitèle, Platon, Socrate, Aristophane, Alcibiade, Ménandre, Aristote. Chacun de ces illustres visages trahissait, à sa manière, les sentiments inspirés par la circonstance. Homère, aveugle, se résignait à versifier *l'Assommoir*, pourvu qu'on lui accordât que c'était une rapsodie. Solon ne savait plus quelles lois opposer à de pareilles mœurs. Alcibiade coupait de plus en plus la queue de son chien pour faire diversion à la cent cinquante millième réclame de M. Zola. Platon demandait, les larmes aux yeux, pourquoi les Parisiens mêlaient tant d'alcool à son *Banquet*. Socrate réclamait tristement une seconde tasse de ciguë, préférable, selon lui, aux boissons du père Colombe. Aristophane riait méchamment dans sa barbe, sous prétexte que le naturalisme dépassait de beaucoup les obscénités de *Lysistrata* et des *Grenouilles*. Euripide proposait de faire dévorer Mes-Bottes par le cyclope Polyphème. Démosthènes, d'un geste furieux et superbe, semblait lancer l'anathème aux *pochards* de l'avenir, ennemis naturels de la république athénienne. Aristote, navré, cherchait dans le vide ce qu'étaient devenues ses trois unités et s'étonnait que l'on pût ajouter tant de *plumets* à son chapitre sur les chapeaux.

Un grand silence se fit, et Minerve, s'adressant à Épolutès toujours endormi, lui dit, dans un grec aussi pur que les eaux de l'Hippocrène :

« Eh quoi ! vous, Épolutès, fils d'Alcidamas, fils de Sebasto-Poulo, vous n'avez pas honte ? Citoyen de la ville de Minerve, compatriote d'Eschyle, de Sophocle et d'Euripide, né sur les bords du Céphise et de l'Ilissus, à l'ombre de l'Acropole, nourri du lait de la chèvre Amalthée et du miel de mes abeilles, vous allez vous déguiser en zingueur, débiter l'argot de la rue de la Goutte-d'or, siroter les liqueurs infectes de la Petite-Civette, fraterniser avec Mes-Bottes, Bibi-la-Grillade, Lorilleux et le père Bazouge, et finalement simuler le *delirium tremens !* Non ! c'est impossible ; la Grèce moderne n'a-t-elle pas assez de ses douleurs et de ses misères ? N'est-ce pas assez que le citoyen Edmond About, ennemi des causes vaincues et républicain des lendemains, vous ait représentés comme plus proches voisins de Gaspard de Besse que de Miltiade ? N'est-ce pas assez que l'on décerne votre nom aux gens qui tournent trop souvent le roi à l'écarté ? S'il plaît à la ville de Paris, qui se croit ou se dit l'Athènes contemporaine, de se délecter de ces vilenies, de se divertir aux dépens d'un Olympe de mardi gras, est-ce une raison pour que les descendants de mes héros et de mes poètes emboîtent le pas derrière ces profanateurs de l'idéal, et pour que les filles de l'Attique chaussent les vieilles savates de Gervaise ? Épolutès ! toi que je regardais comme un de mes derniers fidèles, toi qui serais capable de dire aux échos du Pinde et de l'Hélicon les beaux vers de l'*Orestie*, c'est à toi que je confie le soin de m'épargner ce nouveau chagrin, ce nouvel outrage. S'il y a au monde un pays qui dût être réfractaire à ces triviales laideurs du réalisme, c'est la Grèce ; s'il y a, en Grèce, une ville qui dût être préservée de cette épidémie pestilentielle, c'est Athènes. Éveille-toi, et cours où t'appellent la poésie en deuil, l'Olympe en détresse, l'honneur de ta patrie et l'ordre de Minerve ; sans quoi, j'irai me plaindre à Jupiter. Il est déjà de très mauvaise humeur, et il se pourrait bien que son tonnerre intervînt dans la querelle de Gervaise et de Virginie ! »

La déesse termina sa harangue par trois vers de Pindare, que je ne citerai pas ; d'abord, parce que je les ai oubliés, et puis, parce que je manque de caractère. Ensuite, elle fit signe à son cortège, s'enferma dans son nuage ; le dormeur ne vit plus que ce nimbe d'or, ce nuage radieux, qui s'éleva peu à peu dans l'espace et disparut dans l'azur du ciel.

Épolutès se réveilla, complètement dégrisé. Sa mémoire gardait intacts tous les détails de son rêve. Mais que faire ?

il n'avait plus que trois jours avant la première représentation de *l'Assommoir*. En ce moment, Protagoras, son domestique, lui apporta un billet; c'était le directeur du Grand-Théâtre d'Athènes qui lui écrivait :

« Mon cher Épolutès, je suis très malade d'une indigestion de raisins de Corinthe, de figues de Mitylène et de pâté de grives de Marathon. Je vous prie de diriger à ma place la répétition générale de *l'Assommoir.*

» Tout à vous,

» PÉLOPIDÈS. »

Ce fut un trait de lumière. Épolutès, que son commerce avec les dieux et les grands classiques rendait quelque peu païen, crut à une intervention miraculeuse de la déesse de la Sagesse. Son parti fut pris à l'instant. Deux heures après, il réunit ses camarades, Mikalos, Xilaphras, Phileïa et Kalomis, sous prétexte de déjeuner champêtre, dans une île charmante, formée par les ondulations du Céphise. Jamais salle à manger en plein air ne fut plus pittoresque et plus poétique. Une admirable journée d'automne; un ciel plus pur que le cœur d'Hippolyte ; une atmosphère embaumée, d'une telle transparence, que l'on aurait pu compter tous les plis et tous les renflements du mont Hymette. Un massif de lentisques et de lauriers-roses abritait les convives. Ils n'avaient qu'à lever les yeux pour apercevoir tous les monuments, toutes les ruines de leur illustre ville, tous les vestiges de ce passé, consolateur des tristesses du présent. C'était la Grèce, c'était l'Attique, c'était Athènes, telles que les ont chantées nos poètes, dans toute la mélancolique beauté de leurs souvenirs, inclinées sur des tombeaux, plus éloquentes dans leurs décombres que toutes nos capitales dans leurs magnificences de parvenues ; si puissantes encore, malgré leur déchéance, qu'il suffit de les nommer pour réveiller en nous des enthousiasmes comparables aux essaims de leurs abeilles. Épolutès observait ses camarades. Il devina que leurs impressions ressemblaient aux siennes, que ces natures artistes, conservant un vague parfum de poésie héréditaire, étaient de plus en plus frappées du désaccord de ce cadre sublime avec les ignobles tableaux où ils allaient figurer. C'était le moment qu'il attendait.

— Mes amis, leur dit-il tout à coup, n'êtes-vous pas révoltés, écœurés, exaspérés de toutes les dissonances, de tous les contresens, de toutes les profanations, de tous les sacrilèges, contenus dans ces trois mots : L'ASSOMMOIR A ATHÈNES ?

— Oui, oui ! répliquèrent-ils avec un ensemble digne des chœurs d'*Iphigénie*.

— Oui, répéta Mikalos ; mais que faire ?

— Une *bonne farce*, comme disent les étudiants de Paris dans les romans de M. Victor Hugo. Pélopidès, notre directeur, m'a confié ses pouvoirs, et...

Ici, une chouette, l'oiseau favori de Minerve, vint se

poser sur un cyprès dont la funèbre pyramide se dressait au-dessus des lauriers et des lentisques. Épolutès ne parla plus qu'à voix basse. Que dit-il à ses compagnons et à ses compagnes, qui acceptaient son influence? Il nous fut impossible de l'entendre; mais la suite nous l'apprendra.

Le surlendemain, le Grand-Théâtre d'Athènes ouvrit ses portes à une foule compacte, qu'attirait une curiosité panurgique, mêlée de quelque défiance. Au bout d'un quart d'heure, la salle était comble, et, si je ne vous dis pas qu'elle était bondée, c'est de peur d'être le premier à me servir de ce néologisme. Il y eut un léger retard qui acheva de surexciter l'impatience et les commentaires. Les dilettantes, les lettrés, les philologues, les philhellènes, se demandaient avec anxiété comment le traducteur s'y serait pris pour faire passer dans sa belle langue des dialogues tels que celui-ci :

« — Chameau, va!

» — Ah! le chameau, qu'est-ce qui lui prend, à cette enragée-là?...

» — Va donc! c'est las de rouler la province; ça n'avait pas douze ans, que ça servait de paillasse à soldats... Elle est tombée de pourriture, sa jambe!... Dis, rouchie, qu'est-ce qu'on t'a fait?

» — Il faut les voir se bécoter... Et il t'a lâchée avec tes bâtards! De jolis mômes, qui ont des croûtes plein la figure! Il y en a un d'un gendarme, n'est-ce pas?

» — Salope ! salope ! salope !

» — Rosse ! Elle m'a perdu ma robe. Attends, gadoue !

» — Tiens, saleté !... Tu l'as reçu celui-là. Ça te calmera le derrière.

» — Ah ! la carne ! Voilà pour ta crasse. Débarbouille-toi une fois dans ta vie !

» — Oui, oui, je vas te dessaler, grande morue !

» — Encore un !... Rince-toi les dents, et fais ta toilette pour ton quart de ce soir, au coin de la rue Belhomme ! »

Enfin le rideau se lève, un rideau classique sur lequel un arrière-petit-neveu d'Apelles a peint une scène de *Phèdre*, d'Euripide, en choisissant comme fond de tableau les principaux monuments de la cité de Minerve. O surprise ! Au lieu du lavoir de la rue Neuve-de-la-Goutte-d'Or où vont s'ébattre et se battre Virginie et Gervaise, qu'aperçoit-on ? La grande place publique de Thèbes. D'un côté, le palais d'OEdipe et un autel où fume l'encens ; de l'autre, le temple et la statue d'Apollon Lycien. On découvre dans l'éloignement les deux temples de Pallas, près du fleuve Isménus. Une troupe de vieillards, de femmes et d'enfants est prosternée devant le palais du roi. Ils portent des bandelettes, des guirlandes et des branches d'olivier.

Épolutès, admirablement costumé et comparable, comme Talma, à une statue antique, descendait lentement les marches du palais d'OEdipe, et les spectateurs stupéfaits l'entendirent déclamer ces beaux vers avec moins de solennité que Maubant, mais avec moins de réalisme que Gil-Naza :

O Téka, Kadmou toû palai néa trophè [1].

Enfants, du vieux Cadmus jeune postérité,
Pourquoi vers ce palais vos cris ont-ils monté,
Et pourquoi ces rameaux suppliants, ces guirlandes?
Toute la ville est pleine et d'encens et d'offrandes,
Pleine de chants plaintifs, de sanglots et de pleurs !
Ne voulant point d'un autre apprendre vos malheurs,
Je suis venu moi-même, enfants, moi votre père,
Œdipe, dont la gloire emplit toute la terre !...
Parle donc, ô vieillard ! Il te convient, à toi,
De répondre en leur nom. — Que voulez-vous de moi?...
Qui vous rassemble ici? La crainte ou l'espérance?
Si vous souffrez, je veux calmer votre souffrance;
Car je serais cruel, en de pareils moments,
Si je ne me sentais ému de vos tourments !...

C'était l'*Œdipe-Roi*, ni plus, ni moins. Épolutès jouait Œdipe; Xilaphras, Créon; Mikalos, Tirésias; Phileïa, Jocaste; Kalomis, une des deux jeunes filles thébaines.

La première impression fut de l'étonnement; puis de l'hésitation; puis un peu de mécompte; quelques *gommeux* en gilet à cœur à l'instar de Paris, essayaient déjà

---

1. Faute de caractère, et trop sûr d'ailleurs de ne pas être embrassé, j'ai dû renoncer au texte grec, et j'ai eu recours à la belle traduction de M. Jules Lacroix, jouée, au Théâtre-Français, le 18 septembre 1858.

de sourds murmures et de légers coups de canne, lorsqu'un touriste parisien, caché dans une loge et se souvenant de son Voltaire, s'écria d'une voix vibrante :

— Saluez, Athéniens ! C'est du Sophocle !

Cette diversion eut un grand succès; dès lors la partie était gagnée et la *farce* tournait au profit d'un des plus purs chefs-d'œuvre de la tragédie antique. *Œdipe-Roi* triomphait de *l'Assommoir*. Ce public, peut-être dégénéré sur d'autres points, mais toujours fier de ses lettres de noblesse, toujours prêt à se réfugier dans son glorieux passé, toujours accessible aux splendeurs de son ciel, à l'harmonie de sa langue, au génie de ses poètes, se fit peu à peu le complice de cette mystification grandiose. De scène en scène, il ressentait plus profondément l'accord suprême, l'affinité intime entre le drame et le décor, entre les vers qu'il écoutait et les monuments qu'il allait revoir au sortir de son théâtre, entre les richesses et les obligations de son héritage. *Œdipe-Roi* s'acheva au milieu des applaudissements, et les acteurs furent rappelés avec enthousiasme.

Pourtant, le lendemain, il y eut des réclamations et des plaintes. Après tout, le directeur avait promis *l'Assommoir;* c'est *l'Assommoir* qu'on voulait. Il existait d'ailleurs un engagement avec notre agence dramatique. Il fallut s'exécuter. Trois jours après, on joua *l'Assommoir. L'Assommoir* fut effroyablement sifflé; sifflé comme si tous les serpents mythologiques s'étaient donné rendez-vous dans le Grand-Théâtre d'Athènes. Il se l'est tenu pour dit, et on ne l'a plus revu.

Ainsi Athènes, notre institutrice immortelle, nous avait donné encore une leçon. Ainsi Sophocle, guerrier et poète, avait défendu encore une fois l'honneur de sa noble patrie.

II

ALPHONSE DAUDET[1]

7 novembre 1879.

Le 3 novembre 1831, pendant cette Octave des Morts, où la nature semble porter le deuil de ceux que nous avons aimés, où les croix de bois noir disparaissent sous un amas de feuilles sèches, tandis que les platanes et les tilleuls du Luxembourg se dépouillaient sous le vent d'automne et que les derniers contre-coups de la révolution de Juillet grondaient encore en Europe, un homme éminent, qui avait eu ses jours d'éloquence, de pouvoir et d'éclat, mais que de douloureuses épreuves, une délicatesse de sensitive et un caractère mélancolique prédestinaient désormais à la politique élégiaque, M. Lainé,

1. *Les Rois en exil.*

monta à la tribune de la Chambre des pairs et dit avec une incroyable expression de tristesse prophétique et funèbre : « Les rois s'en vont! »

Vingt ans plus tard, un spirituel et terrible valétudinaire, un sceptique comparable à ces amputés sensibles encore à une vague souffrance dans le membre qu'ils n'ont plus, Henri Heine, le plus français des Allemands, un Faust clarifié par Voltaire, publiait sous ce titre : *les Dieux en exil*, une fantaisie étincelante, effrayante et désolante, et c'est tout au plus si Méphistophélès ne nous faisait pas entrevoir le Dieu de l'Évangile compromis, dans cet exil, avec les dieux de l'Olympe.

C'est entre ces deux souvenirs que je me place pour lire le nouveau roman d'Alphonse Daudet et pour en causer avec vous. Je ne veux considérer dans ce livre que l'œuvre d'art. Des circonstances particulières m'avaient rendu, je le crains, un peu injuste pour *le Nabab*. Peut-être me trouvera-t-on trop débonnaire pour *les Rois en exil*. Il est permis de demander si le moment était bien choisi pour entreprendre cette grande lessive en démarquant les chiffres et les couronnes brodés sur le linge royal. Mon premier mouvement est de dire non; mon second répond oui, et voici pourquoi. D'abord, accumulez toutes les défaillances royales et princières; comptez sur vos doigts et décrivez à la loupe ces déclassés du droit divin embarrassés de leurs loisirs, tentés ou séduits par l'Astarté parisienne, cherchant à s'amuser pour être plus sûrs qu'ils se résignent, heureux de s'étourdir pour être plus certains qu'ils s'amusent, usant dans les boudoirs les restes de leur prestige, cessant d'être chevaleresques à force d'être galants, émiettant dans des aventures le sentiment de leur grandeur et le chagrin de leur déchéance, se lassant d'espérer afin de mieux jouir, oubliant que le respect devrait s'accroître de tout ce qu'a perdu la puissance, sacrifiant au sourire d'une jolie femme la dignité de leur passé et les chances de leur avenir, arrivant peu à peu à faire bon marché de leurs droits pour se dispenser de leurs devoirs, et, sous l'invisible secousse de la fatale torpille, engourdis au point de ne plus se fâcher si un compagnon de plaisir ou une favorite de pacotille les traite en rois de féerie ou d'opérette. Énumérez tous ces désordres, exagérez toutes ces faiblesses, calculez toutes ces faillites; portez au *clou* ces sceptres et ces diadèmes; invitez les marchands de bric-à-brac à se partager les lambeaux de la défroque monarchique; vendez à la criée ou livrez à la curée ces voitures de gala, les broderies de ces manteaux, les perles de ces colliers, les plaques, les croix et les rubans de ces ordres; affectez de vous complaire dans ces tristes spectacles qui, en abaissant les races royales, sont loin de relever le niveau de la conscience humaine; vous n'atteindrez pas le quart, la vingtième, la centième partie des ridicules, des scandales et des hontes, infligés au pays d'*où les Rois s'en vont.*

Il y a plus; j'ignore si Alphonse Daudet a écrit son livre sous une inspiration républicaine. Ce que je sais mieux, ce qui résume mon impression de lecture, c'est que ce qu'il y a de beau, d'émouvant, de pathétique, de réconfortant dans *les Rois en exil*, ce qui en rachète les cruautés, ce qui dérobe ce roman aux triviales laideurs du réalisme, c'est justement le sentiment royaliste; c'est l'énergique résistance de quelques âmes hautes et fières à cette débâcle où le bal Mabille, les coulisses, le Grand-Club, le Grand-Seize et l'arrière-boutique de J. Tom Lévis achèvent d'engloutir les royautés vaincues, à cette métamorphose où les diamants et l'or des couronnes se changent en strass et en chrysocale. Le véritable héros du récit, ce n'est pas ce Christian II, ce roi d'Illyrie qui, Dieu merci! ne ressemble pas au mien et qu'Alphonse Daudet a peint de main de maître, avec sa physionomie de grand enfant libéré du trône comme d'un *pensum*, grisé de Paris, mi-parti de Slave et de boulevardier; tour à tour aimable et irritant, spirituel et nigaud, aimé et dupé; trop voluptueux pour être héroïque, trop futile pour rester à la hauteur de son double rôle; enclin à faire de son interrègne sa vie et ne demandant qu'à perpétuer son provisoire; prodigue sans grandeur, égoïste sans calcul, monarque réfractaire, père insouciant, époux infidèle, intrépide par procuration, sire mou ou cire molle, à votre choix; intermittent, mobile, *féminin* plus qu'efféminé, plus léger que méchant, plus coupable que vicieux; ayant des velléités de bravoure, des accès de repentir, des bouffées de religiosité catholique; hésitant entre une tentative de prétendant et un rendez-vous d'amoureux, mais se décidant pour le rendez-vous et ne trouvant pas mauvais que ses fidèles s'exposent à sa place et se fassent tuer pour lui.

Non! le vrai héros du livre, c'est Élysée Méraut, — l'Élisée du royalisme, — l'enfant du peuple, le légitimiste convaincu, ardent, passionné, éloquent, type d'abnégation, de dévouement et de courage; aimant la royauté pour elle-même, brûlant de tous les feux et de tous les rayons de la Saint-Henri, issu de notre chère *bourgade* nîmoise et se lançant à corps perdu dans le quartier Latin sans y rien laisser entamer de sa foi monarchique; aussi intact, aussi pur dans ce fouillis d'étudiants et de *soupeuses*, dans ce pandémonium de toutes les folies, de toutes les audaces et de toutes les misères, que la fontaine Aréthuse traversant les flots amers sans y rien perdre de sa limpidité et de sa douceur. *La bourgade! L'enclos de Rey!* Les pieuses reliques de famille! Le grand cachet de cire rouge! Le père Méraut se résumant dans ces mots, que je n'ai jamais pu entendre sans une émotion profonde : CATHOLIQUE DE NIMES! Alphonse Daudet, j'en suis sûr, n'a pas eu à chercher bien loin pour retrouver cette figure, pour récolter ces souvenirs dignes de désarmer l'ironie, de persuader le scepticisme, d'attendrir le sourire et d'égaler les plus beaux titres de noblesse. Parisien jusqu'au bout des ongles, plus accessible que Méraut aux dissolvants du boulevard; possédant, ainsi qu'il l'a prouvé dans son excellent *Tartarin*, une bonne et franche veine comique, il a pu, dans ces pages charmantes, mêler un grain de badinage à ces menus détails de fidélité royaliste et mesurer trop petitement le pas qui sépare le sublime du ridicule; mais c'est le rire mouillé dont parle Homère, c'est le procédé de Walter Scott nous faisant rire, lui aussi, aux dépens de Caleb et de Dominus Sampson, parce qu'il sait bien qu'il y aura un moment où il nous fera pleurer.

Il paraît, me dit-on, que cet Élysée Méraut a réellement existé dans toute l'expansion de ses ardeurs méridionales, dans toute sa fougue de bohème voué au blanc; qu'il s'appelait de son vrai nom Thirion ou Térion et que toutes les brasseries de la rue Saint-Jacques et du boulevard Saint-Germain ont entendu, écouté, applaudi la grande voix de ce tribun absolutiste, de ce Bridaine monarchique. Le personnage n'en fait pas moins d'honneur à l'auteur des *Rois en exil*, qui le soutient jusqu'au bout sans ombre d'hésitation ou de lassitude. A présent, placez en face de Méraut la reine, l'admirable reine d'Illyrie, ne faiblissant pas une minute, fermant les yeux sur l'inconduite de son mari, les rouvrant pour regarder son fils, personnifiant la Royauté dans ses caractères indélébiles et sacrés qui bravent la fureur des révolutions.

et les caprices de la fortune; pardonnant tout, supportant tout, pourvu que son fils Zara règne un jour; dédaignant les plaisirs et les fêtes; oubliant qu'elle est belle, ne voulant être que mère et reine, et, dans tout son entourage, ne rencontrant que Méraut qui la comprenne, qui s'ajuste à son idéal et qui prépare Zara à être roi... N'est-ce donc rien pour cette Royauté aujourd'hui livrée à tant d'outrages, l'alliance de ces deux êtres d'élite, venus des deux points extrêmes; cet enfant de la *bourgade* et cette fille de races souveraines s'unissant dans une même foi; cette main calleuse et cette auguste main se reposant ensemble sur la frêle et blonde tête d'un héritier de la couronne; ces deux symboles de ce qu'il y a de plus beau dans nos croyances politiques : le peuple qui croit en son roi, la royauté qui croit en elle-même; ce *duo* dominant les rumeurs de la grande cité corruptrice, les voix perfides de la sirène, les lâches accommodements de l'exil, et répétant devant un berceau les deux paroles gravées sur le cachet de cire rouge : FIDES! SPES!

Et, maintenant, que m'importent Christian II, et le prince d'Axel, et le roi de Palerme, et le duc de Palma, et la reine de Galice, et la princesse Colette, et la comtesse de Spalato! Ils ne sont pas mes rois, ils ne sont pas mes princes; les miens n'ont rien de commun avec ce groupe interlope où Alphonse Daudet a déployé, mieux que dans *le Nabab*, la méthode que Praxitèle appliquait à de plus jolis modèles, et qui consiste à composer une figure avec des traits épars, de manière à éveiller la curiosité sans la satisfaire et à la dépister sans la décourager. Je n'accepte un moment ces énervés de l'exil que parce qu'ils m'apparaissent dans un récit très intéressant ou plutôt dans des tableaux où l'artiste s'est surpassé. Mais je m'aperçois un peu tard que je ne suis pas clair, et que je suis entré trop vite dans mon sujet. En pareil cas, l'abbé de Féletz écrivait, pour s'excuser auprès de l'irascible comtesse de Genlis qui lui reprochait de n'avoir pas analysé *le Siège de la Rochelle* : « Mais aussi qui n'a pas lu *le Siège de la Rochelle ?* » A quoi madame de Genlis répondait en supputant le nombre d'exemplaires vendus d'après le chiffre des jours écoulés et en prouvant que l'abbé était un spirituel Gascon. Ce calcul serait, je n'en doute pas, tout à l'avantage d'Alphonse Daudet, et je parierais que, à l'heure où j'écris, son livre a déjà eu tant d'éditions et tant de lecteurs, qu'il n'a plus besoin d'être analysé. Au surplus, quelques lignes y suffiront.

Il y avait une fois un roi et une reine! Jadis c'était un conte ; aujourd'hui, c'est de l'histoire. Le roi et la reine d'Illyrie, chassés de leurs États par une insurrection populaire, malgré l'héroïque défense de Raguse, viennent à Paris, elle poursuivant une idée fixe de restauration, lui ne songeant qu'à se divertir. Hélas! dans notre siècle et dans l'atmosphère parisienne, il est

plus facile de se divertir que de se restaurer, à moins
que l'on ne confie à Brébant le rôle de Monk. C'en est
fait, le roi s'amuse; les femmes l'accueillent comme un
héros de roman, et, quand ce don Juan découronné veut
passer d'un chapitre à l'autre, il congédie et paye sa belle
victime en monnaie de singe : il lui envoie un des jolis
ouistitis dont il possède une collection. Pendant ce temps,
la reine cherche un précepteur pour son fils Zara, enfant maladif, qui représente pour elle l'avenir de la dynastie illyrienne. C'est à Élysée Méraut qu'échoit cette
mission si difficile et si délicate; il en est digne, et il s'y
livre tout entier. L'antagonisme de cette éducation prise
de haut, de ces deux âmes, l'une royale, l'autre royaliste, maintenues au même niveau et pratiquant stoïque-
ment le *Sic vos non vobis*, avec l'incurable légèreté, la
voluptueuse impénitence de Christian II, voilà, à vrai
dire, tout le roman. Elle sauve les apparences tandis
qu'il gaspille les réalités; elle oppose un front serein au
double supplice des lenteurs de l'exil et des fredaines
conjugales. Elle se dédommage de la douleur d'être
trahie par le soin de ne jamais se trahir. Sa vie n'est
qu'un long martyre, un continuel sacrifice, une aspiration incessante vers ce trône où elle rétablira son fils
si son époux ne mérite plus d'y remonter.

Élysée Méraut la seconde admirablement dans cette tâche d'immolation, — j'allais dire d'émulation généreuse.
Lui aussi, quoique bien plus humble que l'oiseau de Ju-

non, il se résigne à faire de sa plume une plume de paon au service des geais de cette cour postiche. Il en résulte un très amusant chapitre épisodique, une séance à l'Académie française, où l'on couronne sur la tête du prince Herbert de Rosen un éloquent *Mémorial du siège de Raguse*, dont Élysée Méraut est le véritable auteur ; mais, comme cette tête princière a déjà reçu, ès mains de la princesse Colette, plus trompeuse que celle du *Devin de village*, une autre espèce d'ornement, il est juste qu'il y ait compensation. Tout s'assombrit autour de la reine ; on dirait un horizon de palais qui se change en plafond de boudoir. Voici la dette ; puis la gêne ; puis les expédients ; puis le trafic de ces distinctions honorifiques, filles de la chevalerie, prostituées à l'encan. A chacune de ces phases, Christian II descend un échelon. Le roi n'était plus qu'un coureur d'aventures ; l'homme à bonnes fortunes se laisse ensorceler et mystifier par une jolie marchande de bric-à-brac, Séphora, femme de l'énigmatique Tom Lévis. Cet épisode de Tom Lévis, peu vraisemblable, même dans la gamme des inépuisables mystères de Paris, nous semble, comme le magasin du rusé compère, une politesse que l'art a faite à la curiosité. C'est une peinture grasse et gourmande que Balzac, le Balzac des derniers temps, de *la Cousine Bette* et du *Cousin Pons*, n'aurait pas désavouée. Mais *mon cœur n'est pas là!* Il est avec Élysée Méraut et la noble souveraine. Il s'y trouve bien ; car l'idéaliste le plus discret n'aurait pas décrit avec une délicatesse plus exquise le sentiment que cette communauté de pensées, de vœux, de travail, de convictions, d'espérances, l'intimité de chaque jour avec Zara pour trait d'union, font naître dans l'âme fortement trempée de ce bourgadier inculte et sauvage, neuf pour l'amour, en garde contre les surprises des sens, mais non pas contre les coups d'État d'une passion romanesque, intimidée à la fois et rassurée par l'immensité des distances.

Ce n'est pas décrit, c'est indiqué; ce n'est pas raconté, c'est deviné; ce n'est pas un amour qui se dessine et se déclare, c'est une ombre qui glisse sur les hauteurs de cette âme, comme celles que la brise de mai fait courir sur la cime des blés. A force de penser tout haut l'un pour l'autre, on se comprend; à force de se comprendre, on s'admire; à force de s'admirer, on s'aime; car la reine aussi, cette reine immaculée, mais délaissée, offensée, outragée, a sa petite part de la mystérieuse blessure; un souffle attiédi fond les neiges de l'Himalaya; une chaude bouffée effleure la robe d'hermine. La faute n'existe pas; la tentation est impossible; le sentiment même est insaisissable. Et pourtant l'admirable femme est ou se croit châtiée, comme si elle était coupable; le châtiment lui vient de celui-là même qui, pendant un instant plus rapide que l'éclair, a mis un léger trouble dans cette auguste sérénité, une invisible piqûre sur cet épiderme invulnérable. Élysée, ce vaillant Élysée, qui donnerait sa vie pour son jeune élève Zara, essaye avec lui une carabine, dont la balle, ricochant sur la ferrure d'un treillage, vient frapper le petit prince au visage; malheur d'autant plus poignant pour la reine et pour la mère, que l'impardonnable Christian vient d'abdiquer en faveur de son fils. Il y a là un cri qui révèle un maître. Élysée, au désespoir, n'ose pas demander grâce : « Va-t'en ! va-t'en ! Que je ne te revoie jamais ! » lui crie la reine avec un regard terrible. Elle le tutoie pour la première fois, et elle le chasse pour toujours. — « C'était son amour qu'elle avouait devant tous pour s'en guérir, son amour qu'elle lui jetait en injure à la face dans l'insolence de ce tutoiement. » — Ah ! messieurs les *jeunes !* messieurs les réalistes ! si vous nous donniez souvent des scènes comme celle-là, des romans comme celui-là, nous serions vite d'accord !

Les quarante dernières pages ne sont pas moins belles. La lente agonie et la mort d'Élysée Méraut réduit à l'état d'âme en peine, la visite de pardon et d'adieu qu'il reçoit *in extremis*, la consultation chez le docteur Bouchereau, le cri suprême de la reine, qui redevient mère, uniquement mère, aimant mieux conserver son enfant aveugle qu'exposer sa vie pour obtenir sa guérison, ce sont là des scènes de premier ordre, qui me confirment dans l'idée que, si Alphonse Daudet a voulu taquiner ma foi monarchique, il a atteint le but diamétralement contraire. J'en dirai autant de la page vraiment tragique, qui produirait un immense effet au théâtre ou qui offrirait à un peintre le sujet d'un admirable tableau : celle où Christian, criblé de dettes, exploité par Tom Lévis, affolé pour Séphora, va signer en échange d'une somme de deux cents millions sa renonciation au trône d'Illyrie, et où la reine Frédérique, tenant Zara dans ses bras, ouvre la fenêtre, apparaît suspendue dans le vide et menace le roi de se précipiter sur le pavé, elle et son fils, si à l'opprobre de ses désordres il ajoute l'ignominie de cette signature.

N'y a-t-il donc rien à critiquer dans ces *Rois en exil*, qui me semblent le chef-d'œuvre d'Alphonse Daudet? Absolument maître de son style, arrivé à une remarquable perfection de détail, il décrit trop bien, ce qui l'amène à trop décrire. Un de ses détracteurs a dit de lui, qu'il faisait de la littérature de myope. Soit! pourvu qu'on m'accorde que ce myope est muni d'un binocle magique! Ce qui est vrai, ce que les hommes de ma génération ont le droit de rappeler à la nouvelle école, c'est que l'art a ses lois, qui ne sauraient changer tous les trente ans; c'est que le roman ne peut pas se passer de proportion et d'harmonie entre ce qu'il raconte et ce qu'il peint; c'est que les situations fortes, les caractères accentués, les passions ardentes, les scènes pathétiques, les éléments d'intérêt dramatique, perdent de leur intensité et de leur relief si l'auteur me distrait de mon émotion en me montrant un tableau. J'adresserai, en finissant, un autre reproche au brillant et heureux écrivain : il est trop modeste. Pourquoi s'affilier à un groupe, pourquoi se rattacher à quelqu'un, lorsqu'on est de force à ne relever de personne? Je ne voudrais pas froisser à la fois un sentiment d'amour-propre et un souvenir de deuil et donner à entendre que M. Edmond de Goncourt n'a plus de talent depuis qu'il n'a plus de frère; mais enfin Alphonse Daudet sait comme moi que *la Fille Élisa* est une ordure, ou, ce qui revient au même, une sœur aînée de *Nana* et que *les Frères Zemganno* sont tombés de leur haut comme le héros du livre. Pourquoi dédier *les Rois en exil* à M. Edmond de Goncourt sous forme d'hommage de disciple à maître, de vassal à suzerain? Est-ce tout? Pas encore. J'aime à croire qu'on m'a trompé en m'assurant qu'Alphonse Daudet se propose un autre modèle, que le plus beau jour de sa vie littéraire serait celui où un connaisseur confondrait sa prose avec celle de M. Zola. Ici, la modestie serait de la démence. Dès son début, Alphonse Daudet a réussi et a mérité de réussir. *Le Petit Chose* et *Tartarin de Tarascon* ont prouvé qu'il possédait les deux cordes, qu'il excellait également à faire rire et à faire pleurer. Ses *Contes du Lundi*, ainsi que ses *Lettres de mon Moulin*, abondent en pages exquises. Depuis lors, il n'a compté que des succès. Et il abdiquerait sa *personnalité* charmante, sa physionomie originale, son fin profil de camée, en l'honneur d'une grosse figure bouffie d'orgueil, couturée de prétentions,

gonflée d'annonces, ballonnée de réclames? Allons donc!
Vous représentez-vous Corneille se disant le disciple de
Boyer, Racine se déclarant l'élève de Campistron,
Voltaire se proclamant l'écolier de La Harpe? Si je ne
m'abuse, — et je ne suis pas seul de mon avis, — M. Zola
touche au moment où une réaction universelle, gigantesque, irrésistible, impitoyable, va faire justice de son
insolente fortune; et je n'ai pas besoin de nommer la
création — non, la créature, qui nous promet cette
revanche. Je ne ferai pas au livre d'Alphonse Daudet
l'injure de le comparer à cette œuvre immonde, qui est,
dès aujourd'hui, si je suis bien informé, jugée, condamnée et exécutée, et qui comptera parmi les scandales
de la République. Non, mais je dirai à l'auteur des *Rois
en exil*, avec la rude franchise d'un paysan du Rhône
qui serait fier d'être un *bourgadier* de *l'enclos de Rey* :
« N'imitez pas votre Christian II... N'aspirez pas à descendre! »

III

TH. BENTZON[1]

Novembre 1879.

Il y a sept ou huit mois, — (voir le xviiie volume des *Nouveaux Samedis*) — je vous parlai de deux sœurs, à propos de Lucile de Chateaubriand et d'Henriette Renan. Aujourd'hui, c'est encore de deux sœurs que nous allons causer, mais dans un sens et dans un cadre tout différents. La première en date s'appelle Aurélie, la seconde se nomme Georgette.

Le 1er avril 1852, — je présentai à M. Buloz, sous le titre de *Françoise*, une nouvelle qu'il reçut à corrections. Ce mot m'est aussi antipathique qu'il peut l'être aux jeunes auteurs dramatiques, après une lecture de-

[1]. *Georgette*.

vant le comité du Théâtre-Français. J'avais cru mériter mieux ; je savais, par expérience, que je ne *corrigerais* que pour faire beaucoup plus mal. Mon sujet m'était apparu sous tel aspect ; je l'avais conçu, médité, traité, de telle façon. Les remaniements ne pouvaient être qu'illusoires, fâcheux, ennuyés, compliqués, tiraillés, interminables. Découragé, irrité, agacé, énervé, je sortis du jardin légendaire de la rue Saint-Benoît, résolu, non pas à me jeter dans la Seine, mais à y jeter mon manuscrit, ou à le conserver intact, sans y changer une virgule, en me fiant à la Providence.

La Providence m'attendait, au coin de la rue de l'Université, sous les traits de cet excellent marquis de Belleval, le directeur unique, si bon, si poli, si exquis, si obligeant, si accueillant, si débonnaire, si généreux, que, s'il s'était obstiné trois ans de plus, il serait mort sur la paille. Le marquis de Belleval allait fonder la *Revue contemporaine ;* il me fit l'honneur de me demander de la *copie*. Je rentrai ; je démarquai le trousseau de Françoise, qui, d'ailleurs, n'en avait pas besoin, puisque je ne la mariais pas au dénouement. Je la débaptisai ; je l'appelai Aurélie, et c'est sous ce nom plus romanesque qu'elle parut dans la nouvelle *Revue*.

Je ne m'attendais pas à la retrouver, au bout de vingt-sept ans, dans cette même *Revue des Deux Mondes*, qui m'avait presque *blackboulé*, embellie, grandie, développée, perfectionnée, mais encore très reconnaissable, surtout pour l'œil d'un père. Certes, l'auteur de *Georgette*, la femme de talent qui signe Th. Bentzon, ne peut être soupçonnée de plagiat ; elle a fait ses preuves, notamment dans *l'Obstacle*, récit extrêmement remarquable, original, dramatique, émouvant, dont je me reproche de ne pas avoir rendu compte. Je suis très persuadé qu'elle n'a pas lu *Aurélie*, petit malheur, qui lui est, hélas ! commun avec l'immense majorité des Français. Mais enfin il existe entre son roman et ma nouvelle de tels points de ressemblance ; les deux sœurs, Aurélie et Georgette, malgré la différence des âges, ont si absolument la même physionomie et les mêmes traits ; je suis, d'autre part, si fier de m'être rencontré avec madame Bentzon, je serais si heureux de l'avoir inspirée, qu'il m'est impossible de ne pas lui soumettre, sinon une réclam...ation, au moins une remarque.

D'abord, les deux sujets sont exactement semblables, ou plutôt c'est le même sujet ; une jeune fille pure, innocente, chastement aimante, sincèrement aimée, faite pour les honnêtes joies du pays natal et de la famille, victime des désordres superbes de sa mère. Chez ses parents, même situation, mêmes dissonances d'habitudes, de goûts, de sentiments et de caractères. M. Danemasse, le père de Georgette, timide, peu expansif, peu brillant, peu séduisant pour une femme romanesque, ayant le malheur de ressentir plus qu'il n'exprime ou de ne pas savoir exprimer ce qu'il ressent ; le sosie de

M. d'Ermancey, père d'Aurélie. Madame Danemasse, comme madame d'Ermancey, admirablement douée, d'une beauté inquiétante et inquiète, éprise d'idéal et d'inconnu, emportée par son imagination ou son orgueil, s'ennuyant dans un milieu prosaïque et bourgeois, insensible aux affections légitimes, et finissant par fuir le toit conjugal; les deux femmes, changeant de nom, après leur équipée, l'une pour s'appeler madame de Villars, l'autre Arsène Gérard. Aurélie et Georgette, également trompées par les apparences, séduites et comme enivrées par l'atmosphère de passion que ces femmes ont l'art de créer autour d'elles, se donnant tout entières à leurs mères, et ne conservant pour leurs pères qu'un souvenir très vague, un sentiment à peine perceptible, comparable à une image lointaine, tracée et bientôt effacée sur le sable; M. Danemasse, toujours comme M. d'Ermancey, enfermant sa blessure, se résignant à l'abandon, refusant de protester contre cette injuste préférence, et se bornant (tous deux semblent s'être donné le mot), à écrire une lettre, qui doit être remise à Georgette, — comme à Aurélie, — le jour où Georgette, — comme Aurélie, — aura besoin de son père, c'est-à-dire sera désabusée, éclairée par un coup de foudre, et frappée au cœur.

Ici, je copie quelques lignes :

Lettre de M. Danemasse : — « Ma fille, quand tu liras cette lettre, tu auras besoin d'affection et d'appui.

Rappelle-toi que tu peux trouver l'un et l'autre auprès de ton père, qui, de son côté, n'a plus d'espoir qu'en toi. »

Lettre de M. d'Ermancey : — « Ma chère enfant, j'ignore si ces lignes vous parviendront. D'après ma volonté formelle, elles ne vous seront remises qu'au moment où vous vous souviendrez de moi. Dieu veuille que ce souvenir, éteint aujourd'hui, ne soit pas réveillé dans votre âme par un malheur ou un chagrin ! »

Or ce malheur ou ce chagrin — vous l'avez deviné — est ponctuellement le même pour les deux jeunes filles ; le trait de lumière ; la découverte fatale et inévitable ; une double douleur filiale : cette mère qu'elles ne peuvent plus aimer sans angoisse et sans trouble, ce père qu'elles ont méconnu et négligé ; tout un arriéré de tendresse à payer au pauvre délaissé ; et, pour ajouter à l'intensité de ces sentiments, à l'amertume de ces douleurs, un premier amour, virginal et pur, se brisant contre l'obstacle implacable, le scandale des fautes maternelles, les préjugés du monde, les scrupules de l'honneur dans une famille où les traditions de vertu ne se sont pas un moment démenties, où les plus austères sacrifices semblent préférables à la plus légère souillure ; la crainte, pour cette jeune âme, aspirant déjà à tous les dévouements de l'amour vrai, de nuire, par le seul fait de la tache originelle, de la *tare* héréditaire, à la carrière, au repos, au bonheur de l'homme qu'elle voudrait voir heureux et honoré entre tous. Étant données ces situations parfaitement identiques, les détails peuvent varier, les incidents peuvent offrir certaines différences ; ce qui n'est qu'indiqué dans *Aurélie* peut être développé dans *Georgette*. N'importe ! les similitudes n'en sont pas moins frappantes ; ce sont deux sœurs : l'une est en robe rose, l'autre en robe blanche ; rien de plus.

Est-ce tout ? Pas encore. Avant d'arriver là, nous avions eu d'autres rencontres, d'autres surprises. Par des motifs trop faciles à comprendre, madame d'Ermancey, — *aliàs* Arsène Gérard, — et madame Danemasse, — *aliàs* madame de Villars, — placent leurs filles dans un élégant pensionnat. Ici je copie derechef :

— *Aurélie*. — « Madame Aubert (c'est le nom de la maîtresse de pension) lui demanda, non sans un peu d'embarras :

» — Sous quel nom dois-je inscrire mademoiselle ?

» Celle à qui s'adressait cette question fit un effort violent pour se contenir. Elle y parvint et répondit d'une voix assez ferme :

» — Mais... sous son nom, le mien, celui de mon mari : Aurélie d'Ermancey. »

— *Georgette*. — « Madame Despreux (id. ibid.), assise devant son petit bureau de laque, une plume à la main, demandait :

« — Quel nom dois-je inscrire ? Je n'ai encore marqué que le numéro. »

» Dans la demi-minute d'imperceptible hésitation qui suivit, elle reprit avec volubilité :

» — Pardon!... j'oubliais! La carte que vous m'avez fait passer l'autre jour portait : « Madame de Villars; » donc, j'écrirai : mademoiselle...

» — Georgette Danemasse, interrompit précipitamment madame de Villars, sur le front de laquelle perlait une sueur légère.. »

Actuellement, nous voici à la pension Aubert, ou, ce qui revient au même, à la pension Despreux. Je copie de nouveau :

— *Aurélie.* — « Un jour pourtant qu'elle voyait prête à lui échapper de la même manière et sans plus de motif une jeune fille à laquelle elle s'était attachée davantage, elle ne put s'empêcher de lui demander, les larmes aux yeux :

» — Que t'ai-je fait ? Pourquoi ne m'aimes-tu plus?

» La pensionnaire, après avoir longtemps refusé de répondre, lui dit en sanglotant :

» — Je t'aime toujours, mais mes parents me l'ont défendu... »

— *Georgette.* — « Pourquoi donc la maman de Denise m'en veut-elle? demanda la petite fille; je suis toujours au tableau d'honneur et parmi les plus sages... Eh bien, elle a pourtant défendu à Denise de jouer et de causer avec moi, comme si j'étais d'un mauvais exemple... Je n'y comprends rien... »

Dans *Georgette* comme dans *Aurélie,* la même crise

amène les mêmes effets ; Georgette, comme Aurélie, va retrouver son père dans la solitude où il a vécu en attendant l'heure de la réparation et de la justice. Dans l'un et dans l'autre récit, même joie du père si longtemps abandonné, même empressement de la fille à s'emparer de son petit royaume, même balsamique influence exercée par cette jeune souveraine, cette bonne fée, soit dans le cœur meurtri qu'elle console, soit dans ce logis mélancolique et morne qu'elle égaye et vivifie. Écoutons Georgette : « Une chambre au premier étage ne s'est pas ouverte comme les autres ; mon père a pressé le pas en passant devant *elle* (quel français ! ô Gustave Planche !)... Depuis, je suis revenue sur cette porte close... J'ai interrogé Desle (la vieille gouvernante) ; après avoir beaucoup hésité à répondre, elle m'a dit tout bas, comme si, en parlant, elle eût enfreint un ordre : « C'était la chambre de votre maman. »

Écoutons Aurélie : « Elle allait de chambre en chambre, essayant de retrouver l'empreinte, de respirer le parfum des années disparues. Dans cette revue rapide, elle passa devant une porte fermée qu'elle voulut ouvrir comme les autres. « Non, mon enfant, celle-là ne s'ouvre » plus, » dit tristement M. d'Ermancey. — Aurélie baissa la tête et son cœur se serra ; c'était l'appartement de sa mère... »

Je prévois l'objection. Vingt-six ans se sont écoulés depuis la publication d'*Aurélie*, et, mes écritures devant être, au bout d'un quart de siècle, aussi complètement oubliées que si elles n'existaient pas, le sujet que j'ai traité rentre dans le domaine public.

Pardon ! J'admets l'oubli pour tout le reste, mais non pas pour cette nouvelle d'*Aurélie*. Elle a été conservée dans le vinaigre. Vous la retrouverez à la page 18 du second volume d'une œuvre INOUBLIABLE, les NOUVEAUX LUNDIS. Au moment où nous étions le plus brouillés, Sainte-Beuve, voulant m'être désagréable, — ô néant de la sagesse humaine ! — consacra à mes ouvrages, dont le nombre s'est, hélas ! trop accru depuis lors (1862), un article entier, un très long article, que mes amis trouvèrent méchant, qui me parut à moi, sauf quelques détails inexacts et quelques citations perfides, d'une justesse et d'une modération remarquables chez un adversaire, méritoires chez un ennemi. Malgré toute sa finesse, il ne s'aperçut pas que, par cela seul qu'il me critiquait en vingt-sept pages, il m'immortalisait en essayant de m'occire. *Aurélie* figurait au premier rang dans cette exécution courtoise, et c'est à peine si elle avait droit de se plaindre; car, en lisant des phrases telles que celles-ci : « *Aurélie* est une nouvelle qui débute d'une manière agréable et délicate. Il y a une première moitié qui est charmante... Tout cela est bien touché, pas trop appuyé, d'une grande finesse d'analyse... Jusqu'ici, j'en conviens, la nouvelle est parfaite, etc., etc. » — bien des gens pouvaient s'écrier : « Que dirait de mieux un ami ? »

Les critiques de Sainte-Beuve s'adressant toutes à la seconde partie, et se renfermant dans une question de morale, — toujours cette fameuse morale! — je répliquai dans un livre qui ne fit que trop de bruit. Plusieurs écrivains que je ne connaissais pas, que je n'avais jamais vus, dont les opinions différaient des miennes, entre autres Alphonse Duchesne, du *Figaro*, prirent énergiquement parti pour moi. En outre, *Aurélie* figure à la place d'honneur, dans un volume de *Contes et Nouvelles* qui marqua ma lune de miel littéraire, et me valut, de la part d'un de nos critiques les plus éminents [1], cette phrase que j'appellerais volontiers, à l'instar de Joseph Prudhomme, le plus beau jour de ma vie : « L'auteur d'*Aurélie* effeuillerait une sensitive sans la faire souffrir. » On le voit, il est difficile de prétexter cause d'ignorance.

Au surplus, *quand même?...* Depuis quand le plus ou moins de souvenir ou d'oubli refuse-t-il ou livre-t-il une œuvre à l'exploitation de son voisin ou de sa voisine? Les compagnies de chemin de fer, les préfets et les architectes n'ont pas encore inventé ce genre d'expropriation par autorité d'injustice. Ne serait-il pas trop commode de dire : « Voilà des romans qui ne valent pas ceux de Jules Sandeau ou d'Octave Feuillet; ils n'ont pas laissé de trace; donc, ils m'appartiennent, et je vais y chercher un sujet, des situations et des caractères à

[1]. Paul de Saint-Victor.

ma convenance. » — Au risque d'être comparé à M. Josse, je soutiens tout le contraire. Le proverbe prétend qu'on ne prête qu'aux riches ; soit ! mais il serait inhumain d'ajouter qu'on n'emprunte qu'aux pauvres. La propriété du pauvre est plus sacrée que celle du riche ; celui-là tient plus à sa chaumière et à son âne que celui-ci à son château et à ses attelages. Un jésuite spirituel, le P. Garasse, assure que les mauvais auteurs sont justement ceux qui peuvent sans péché s'enorgueillir de leurs ouvrages, de même que les grenouilles sent plus contentes de leur *chant* que les rossignols. Eh bien, il ne me déplaît pas de ressembler aux grenouilles, surtout à celles qui demandent un roi.

Reste un dernier point de discussion. C'est, je crois, Voltaire qui a dit que, lorsqu'on pillait un écrivain, il n'y avait pas de meilleur moyen que de le tuer pour échapper aux poursuites. C'était le procédé de Molière prenant son bien où il le trouvait. En est-il ainsi pour *Georgette ?* Franchement, je n'en suis pas sûr. La nouvelle a soixante pages ; le roman a un volume. Il y a donc bien des choses dans le roman qui ne sont pas dans la nouvelle. Peut-on y reconnaître des beautés assez supérieures pour effacer tout ce qu'elles touchent ? Voyons. D'abord, l'histoire est racontée par un vieux célibataire, admis dans l'intimité de madame de Villars, confident et témoin de ses coupables amours, et accepté, en tiers, entre elle et le beau Thymerale. Est-ce une fiction bien heureuse ? Je m'étonne qu'une femme, qui a fait preuve, en maint endroit, d'une rare délicatesse de sentiments et de nuances, n'ait pas compris qu'il y avait là quelque chose de choquant. Un vieillard assez faible pour se résigner à pareil rôle doit en être si honteux, qu'il n'a plus qu'à se cacher, à se taire et à mourir. L'auteur de *Georgette* n'a pas plus épargné l'enfance que la vieillesse, et ceci me semble plus blessant encore. Dans les premières parties du récit, Georgette est en contact journalier avec M. de Thymerale ; elle le voit assidu chez sa mère, et son innocence seule l'empêche de chercher à s'expliquer le secret de sa présence. Cette promiscuité de l'adultère et de la maternité me cause une sensation pénible, qu'il m'est plus facile d'éprouver que de définir. Georgette ignore, j'y consens ; mais elle n'ignorera pas toujours ; d'ailleurs, le narrateur et le lecteur savent, et c'est déjà trop. Il m'avait paru que la condition la plus essentielle de cette donnée alarmante était de s'arranger pour que la faute de la mère restât toujours anonyme pour sa fille. Quand la pauvre enfant, dont le cœur a fait fausse route, perd son illusion filiale, il faut du moins que l'image maudite du séducteur ou du complice demeure indistincte, que le malheur, l'opprobre, le remords, ne prenne jamais aux yeux de Georgette ou d'Aurélie un corps, un nom, un visage ; que ses regards n'aient à se reposer que sur le vague et puissent éternellement s'en détourner, comme on se détourne d'un gouffre qui donne le vertige ou d'un cauchemar qui donne la fièvre.

Le dénouement et ses préliminaires soulèvent d'autres objections. Georgette a cru pouvoir aimer, en toute sûreté de conscience et de cœur, Paul Ronceray, jeune amoureux tout à fait digne d'elle. Ces limpides et gracieuses amours sont décrites avec beaucoup de charme et de fraîcheur dans des pages printanières, humides de rosée, imprégnées de l'odeur des violettes et des chèvrefeuilles, qui mettent hors de cause le talent de madame Bentzon. Mais voici l'obstacle, — *the rub*, dirait Hamlet. Attention! M. Ronceray, le père de Paul, inspecteur des forêts, est un vieux Romain de Corneille. Inflexible sur le chapitre de l'honneur, tout d'une pièce, il n'admet pas de nuances dans le mal, et rend la fille responsable des désordres de la mère. Madame Ronceray serait peut-être plus traitable; elle adore son fils; mais elle est — notez ce détail — d'une piété haute et tendre, avec une légère pointe d'exaltation, et il faut savoir un gré infini à l'auteur de *Georgette* d'avoir si finement esquissé cette figure sympathique, ce type d'honnête femme trouvant la poésie dans l'accomplissement de ses devoirs, dépensant au pied des autels le trop plein de son imagination et de son cœur, offrant à son mari, à son fils et au bon Dieu ce que sa nature exquise a de supérieur aux vulgarités du ménage et de la vie. Caractères, descriptions, paysages, tout est pour le mieux, et ce couple vertueux, immaculé, irréprochable, héritier de parents et d'ancêtres non moins dignes de respect, a en outre le mérite d'amener sous ma plume un dernier rapprochement :

« La famille d'Auberive — (Emmanuel d'Auberive est l'amoureux aimé d'Aurélie, comme Paul Ronceray est l'amoureux aimé de Georgette) — la famille d'Auberive était arrivée, depuis longues années, à cette supériorité incontestée qui résulte... d'une série de générations sur lesquelles *il n'y a rien à dire*, pour nous servir de l'expression consacrée par le vocabulaire de province, trop négligé peut-être des philologues et des moralistes. »

Le dénouement appartient tout entier à madame Bentzon. Si pathétique qu'il soit, si conforme à la tradition qui exige le châtiment des coupables et le triomphe de l'innocence, j'avoue qu'il ne me satisfait pas. D'abord, par cela même que l'auteur choisissait l'aimable Georgette pour son héroïne et donnait son nom au récit, elle s'engageait à ne pas déplacer l'intérêt. La condition et, pour ainsi dire, l'âme du sujet demandaient que Georgette restât jusqu'au bout au premier plan, victime des fautes de sa mère, qu'éclairée sur la situation, fière, courageuse, résignée, elle prît constamment l'initiative d'un renoncement ou d'un refus vis-à-vis de la famille Ronceray, et finalement gardât intacte sa physionomie virginale et touchante de martyre expiatoire. Au lieu de

cela, madame de Villars redevient, à dater de la phrase :
« Mon existence seule gêne encore la parfaite félicité
de tant d'honnêtes gens! » — la véritable héroïne du roman. Elle prend un parti violent, mystérieux, tragique, *héroïque*, mais peu chrétien. Dans une excursion
pittoresque aux environs de Lauterbrunnen, — où
M. de Thymerale l'accompagne, — elle disparaît dans
une crevasse, sans que l'on puisse savoir positivement
si sa mort doit être attribuée à un accident ou à un
suicide. En réalité, le suicide, s'il n'est pas authentique, est incontestable. Le narrateur n'en doute pas,
et le lecteur ne peut pas en douter. Dès lors, tout s'aplanit. M. Ronceray se radoucit; madame Ronceray
bénit sa future belle-fille. La chronique mondaine
devient aussi respectueuse pour la mémoire de madame de Villars qu'elle a été impitoyable pour son bonheur illicite. Georgette épouse Paul; ils sont heureux,
et ils ont beaucoup d'enfants.

C'est bien raccommodé; n'est-ce pas un peu commun?
Est-ce là ce que comportait la *logique* du sujet? Il me
semble que cette solution ne résout rien. Pour un homme
aussi rigide, aussi scrupuleux que M. Ronceray, la mort
de la pécheresse ne suffit pas à effacer la tache originelle; madame Ronceray, très pieuse, doit être effrayée de ce suicide qu'il est impossible de ne pas soupçonner. Le public sait que madame de Villars était encore au bras de son amant, cinq minutes avant de

disparaître dans le gouffre ; est-ce là une réhabilitation ? Non ! du moment que l'auteur voulait marier Paul et Georgette, il n'y avait, pour madame de Villars, qu'un parti à prendre ; vivre, se sacrifier, se séparer de M. de Thymerale, se repentir, se convertir et disparaître, non pas dans un glacier, mais dans un couvent.

Je m'aperçois trop tard que je redeviens critique littéraire. Je ne voulais être aujourd'hui que l'auteur d'*Aurélie*. Maintenant, si vous me demandez de conclure, je suis d'un temps et j'appartiens à un monde où un sacrifice d'amour-propre semblait préférable à l'idée de contrarier une femme. Si *Georgette* était une pièce de théâtre, j'aurais prié madame Bentzon de me donner un fauteuil d'orchestre pour la première représentation. Puisque *Georgette* est un roman, je me tiendrai pour très content, si madame Bentzon, en publiant le volume chez *notre* éditeur Calmann Lévy, veut bien le faire précéder d'une page où elle mentionnera ma pauvre *Aurélie*, et ajoutera, non pas que les beaux esprits se rencontrent, mais que les *vieux* peuvent encore être bons à quelque chose.

IV

M. LUCIEN DOUBLE

Novembre 1879.

On parle souvent — et l'on a bien raison — des obstacles que la pauvreté oppose aux débuts du talent laborieux. Certes, ne n'est pas moi qui contredirai ces témoignages de sympathie presque douloureuse en l'honneur du jeune déshérité qui cherche à se faire un nom, et qui, avant de réussir à devenir célèbre, est forcé de songer à ne pas mourir de faim. Le voilà à Paris; car il perdrait ailleurs son travail et son temps. Or Paris, ce cruel et charmant Paris, qui se fera peut-être un jour son complice, son banquier, son courtisan ou son esclave, se fait provisoirement son bourreau. Il complique d'une torture chacune de ses ambitions et de ses espérances. Il offre ce trait caractéristique, que, en lui apparaissant comme le seul distributeur de succès, de fortune et de renommée, il lui rend les privations plus pénibles et la vie plus difficile. Ce jeune surnuméraire habite une mansarde, et il lui suffit de mettre le pied dans la rue pour voir ou pour deviner tout ce que les douceurs du *chez soi* peuvent avoir de raffinements et de luxe. Il s'élève à peine jusqu'au bouillon Duval, et, pour arriver à la vitrine de la Librairie-Nouvelle, il passe devant le café Anglais. Son maigre budget ne lui permet peut-être ni omnibus ni parapluie, et, dans ses courses interminables à travers la bise et la boue, il croise de brillants équipages qui ne sont pas toujours les chars de triomphe du génie, de l'honneur, de la probité ou de la vertu. C'est pourquoi, si, après ces poignantes épreuves, au sortir de ce supplice de Tantale, dans les premières fièvres de la lutte et de la victoire, le jeune homme pauvre ne fait pas de son succès une revanche, — j'allais dire une vengeance, — s'il ne déclare pas à la société, aux riches, à la morale, à la religion, une guerre de représailles, je déclare l'admirer avant de l'avoir lu, et je lui sais encore plus de gré des pages qui m'épargnent que de celles qui me charment.

Rien de plus vrai ; mais, pour être tout à fait juste, ne faudrait-il pas parfois se transporter à l'extrémité contraire, et tenir compte des entraves que doit surmonter le jeune homme riche afin d'ajouter aux avantages de la fortune les distinctions de l'esprit, du savoir, du travail et du talent? La paresse est si naturelle à l'homme, et elle peut lui sembler si légitime, lorsque, dès son enfance, elle lui est conseillée et comme infiltrée par l'atmosphère qu'il respire, par les objets qui l'entou- tourent, par les discours qu'il entend, par les guipures de son berceau comme par la magnificence de ses étren- nes! Pas n'est besoin d'être millionnaire pour avoir ouï, avant et pendant les années de collège, des subalternes, des visiteurs, des parasites, la vieille nourrice ou la vieille bonne, murmurer à notre oreille : « Pourquoi pâlir sur les livres et s'éreinter de travail, lorsque l'on a un père qui paye trois mille francs de contributions? N'es- tu pas sûr de vivre largement de tes rentes? Quand tu te seras bourré de grec ou de latin, en seras-tu plus avancé? Amuse-toi! Promène-toi! Joue à la balle ou aux quilles! Monte à cheval, va à la chasse, à la pêche; mange, bois, dors, et laisse aux pauvres diables le *Gra- dus ad Parnassum* et les *Racines grecques!* » — La pauvreté est un obstacle, mais elle est aussi un stimu- lant; pour les intelligences vives, pour les volontés for- tes, pour les tempéraments énergiques, je ne connais pas d'aiguillon plus actif; la richesse est un dissolvant, un débilitant, une berceuse, toujours prête à endormir ses nourrissons en leur chantant la chanson du *far niente* et du plaisir. Il y a plus : notre cœur n'étant jamais plus ingénieux ou plus subtil que lorsqu'il s'agit de s'affran- chir d'un devoir ou d'une dette, il existe, pour le jeune homme riche, une autre *invite* à l'oisiveté. Il se dit que, quoi qu'il fasse, quand même il ferait gémir autant de presses que de lecteurs, quand même il se jetterait au plus épais de la mêlée littéraire, travaillerait, à lui seul, comme dix bohèmes, se ferait cribler de horions et d'égratignures et répéterait à ses confrères ce que le vicomte de Ségur disait à Elleviou : « Je croyais que, depuis la Révolution, nous étions tous égaux ! » — il lui sera extrêmement difficile, presque impossible, de franchir la limite qui sépare l'amateur de l'artiste. Il aura beau faire; rien n'empêchera le dernier gâcheur de journal radical, sans style et sans orthographe, de s'écrier avec toute sorte de ménagements ironiques : « Bien, monsieur le marquis ! Pas mal, monsieur le millionnaire ! Très passables, ces vers, pour des vers d'amateur ! Très proprette, cette prose, pour un homme qui n'en fait pas son métier ! Et, à ce propos, pourquoi n'arriveriez-vous pas à l'Académie ? On sait que l'Académie a toujours préféré les amateurs aux véritables hommes de lettres ! »

Dès lors, à quoi bon ?

Eh bien, je n'aurai rendu à M. Lucien Double que moitié de la justice, de l'hommage qu'il mérite, quand j'aurai dit qu'il a vaillamment vaincu cette difficulté, brisé cet obstacle, résolu ce problème. Il aurait pu, afin de tout concilier, se livrer à un genre accommodant, attrayant pour les imaginations juvéniles, aisément compatible avec les plaisirs de ce monde; la poésie, par exemple, ce volume de vers que nous rêvons tous à vingt ans avant de nous apercevoir que ce que nous allions dire a été peut-être mieux dit par Victor Hugo et par Lamartine; — ou le roman, ce roman unique, qui, d'après Sainte-Beuve, est contenu en germe, pour chacun de nous, dans nos premières impressions, notre premier amour, notre premier chagrin, notre première aventure; ou bien encore le théâtre, où tout n'est pas roses, mais où du moins les rosiers — je ne dis pas les rosières — cachent leurs épines sous leurs fleurs. Non! le courageux écrivain a choisi l'histoire, l'histoire savante, ce qui ne l'empêche pas d'être pittoresque; l'histoire qui exige une effrayante quantité d'études préliminaires et de lectures. Il s'est fait le contemporain de Suétone, de Dion Cassius, de Goltzius, de Grégoire de Tours, de Frédégaire plutôt que de Coppée, d'Alphonse Daudet ou de Victorien Sardou. Augustin Thierry, s'il revenait au monde, saluerait M. Lucien Double comme son meilleur élève, et encore, grâce à l'originalité de son talent, à la hardiesse de ses initiatives, à son dédain pour les idées reçues, le jeune historien aurait le droit de répliquer qu'il n'est l'élève de personne.

Nous avons sous les yeux cinq de ces volumes où revivent, comme des portraits détachés d'une immense galerie et restaurés dans leurs cadres d'or, les césars de Palmyre, puis l'empereur Claude et l'empereur Titus,

puis la reine Brunehaut et le roi Dagobert. C'est par ce
bon roi que nous commencerons, parce qu'il défraye
la plus récente des publications de M. Lucien Double et
porte la date de 1879. Ici, nous adresserons à l'auteur
une chicane qui, fort heureusement, n'a rien de grave.
Il range Dagobert parmi les rois justement populaires,
ce que je n'ai nulle envie de contester, et il trouve dans
la chanson légendaire une preuve à l'appui de cette
légitime popularité. Est-ce bien exact? A ce compte,
Malborough, qui n'était, dit-on, ni très aimable, ni
même très honnête, serait le plus illustre et mériterait
d'être le plus populaire des hommes de guerre; on me
permettra de lui préférer Turenne, Marceau et Lamoricière. Cette chanson, au contraire, a eu l'inconvénient
de déclasser Dagobert dans la série des rois de France,
et de nous empêcher de le prendre au sérieux. Pour les
ignorants, c'est-à-dire pour la grosse majorité, le royal
ami de saint Éloi a perdu pied sur le terrain solide
de l'histoire pour s'en aller à travers champs, au souffle
de la fantaisie, partager la souveraineté des rois de
Bohême, du roi de Thulé et du roi d'Yvetot. Lorsque
nous le rencontrons, à sa vraie place, dans notre dictionnaire chronologique, nous nous demandons s'il était
réellement le fils de Clotaire et de Bertrade, ou l'enfant
d'un ménestrel et d'une fée. Il nous semble toujours
qu'il va nous échapper, non pas pour gagner une
bataille ou promulguer une loi, mais pour retourner ses

culottes, qui sont à l'envers. Le mérite — et ce n'est pas le seul — du livre de M. Lucien Double, est justement de le débarrasser de sa chanson, de nous le montrer digne d'être chanté plutôt que chansonné, de le réinstaller en terre ferme, de lui rendre son sérieux, sa réalité, son rôle actif et prépondérant dans les affaires de son temps. Mais ce qu'il faut surtout louer dans cette belle et savante étude, c'est d'être toujours claire dans ces épaisseurs du vii⁰ siècle, où s'entremêlent et se heurtent les restes de la barbarie, les préludes du moyen âge, les lambeaux du monde romain, les influences du Bas-Empire, le perpétuel conflit des races du Nord et des races latines ; le tout compliqué de violences, de crises, de luttes au dedans et au dehors, de pièges, d'embûches, d'assassinats, de crimes, d'un incessant *va-et-vient* de succès et de revers, de victoires et de défaites, de conquêtes et de ruines.

C'est comme une cuve colossale où bout ce qui sera un jour la société, la politique, la civilisation moderne, mais avec de tels alliages, tant d'éléments réfractaires, de telles lenteurs dans la fusion, de tels accrocs dans la fonte, que l'humanité, la religion, la vérité, la liberté, la justice, auront le temps d'épuiser bien des souffrances, de subir bien des lacunes, de lasser bien des courages, de pleurer bien des victimes, avant qu'un peu de lumière, de douceur, de bien-être et de paix soit sorti de ce chaos. Quelle somme d'intelligence, de sagacité, de fermeté, de bon vouloir n'a-t-il pas fallu au roi Dagobert pour figurer à la tête de ces ouvriers de la première heure, pour préparer ce que d'autres devaient accomplir? Et comment ne pas admirer ce jeune érudit qui débrouille d'une main légère cette époque confuse, s'y oriente et s'y reconnaît aussi aisément que sous le parapluie de Louis-Philippe, plaide pour son roi aussi éloquemment que si les rois étaient à la mode dans la littérature actuelle, dégage son client de calomnies pseudo-historiques, ne risque un semblant de paradoxe que pour rendre la vérité plus piquante, et trouve moyen de relever, de colorer par des tableaux ou des esquisses de maître ce que ses récits pourraient offrir de trop spécial ou de trop aride?

Dagobert après Brunehaut! Les deux personnages sont bien différents; mais l'inspiration est la même. Je lisais récemment dans un journal qui réussit à compromettre le nom de Voltaire, une charge à fond, un *éreintement* démocratique de toutes les reines gauloises ou françaises, dont les statues ornent la terrasse du Luxembourg. Il faut croire que ce spirituel journal, confident des gentillesses de Nana, n'avait pas à dénoncer, ce jour-là, un groupe de percepteurs ou de juges de paix, ayant épuisé la matière. Clotilde, une scélérate dans un siècle de scélératesse! Marie Stuart, une courtisane! etc., etc. Ainsi de suite. Pauvres reines! pauvres statues! Elles ne nous faisaient aucun mal, et il nous plaisait de les associer à nos souvenirs de collège, d'école de droit et de Sorbonne. On se donnait rendez-vous devant la reine Bertrade pour causer du roman de George Sand ou du drame d'Alexandre Dumas. On s'adossait au piédestal d'Anne d'Autriche pour lire *Eugénie Grandet* ou *les Feuilles d'automne*. Nous prenions un paquet de journaux sous les galeries de l'Odéon, et, sans songer à mal, nous établissions, sur deux chaises, aux pieds de Velléda, notre cabinet de lecture. Je me souviens d'un tableau de genre qui ne manquait pas de grâce. Il pleuvait; une de ces jolies petites pluies de mai qui tiennent le milieu entre la brume et la rosée. Un couple amoureux s'était abrité tant bien que mal sous le quinconce de tilleuls qui prête son ombrage à Louise de Savoie, et, s'il avait suffi de se serrer l'un contre l'autre pour échapper à l'ondée, nos amoureux y auraient réussi. Tout à coup j'entendis un frémissement d'ailes. Un de ces beaux ramiers, hôtes du Luxembourg, plus sûrs de leurs nids que les pairs de France et les sénateurs ne le furent jamais de leurs sièges, était venu se poser sur l'épaule de la reine Louise. Frédéric et Bernerette lui montrèrent une brioche, et, après s'être fait un peu prier, le ramier vint la becqueter jusque dans leurs mains. Il paraît, d'après le journal voltairien, que nous recevions là, sans nous en douter, des leçons d'immoralité historique, dont s'effarouche la vertu républicaine. La République veut avoir le monopole des brioches et des pigeons; quant aux reines, le filleul de Voltaire n'excuserait leurs peccadilles, que si, au lieu de la druidesse Velléda, on leur avait adjoint la Pucelle d'Orléans.

M. Lucien Double entend autrement les devoirs de l'historien envers ces orageuses royautés qu'il est si facile de calomnier à la faveur du lointain. Jusqu'ici, nous n'étions pas très exactement renseignés au sujet de la reine Brunehaut. Au milieu de documents contradictoires, louée par Grégoire de Tours, maltraitée par Frédégaire, peu flattée par les historiens modernes, elle nous apparaissait vaguement, sinon comme une reine criminelle, au moins comme un personnage équivoque et surtout tragique. Son effroyable ennemie Frédégonde était si riche de crimes, qu'elle lui en prêtait sans s'appauvrir et qu'elle continuait, à travers les âges, son œuvre de haine en lui communiquant la contagion de ses maléfices; à peu près comme ces pestiférés ou ces lépreux du moyen âge, qu'il suffisait de toucher pour tomber, atteint de leur mal, sur leur grabat. La tragédie s'était emparée de cette figure; elle la couvrait de ses voiles de crêpe, et ne nous permettait pas de démêler sur ses traits ce qui est digne d'admiration ou de sympathie, et ce qui, tout en méritant le blâme, s'explique tantôt par les violences d'un temps où il fallait tuer pour ne pas périr, tantôt par la scélératesse ou la perfidie d'ennemis intimes dont il était urgent de se défendre et bien tentant de se venger. Brunehaut n'était pas tout à fait la condamnée, mais c'était la prévenue de l'histoire. Maintenant, grâce au plaidoyer de M. Lucien Double, le mieux informé et le plus persuasif des avocats, elle est acquittée; que dis-je! elle a droit, en guise de dommages-intérêts, à tout un arriéré d'honneur et de gloire. Ce qu'il y a de mieux, au point de vue purement littéraire, c'est que M. Lucien Double, sans négliger sa cliente, excelle à raconter et à peindre. Ces conflits des nationalités les plus étranges et les plus diverses avec leur physionomie, leurs mœurs, leurs costumes, vivantes palettes de couleur locale, ces batailles, ces cortèges, ces fêtes à demi raffinées, à demi barbares, ces repas homériques, ces miracles d'appétit, et, mieux encore, les travaux d'utilité publique entrepris sous l'influence ou par les ordres de Brunehaut, les jalons plantés par sa vaillante main sur la route du progrès, et qui, souvent ébranlés, parfois renversés par l'orage, n'en laissèrent pas moins des traces ineffaçables, tout cela est saisi sur le vif et mis en relief par le jeune et brillant écrivain avec la même intensité et la même justesse de ton que si un témoin de ces scènes variées en eût retracé à ses yeux tous les détails et tous les épisodes.

Je me suis attardé avec Brunehaut et Dagobert, parce que, avec un peu de bonne volonté, malgré la confusion des frontières et le mélange ou la diversité des

races, on peut les regarder comme des gloires françaises.
— Hélas! comment écrire ce mot *frontières* sans un serrement de cœur, surtout si nous rappelons que Dagobert, il y a plus de douze cents ans, régna sur un territoire autrement vaste que le nôtre? Les césars de Palmyre, l'empereur Claude, l'empereur Titus, révèlent, sous des aspects différents, l'érudition, le talent, le don d'intuition, la curiosité intelligente, infatigable, lumineuse, ingénieuse, de M. Lucien Double, et aussi ce penchant à lutter contre les idées généralement acceptées, qui l'amène, dans ses révisions historiques, à faire de son cabinet une cour de cassation où sont admis les pourvois, où se perdent les procès gagnés, où se gagnent les procès perdus. Cette partie d'une œuvre déjà considérable nous mènerait trop loin. Pour aujourd'hui, bornons-nous à dire que les *Césars de Palmyre* suffiraient au bagage d'un membre de l'Académie des inscriptions et belles-lettres, et que M. Lucien Double nous adjure, preuves en main, de penser un peu moins de mal de Claude et un peu moins de bien de Titus. Évidemment, il n'est pas coiffé de Titus, et ce pauvre Claude lui paraît avoir été mari plus malheureux que mauvais prince. Il y a là un intéressant sujet de discussion, que j'espère aborder une autre fois. En ce moment, je n'ai pas le courage de discuter, et cela pour une raison dont M. Lucien Double ne peut ni me blâmer ni se plaindre. C'est que j'ai sous les yeux la monographie, écrite par

lui-même, la monographie filiale de cette merveilleuse collection de Léopold Double, que tous les étrangers admirent, qu'ont saluée avec enthousiasme les plus éminents critiques d'art, et qui fait partie de nos richesses, de nos gloires nationales. Il m'est arrivé fréquemment, dans ces trop nombreuses *Causeries*, de médire de la curiosité, sous prétexte, probablement, qu'il y a des bêtes curieuses. Mais ici la curiosité réunit toutes les conditions de l'art le plus exquis, du goût le plus fin, du savoir le plus sûr, de l'hommage le plus vrai aux chefs-d'œuvre, aux poésies, aux images, aux royautés, aux religions du passé.

Promenade à travers deux siècles et quatorze salons! c'est le titre de ce magnifique *album* qui fait le plus grand honneur aux presses de M. Ch. Noblet. Le texte est de M. Lucien Double. C'est le fils de la maison, qui nous attend sur le seuil et nous en fait les honneurs. Le cicerone est digne de ces merveilles. Cours d'histoire, écrin, reliquaire, précieuses épaves échappées à bien des naufrages, aux griffes révolutionnaires, au marteau des démolisseurs, aux ravages de la bande noire, aux fièvres de l'expropriation, à ce souffle mystérieux qui se joue de la sagesse humaine et se plaît à disperser ce que l'homme a réuni, à détruire ce qu'il a fondé, à effacer ce qu'il a écrit, à pulvériser ce qu'il a fait! Les deux siècles, — vous l'avez déjà deviné, — ce sont les deux derniers; le xviii° avec toutes ses majestés, le xviiie avec toutes ses grâces. Mais ici, comme au beau temps de Versailles, de Marly et de Trianon, les Grâces finissent par avoir raison des Majestés, et, quand nous nous serons appuyés sur cette rampe en fer forgé qui a soutenu, nous dit M. Lucien Double, la main royale de Louis XIV montant de son pas alourdi par le malheur l'escalier du banquier Samuel Bernard, quand nous aurons soupesé la lourde épée dorée du maréchal d'Ancre, admiré les tabatières et les médaillons de Petitot et de van Blarenberghe, contemplé cette immense console recouverte d'une brèche violette, il faudra bien y arriver, à ce siècle terrible et charmant qui se fit l'artiste de toutes les élégances avant d'être l'artisan de toutes les rudesses. On eût dit qu'il voulait, par ses prodiges, par les délicates recherches de son luxe et de son génie, augmenter les regrets de cette société voluptueuse et frivole, qu'il allait bientôt déposséder de ses châteaux, de ses salons et de ses boudoirs. Il préludait à ses destructions prochaines en décorant avec des soins infinis et des raffinements magiques ce qu'il se préparait à détruire, comme s'il eût pris un cruel plaisir à orner ses futures victimes. Ses coquetteries exquises servaient de prologue à ses brutalités effroyables; Sybarite de la ruine, il voulait qu'on reconnût, jusque dans les décombres qu'il allait faire, toute l'adresse de ses doigts et tous les agréments de son esprit.

Avec les authentiques chefs-d'œuvre qui se pressent

dans ces quatorze salons et nous souhaitent la bienvenue, on referait toute une histoire anecdotique de ces années délicieuses dans leur décadence, perfides dans leurs caresses, séduisantes dans leurs faiblesses, que l'on pourrait comparer à un sourire d'aveugle, et qui vont de la Régence au serment du Jeu de Paume, du cardinal Fleury à Mirabeau. Que de souvenirs! que de noms illustres et doux, consacrés par le rapide passage de la suprême puissance à la suprême misère, des palais aux prisons, de tous les enchantements de la vie à toutes les horreurs de la mort! Madame de Pompadour! madame du Barry! Marie-Antoinette! Trois règnes dont les deux premiers expliquent, hélas! la fin tragique du troisième! Louis XV, dont le testament fut une révolution ; Louis XVI, succombant sous l'héritage, et laissant, lui aussi, un testament impérissable, réhabilitation de la royauté mourante, monument de patriotisme, de mansuétude chrétienne et de vertu! Et, à côté de ces mémorables figures, les artistes qui se sont cotisés et surpassés pour embellir leurs demeures, en attendant le cimetière pour les plus heureux et l'échafaud pour les autres! Boucher! Fragonard! Watteau! Falconet! Gouthières! Audran! Van Spaendonck! Le boudoir de la Duthé! la célèbre danseuse, qui captiva le brillant comte d'Artois, un peu ennuyé de sa femme, une massive et maussade princesse de Savoie, ce qui fit dire aux mauvais plaisants : « Il a pris du thé pour se guérir d'une indigestion de gâteau de Savoie ! » Toutes les perfections des tapisseries des Gobelins et de Beauvais, des manufactures de Sèvres et de Saxe, des dentelles de Malines et d'Alençon ! Tous les maîtres de la gravure, et, auprès d'eux, des toiles magistrales, d'admirables tableaux de toutes les écoles ! Et ne dites pas que cette collection incomparable est un triomphe de l'argent ! Oui, il y a là des porcelaines, des pendules, des émaux, des vases, des assiettes, des flambeaux, des glaces, des fauteuils, des bois sculptés, des armures, des *préciosités* de toute sorte, signées Bachelier, Morin, Vieillard, Chapuis, Gomery, qui valent plus d'argent que n'en a gaspillé le 4 septembre; et pourtant tous les milliards qu'il nous a coûtés ne suffiraient pas à réaliser ce miracle de goût, de science, de scrupule dans les détails, d'homogénéité et d'harmonie dans l'ensemble. Il a fallu, pour atteindre à cet idéal, des aptitudes particulières, un tact infaillible, une incroyable sûreté de mémoire, de coup d'œil et de main, toutes les ardeurs de la passion sans un seul de ses aveuglements ; quelque chose comme une tendresse quasi paternelle, appliquée à une famille bien chère, mais bien aimable; une famille exceptionnelle, qui, au lieu de représenter l'avenir, représente le passé.

Aussi ne devons-nous pas nous étonner si les critiques les plus éminents, les Paul Lacroix, les Jules Janin, les Bürger, les Saint-Victor, et bien d'autres, ont étudié, analysé, admiré, salué les trésors de cette collection. Mon hommage, après ceux-là, est bien peu de chose, et je le résume en quelques mots : Mener à bien une pareille entreprise, être le créateur de ce monde de merveilles, conquérir et rassembler ces raretés dont chacune est un bijou, un document ou une relique, ce n'est pas seulement faire le plus noble emploi de sa fortune; ce n'est pas seulement élever la spécialité du collectionneur au niveau de l'historien et de l'artiste. C'est faire acte de bon citoyen; c'est *conserver* ce que les révolutions anéantissent; c'est rappeler à notre souvenir ce qu'une génération indifférente ne demandait qu'à oublier; c'est protester contre la prétention insolente des gens persuadés qu'il n'y avait rien avant qu'ils fussent quelque chose.

V

LE

VICOMTE MELCHIOR DE VOGÜÉ[1]

Novembre 1879.

En littérature, comme en toute chose, il est triste de vieillir, et de reconnaître, en vieillissant, le ravage que les années ont exercé sur les objets de notre étude comme sur nous-mêmes. Sauf quelques *illustres* hors de pair, qui n'échappent pourtant pas au triage et dont on peut dire que leur figure, leur date et leur nom restent plus vivants que leurs œuvres, nous sommes étonnés de voir les idoles de notre jeunesse prendre peu à peu un air de vétusté qui les associe à notre déclin. Ce qui nous semblait neuf, hardi, original, en avance d'un demi-siècle, est maintenant traité d'antiquaille et taxé de radotage ;

1. *Histoires orientales.*

ce que les retardataires d'alors déclaraient trop osé pour être acceptable, les novateurs d'aujourd'hui le déclarent trop usé pour être admissible. Les audaces sont devenues des timidités, les paradoxes des lieux communs, les bravades des faiblesses, les témérités des couardises, les crinières des perruques, les pourpoints des douillettes, les flamboyants des grisâtres, les exagérés des transigeants, les casseurs d'assiettes des joueurs de boston. Le dernier mot des programmes de l'avenir est à peine la première syllabe des réminiscences du passé. Tel roman que nous étions forcés de défendre contre les scrupules des grands parents, n'a plus même assez de saveur pour les petites filles. Telle héroïne qui nous effrayait de ses équipées, nous fait aujourd'hui l'effet d'une bonne douairière, partagée entre sa tabatière et son Eucologe. Tel rival de Saint-Preux ou de Werther, de Lovelace ou de don Juan, de Stenio ou de Mauprat, nous apparaît avec la calvitie, les bésicles, le menton de galoche et le nez en bec à corbin de M. Joseph Prudhomme. Tels vers qui reculaient les bornes des licences poétiques, seraient à présent couronnés par une académie de province, avec apostille de Boileau et approbation de l'abbé Delille. C'en est fait, le monde de nos rêves et de nos enthousiasmes juvéniles n'a pas mieux résisté que nous à l'inexorable loi du temps. Fantasio se chauffe au soleil de la petite Provence; Stello cache ses pieds goutteux dans des chaussons de lisière; Claude Frollo est donneur d'eau bénite à Saint-Étienne-du-Mont ; Leone Leoni est croupier à Monaco ; Fortunio est notaire à Castelnaudary ; Rastignac fait liquider sa pension de retraite ; Lucien de Rubempré compose des *rébus* pour un journal *illustré*; Clavaroche montre le tombeau de Napoléon à l'hôtel des invalides ; Franck sollicite une place de garde champêtre ; Rolla vient d'acheter six gilets de flanelle et un carlin ; Lélia est ouvreuse de loges à l'Ambigu ; Indiana loueuse de chaises à Saint-Sulpice ; Lavinia est grand'mère ; Geneviève a des rides ; Eugénie Grandet dissimule un tour de cheveux sous un bonnet à rubans jaunes ; Esméralda débite du lait de chèvre aux poitrines délicates. Partout, dans cette zone radieuse où chantait l'hymne du printemps, du matin et de la jeunesse, chevrote le chœur des vieillards, du second acte de *Faust*, moins l'adorable musique de Gounod.

Il existe cependant pour le critique tenté de croire que tout a vieilli avec lui, une consolation, une indemnité ; c'est de reposer ses regards sur un jeune talent ; c'est de constater qu'il ne s'est pas trompé en vous disant : « Voici un début qui promet beaucoup et qui tiendra davantage. Retenez le nom de cet écrivain qui n'a pas trente ans. Ce nom, déjà bien beau, a été encore ennobli, de nos jours, par d'admirables travaux d'érudition, par de mémorables découvertes, par d'éminents services diplomatiques, et surtout — ne nous lassons pas de le rappeler. — par ces trois morts de 1870, Robert, Joseph et Henri, par cet héroïque et tragique *trio* des champs de bataille, par ce canon de Reischoffen, cette balle de Patay et cet obus de Sedan, dignes d'immortaliser ce qu'ils tuent. » Eh bien, mes prévisions ne m'abusaient pas. La diplomatie, l'érudition et la guerre vont avoir à compter, à propos de ce nom illustre, avec la littérature. Il y a trois ans, presque jour pour jour, je vous annonçais ici même le remarquable ouvrage du vicomte Melchior de Vogüé, le *Voyage aux pays du passé*, si poétique et si pittoresque, si profondément empreint de cet irrésistible sentiment de tristesse et de grandeur, particulier à ces régions lointaines, consacrées par de tels souvenirs que le présent n'existe pas pour elles et qu'elles perdraient quelque chose de leur immuable majesté si elles étaient moins silencieuses, moins pauvres, moins désertes et moins tristes. S'il était permis de chercher une misérable paillette sur la route de Damas, dans les sentiers du Calvaire, sur les rives du Jourdain, au bord des fleuves de Babylone, sur les ruines de Jérusalem ou sur les cimes du mont Athos, je dirais que, dans ces trois ans, ce *Voyage* a très bien fait son chemin, et que l'auteur n'est pas resté stationnaire. En voici la preuve sous le titre d'*Histoires orientales*.

L'Orient attire Melchior de Vogüé, et ils s'entendent à merveille. Sa vive intelligence, doublée d'une imagination mélancolique, aime à se mesurer avec les mystères de ce berceau de l'humanité, avec ce sphinx immobile qui ne dira jamais tous ses secrets, avec cet enchanteur muet qui n'a besoin que d'un rayon de soleil, d'un pan de mur et d'une date pour raviver et colorer l'histoire de vingt siècles. Dire que Melchior de Vogüé a possédé d'emblée la couleur locale, ce ne serait pas assez ; car on a tant abusé de ce mot, qu'on l'a rendu bien vulgaire, et qu'on l'a fait passer des peintres aux décorateurs. Non, je signalerai plutôt, chez le jeune et brillant écrivain, un don inné, une puissante faculté d'assimilation qui lui a permis, dès son premier pas et sa première page, de peindre ce qu'il voit, de s'initier à ce qu'il raconte, de recomposer un épisode ou un personnage avec un débris ou un site, et de vivre en idée dans l'intimité des générations disparues. Son volume, dont tous les chapitres ont préludé à leur succès dans la *Revue des Deux Mondes*, s'ouvre par un morceau presque effrayant à force d'être curieux : *Chez les Pharaons !* Pour le dire en passant, n'est-ce pas le signe d'une vocation spéciale, d'une maturité précoce, d'une rare intensité de réflexion, cette façon de nous inviter chez les Pharaons à un âge où nous vous aurions donné rendez-vous chez la comtesse Merlin ou chez doña Anna, chez Sylvia ou chez Mimi Pinson, chez Musard ou chez Valentino, chez Véry ou chez Flicotteaux, ou peut-être, après une lecture de *Rob-Roy*, du *Prisonnier de Chillon* ou des *Lettres d'un voyageur*, dans les *Higlands*, au pied des Alpes ou sur le sable du Lido ? Et notez bien que ces Pharaons ne sont pas des Pharaons ordinaires, presque modernes, familiers à notre enfance comme le sacrifice d'Abraham, l'échelle de Jacob, le songe des vaches maigres et le manteau de Joseph ! Ce sont des Pharaons préhistoriques, de derrière les Pyramides, si anciens que, pour les découvrir ou les retrouver, il faut refaire de nouvelles chronologies et des généalogies nouvelles, creuser au delà des gouffres, fouiller au-dessous des sépulcres, chercher les trisaïeules des momies, imaginer un passé antérieur au passé lui-même. Rien ne prouve mieux le talent d'artiste, uni chez Melchior de Vogüé à ces magnifiques curiosités de voyageur, d'archéologue et de penseur, que le parti qu'il a su tirer de ces énigmatiques profondeurs. Il a parfaitement réussi à nous donner la sensation qu'il éprouvait au milieu de ces étranges reliques, en face de la nécropole de Saqqarah et du musée de Boulaq ; la sensation de l'infini dans le temps, d'un je ne sais quoi qui recule à mesure que nos regards essayent de s'y fixer, d'un écrasant contraste entre l'imperceptible point que nous occupons dans la fuite des siècles et le chiffre inconnu de ces siècles pour lesquels on aurait à élargir l'incommensurable.

On lit ces pages avec passion, mais avec une sorte de vertige. La profondeur produit ici le même effet que la hauteur. En regardant en bas, à travers ces myriades d'années, gigantesque soubassement de celles où nous passons comme un éphémère dans un atome, nous ressentons une impression analogue à celle dont nous ne pourrions nous défendre sur un rocher à pic, cent fois plus haut que l'Himalaya, si haut qu'il ne nous resterait plus qu'à nous précipiter dans le vide. Aussi, tout en admirant cette force de concentration qui fait du ciment avec cette poussière, j'hésiterais à encourager Melchior de Vogüé dans cette voie. Sainte-Beuve, après avoir rendu justice au premier recueil poétique de M. Leconte de Lisle et cité de très beaux vers, ajoutait (1853) : « Le voilà en route vers l'Inde et l'extrême Orient : ah ! qu'il ne s'y absorbe pas ! » — « De même, dirai-je, esprit français, amoureux de lumière et de chaleur, arrivé du premier coup aux plus enviables qualités pittoresques, ne vous plongez pas trop dans les souterrains et les cryptes ! Préférez les frais visages aux squelettes parcheminés, les lettres aux hiéroglyphes, l'aubépine en fleurs aux aromates, les robes blanches aux bandelettes! D'ailleurs, si vous étiez joueur, vous sauriez qu'il faut se méfier du Pharaon ! »

Mais, que dis-je ! cette appréhension — qui n'est pas une critique — est brillamment réfutée par les trois principaux chapitres qui composent le volume, et justifient son titre, *Histoires orientales*. Rien de plus original et de plus touchant que le récit de *Vanghéli*, ce Gil Blas asiatique, aussi résigné à ses mésaventures que le Gil Blas espagnol, mais avec une nuance de tristesse et de fatalisme qui en détermine le caractère et la race. On a dit de Walter Scott qu'il était plus vrai que l'histoire. Je dirai volontiers que Vanghéli est plus vrai que s'il avait réellement existé ; car il résume et personnifie un type, et chacun des épisodes qu'il raconte nous initie à une de ces vérités collectives qui nous livrent, sous les traits d'un individu, les mœurs d'un peuple, la physionomie d'un pays, les événements d'une époque, l'aspect d'une société, l'explication dont le sens nous échappait. Cette vie humble, anonyme, agitée, tourmentée, nomade, soumise à d'incessantes épreuves, passant par de rapides alternatives de bonne et de mauvaise fortune, soulevant chaque matin un rocher de Sisyphe qui retombe chaque soir, d'autant plus près de subir le pire qu'elle est au moment d'atteindre le mieux, n'a pas un incident, pas un détail qui ne soit caractéristique. C'est la vie même de ces populations comparables aux terrains vagues qui sont à tout le monde et n'appartiennent à personne. Elles n'ont, à proprement parler, ni une patrie, ni un gouvernement, ni un foyer, ni une religion, ni un point d'appui qui prête sa force à leur faiblesse. L'incertitude de l'avenir, l'insuffisance des lois, l'ignorance de toutes les conditions du bien-être, l'habitude de vivre au jour le jour, la nécessité de s'acclimater à toutes les variétés de l'arbitraire, la perpétuelle confusion du juste et de l'injuste, les procédés expéditifs de l'oppression, de la haine, de la spoliation, de la guerre, des rapines et des supplices, la prépondérance de la raison du plus fort, le spectacle de cette terrible bascule qui fait du héros de la veille le proscrit du lendemain, tout cet ensemble les dispose à ne s'étonner de rien, à accepter sans révolte, comme l'arrêt d'une puissance supérieure, tout ce qu'essayerait de conjurer l'activité européenne, à se détacher de leur propre cause, à se désintéresser d'elles-mêmes, à vivre en dehors du *moi*, et à parler de leurs affaires personnelles comme s'il s'agissait du voisin.

Voilà ce qui donne une saveur si particulière à l'histoire orientale, et très orientale, de Vanghéli. Quels contrastes et quelle mise en scène ! A l'heure où l'auteur le rencontre, Vanghéli vient de figurer, à titre de comédien, dans une de ces pièces populaires qui servent de dérivatif à l'*opposition* démocratique en Orient, et qui rappellent par maint endroit les séditieuses prouesses de notre Polichinelle ou de notre Guignol. A la dernière page, il ne reste plus que son tombeau ; et quel tombeau ! Dans l'étroit cimetière d'un couvent suspendu entre ciel et terre et admirablement décrit par Melchior de Vogüé. — « Les brindilles et les pousses de mai, les orties et les ciguës s'étaient rejointes sur la tombe nouvelle et la masquaient déjà. » — Pourtant, on découvre la pierre en arrachant ces plantes parasites. Il y a quelque chose d'écrit. Un mot, rien qu'un mot : *Eurêka* (J'ai trouvé!) — « C'est le mot d'Archimède ! » s'écrie l'évêque grec, qui se piquait de littérature. — « Non ! reprit l'Igoumène, c'est le mot de la mort. »

Et c'est aussi le mot qui convient le mieux au dénouement de ce récit, où Vanghéli ne semble vivre que pour parvenir à mourir, où les hasards de la destinée le font tour à tour novice à Antioche, matelot, prisonnier, soldat de Kolokotroni, médecin d'Ali de Janina, témoin de sa mort tragique, plongeur au fond de l'Archipel, pêcheur d'éponges, esclave d'un gros marchand de Massouah, intendant et presque favori d'Ibrahim, vendeur de voiles et de cordages à Lattakiéh, *graineur* de vers à soie, victime d'une bande de zeibecks et surtout des fantaisies vénales de la justice turque, calligraphe et imagier au service d'un pacha, voyageur de Brousse à Damas et de Damas à Badgad, presque grand seigneur, jouant auprès des solliciteurs un rôle analogue à celui de Gil Blas chez le duc de Lerme, puis ruiné, menacé, fugitif, volé, comédien, et enfin caloyer au monastère des Météores, en attendant le cimetière et le mot d'outre-tombe, lu ou deviné à travers un fouillis de vignes folles et d'églantines. Mais je ne vous ai pas dit le meilleur, ce qui est de tous les pays et de tous les temps, ce qui attendrit cette résignation fataliste, ce qui met une larme au bord de cet œil impassible, une perle parmi les éponges du plongeur et dans le récit du *poète*. Lôli, la belle Lôli, une sœur de Graziella, un rayon ou plutôt un éclair d'amour, un souffle embaumé qui glisse sur la vague somnolente, une plume noire de grèbe ou une plume blanche d'alcyon, échouant sur la rive pour nous apprendre qu'un oiseau de passage s'est posé là! Lôli! ce nom veut dire folle dans le dialecte smyrniote; un peu de folie pour préparer à l'amour; beaucoup de folie pour pousser à la mort, quand l'amour n'a plus rien à attendre. Trompée par l'odieux mensonge d'un rival, Lôli croit que Vanghéli, le hardi plongeur, a péri au fond de la mer. Sa raison, déjà vacillante, s'égare tout à fait. — « Elle répétait mon nom en battant des mains, et, avant que j'eusse pu courir ou crier à la vierge, je vis la robe blanche disparaître comme un goëland qui s'envole; le grand rire éclatant s'éteignit dans le bruit sourd d'un corps qui tombe à l'eau. » Et voilà le roman unique, l'amoureux poème du pauvre Vanghéli, fermé, déchiré dès son premier chapitre; dix pages exquises, une oasis dans le désert de cette triste vie, une touffe de roses blanches, entremêlée de scabieuses, à placer sur le tombeau de Vanghéli, dans le cimetière aérien du couvent des Météores!

A cette pathétique histoire opposez les *Voyages d'un patriarche, de Byzance à Moscou*: vous aurez une idée de la flexibilité de ce talent si jeune et déjà si mûr. Nous avons ici un autre Orient, que j'appellerais, si j'osais, l'Orient du Nord, celui qui agit, se dégage, progresse, grandit, s'éclaire, se civilise, pendant que l'Orient proprement dit s'endort et s'immobilise dans la contemplation de son passé. C'est l'Orient de l'avenir, l'Orient slave, rompant sa glace pour conquérir sa place au soleil et déguisant ses rudes origines, sa barbarie primitive, sous des surfaces aussi brillantes que celles qui servent de route à ses traîneaux, de théâtre à ses patineurs. En cherchant bien, on trouve, dans sa physionomie inquiétante et complexe, la subtilité grecque alliée à l'activité et à l'âpreté septentrionales ; quelque chose comme une *Orientale* qui gèle huit mois de l'année. C'est de ce mélange, embelli de toutes les séductions d'une grâce caressante, *enveloppante*, tempérée et comme baignée de langueur, que se compose le type délicieux — dangereux peut-être — de ses femmes, conquérantes, elles aussi, mais à petits pas sur des tapis turcs, et avec des coquetteries et des ruses si charmantes, qu'on ne sait pas si elles sont assiégeantes ou assiégées. Cet Orient, s'il avait rencontré l'autre sur les marches de ses églises ou de ses mosquées, aurait pu lui dire : « Rien de nouveau, sinon que vous descendez et que je monte. »

Justement, Melchior de Vogüé a choisi un épisode peu connu, mais très intéressant et très curieux, qui met en présence cette décadence et ce progrès. Vous devinez que le patriarche en voyage n'a rien de commun avec Isaac et Jacob ; mais, comme il s'appelle Jérémie, il aurait pu, comme son prophétique homonyme, faire de son itinéraire un long gémissement. En 1572, — hélas ! l'année terrible, l'année de la Saint-Barthélemy ! — Jérémie est élu patriarche de Constantinople, chef et pasteur de l'Église œcuménique. Son Église n'est pas riche, sa situation n'est pas gaie, son pouvoir spirituel se hérisse de servitudes, puisque ce seigneur suzerain des consciences *orthodoxes* est le tributaire et le vassal de l'islamisme. Un prélat s'agenouillant aux pieds d'un khalife ! Figurez-vous Jules Ferry se faisant Turc pour que son despotisme aille en croissant, et obligeant les évêques d'Angers et de Nîmes à se prosterner devant lui ! L'auteur raconte de la façon la plus dramatique les discordes intérieures du Séraï, les exactions musulmanes aux dépens de ces pâles et débiles successeurs de Chrysostome, la mort de Sélim, l'avénement de Mourad, les premiers signes du déclin de l'Empire des grands sultans, les misères de l'Église grecque, qui mériterait d'être surnommée byzantine, et où l'intrigue, la trahison, le servilisme, la vénalité, l'astuce, la violence, éteignent à l'envi de leurs ombres les pures lumières de l'Évangile. Exilé, dépossédé, puis rappelé et réinstallé, Jérémie, pieux et honnête, est forcé de se préoccuper de la question d'argent; c'est ce qui le décide à partir pour Moscou, où il compte implorer la munificence du grand-duc en faveur de sa pauvreté. Le résultat de ce voyage, vous ne le savez probablement pas, et je l'ignorais avant d'avoir lu les *Histoires orientales*. L'arrivée à Moscou, l'effet produit sur les pèlerins par la ville sainte, la description, à vol d'oiseau, de ces coupoles, de ces clochers, de ces dômes d'or, d'argent ou d'azur étoilé, de ces créneaux, de ces clochetons, de ces blanches basiliques, — cet éblouissant panorama, *qui leur révèle un Orient nouveau*, et que dominent le Kremlin et la cathédrale de Saint-Basile, « rêve d'un architecte en délire », — tout cela est peint avec une force de pénétration et une magie de pinceau, qui expliquent à la fois et rendent visibles les événements et les objets extérieurs, le tableau et le récit. Puis nous assistons à la lutte inégale du patriarche contre l'habile et ambitieux ministre, le maire du palais de Féodor Ivanovitch, le terrible Boris Godounof, dont Mérimée vous a raconté la légende sanguinaire; et ce n'est pas sans dessein que je nomme ici l'auteur du *Faux Démétrius*; car nul, parmi nos jeunes écrivains, ne me semble mieux appelé que Melchior de Vogüé à recueillir l'héritage moscovite de Mérimée, voisin de Pouchkine et de Nicolas Gogol ; et savez-vous que c'est quelque chose, dans notre littérature *désorientée*, un Mérimée de trente ans, enthousiaste, ému, chrétien, et autrement gentilhomme que le sénateur de l'Empire ?

« La fable du pot de terre brisé contre le pot d'airain ! » Ce fut, on le sait, et le comte d'Haussonville nous l'a dit dans sa belle histoire, le premier cri de la duchesse Nicolle, lorsque, après la cession de la Lorraine à la France, elle se vit logée dans un appartement dont la tapisserie représentait cet apologue, vieux comme le monde. Le pot de terre contre le pot de fer! Ce fut, j'imagine, pour le patriarche de Constantinople, le texte d'une jérémiade, quand le grand-duc ou plutôt le czar Féodor, conseillé ou plutôt gouverné par Boris Godounof, l'amena, par une série d'hommages illusoires, d'emprisonnements déguisés, de promesses trompeuses, de largesses à gros intérêts, à transférer de Byzance à Moscou le siège métropolitain de l'Église grecque. Cet événement, immense au point de vue des chrétiens *orthodoxes* et comme signe d'un déplacement absolu de prépondérance et de vie, passa presque inaperçu pour l'Europe occidentale, au milieu des agitations de son XVIe siècle; une page d'histoire toute neuve après trois cents ans! une vraie trouvaille dont Melchior de Vogüé a tiré un excellent parti.

Et Pougatchef, le Spartacus russe de 1772! Le chef de cette guerre servile qui fit trembler un moment la grande Catherine! Bien des catastrophes récentes ajoutent à cet épisode une menaçante actualité. Comment se défendre de douloureux rapprochements, quand l'historien nous dit : « On imagine la monstrueuse licence qui régnait dans cette cohue. Comme dans toutes les basses séditions, le vin était le grand attrait du lieu et le grand moyen d'embauchage. » — Et plus loin : « Et voilà les hommes qui ébranlèrent l'Empire ! » s'écrie Pouchkine. Il se fût moins étonné s'il eût plus vécu ; il aurait pu voir des États bien autrement rassis, solides et homogènes que la Russie de Catherine, poussés au bord de l'abîme par de semblables kermesses, humiliés par la lutte avec les généraux du crime, humiliés après la lutte par leurs hautaines revendications. »

Je m'arrête. Vous lirez ou vous relirez l'histoire de ce précurseur des nihilistes de Saint-Pétersbourg et des fédérés de Paris, qui vous fera tour à tour songer à Spartacus déjà nommé, à Jean de Leyde, à Solovief, à Mandrin, au faux Démétrius, à Raoul Rigault, à tous les factieux, croisés d'imposteurs et de bandits. Ce qui vaut mieux, ce qui nous ramène à des idées plus douces, c'est que Melchior de Vogüé, dans ce récit comme dans tout le volume, affirme de plus en plus ses rares qualités de moraliste, d'historien, de conteur, de paysagiste et d'écrivain. Ses *Histoires orientales*, suivant de près son *Voyage aux pays du passé*, c'est la plus brillante, la plus heureuse des récidives. Hier, je vous le présentais. Aujourd'hui, c'est lui qui se recommande. Dans tout début, si engageant qu'il soit, il y a une part pour la promesse, pour l'avenir, pour le présage, pour la prédiction amicale ; maintenant, je n'ai plus à prédire ; il me suffit de raconter.

VI

MADAME DE RÉMUSAT[1]

Décembre 1879.

On a dit de ces curieux *Mémoires*, qu'ils nous livraient Napoléon Bonaparte en pantoufles. Les pantoufles suffisaient, et il était inutile de donner à l'ensemble de cette publication une teinte de libéralisme révolutionnaire et républicain qui fait l'effet d'une contradiction ou d'un contresens. Nous comprenons le culte de M. Paul de Rémusat, sénateur de la Haute-Garonne, pour ses reliques de famille, pour sa grand'mère, qui était évidemment une honnête femme d'esprit, pour son père, qui unissait mille qualités aimables à de remarquables talents. Était-ce une raison pour faire de sa préface de cent pages une

---

1. *Mémoires*, 1802-1808.

sorte de réquisitoire, non seulement contre le despotisme impérial, la dictature et les coups d'État, mais contre la monarchie, qui rendrait impossibles tout à la fois les coups d'État, le despotisme et la dictature? Cette insistance inopportune, cette préoccupation visible d'un républicain d'après coup et de la onzième heure, a le double inconvénient d'altérer la physionomie originale de ce récit et de mettre la critique en méfiance. On voudrait s'abandonner sans arrière-pensée à l'agrément de ces tableaux d'intérieur, plus vrais que les toiles historiques ; on se résignerait volontiers à l'*enlaidissement* d'un grand homme, en songeant qu'il est rare qu'une photographie flatte une figure ; on serait heureux d'oublier la politique, les dissidences ou les nuances de parti, ce qui nous divise le plus, ce qui nous divise le moins. Personne ne nous semblerait plus propre à cette illusion d'oubli, à cette réconciliation momentanée des opinions diverses dans une même lecture, que cette femme spirituelle, rattachée par ses origines à l'ancien régime, fille et petite-fille de victimes de la Terreur, dame du palais sous le premier Empire, raisonnablement ralliée au bienfait de la Restauration, et ayant eu, avant de mourir, la joie de se voir revivre sous les traits de ce fils passionné pour sa mère, assez bien doué, assez sympathique pour qu'on lui pardonne de grand cœur les incertitudes de sa philosophie et les faiblesses de sa politique.

Tout cela est exact; mais, au moment où l'on est le mieux disposé à goûter cet innocent plaisir, ce plaisir est gâté par un détail, un trait, une phrase inattendue qui détonne, qui nous surprend, qui trouble notre bonne humeur, qui agace nos nerfs, déjà crispés par les ridicules, les scandales et les menaces de la République démocratique, communarde et sociale. Je ne citerai qu'un exemple. Madame de Rémusat nous dit, dans son premier chapitre : « Il me serait impossible de peindre la bonne foi désintéressée avec laquelle j'ai souhaité le retour du roi, qui devait, dans *mon idée*, nous rendre *la liberté* et *le repos*. » Mais, madame, votre idée était excellente, si votre style n'est pas de premier ordre, et je ne devine pas ce qui aurait pu vous en faire changer. Vous écriviez ces lignes en 1818, au moment le plus *libéral* du règne de Louis XVIII. Quelle liberté aviez-vous à désirer ? Le général Foy, Benjamin Constant et leur groupe avaient la liberté de glorifier, à la tribune, ce libéralisme croisé de bonapartisme, qui aurait dû vous paraître monstrueux, à vous, témoin attristé et attitré des prodigieux attentats de Bonaparte contre toutes les libertés. Paul-Louis Courier avait la liberté du pamphlet avec toutes les licences du mensonge, de la calomnie, du venin et de l'insulte. Béranger, un inspirateur, presque un maître de M. Charles de Rémusat, avait la liberté de la chanson, où le paganisme de *la Bacchante*, le bourdonnement de *la Can-*

tharide, la gaudriole de *la Grand'mère*, l'outrage à l'ange gardien, aux ordres religieux et à la piété populaire envers les morts, se mêlaient à l'apothéose du captif de Sainte-Hélène. Les émeutiers avaient la liberté de casser les réverbères, et de voir, le lendemain, les journalistes les mieux posés prendre parti pour eux contre les réverbères et les gendarmes. Jacques Laffitte avait la liberté de préparer le triomphe de sa maison contre la maison de Bourbon. Le général Lafayette, grand-père de votre future belle-fille, avait la liberté d'ébaucher et de diriger des conspirations, sans sortir de son château de la Grange. Encore une fois, je cherche en vain quelle liberté vous manquait, à vous qui aviez tant souffert de la tyrannie napoléonienne, mais qui, après tout, l'aviez supportée. La liberté ! on ne l'avait que trop puisque déjà on en abusait pour organiser la chute de la monarchie qui l'avait donnée. Le repos ! si vous ne pouviez pas jouir, dans toute sa plénitude, du repos auquel vous aviez aspiré, c'est justement parce que vos proches et vos amis s'arrangeaient pour rendre ce repos et cette liberté à jamais incompatibles !

Je n'aurais pas relevé ce détail; peut-être même ne l'aurais-je pas remarqué, si la préface considérable de M. Paul de Rémusat, sénateur républicain de la Haute-Garonne, ne m'avait laissé une légère impression de malaise. Sa tâche était douce et facile ; rendre hommage à la mémoire d'un père dont il est justement fier ; réveiller des souvenirs de famille qui n'ont rien que d'honorable ; ranimer et rétablir dans son cadre l'aimable figure de l'aïeule, trait d'union entre l'ancienne société et la nouvelle, ou, comme aurait dit M. Charles de Rémusat, entre *le Passé* et *le Présent* ; offrir un régal aux curieux, aux lettrés, à tous ceux qui voudraient enfin connaître et juger Bonaparte sans le noircir et sans le surfaire ; dépouiller ou débarrasser l'homme sur qui se sont épuisés tant d'hémistiches et tant de phrases, de son manteau d'apparat, de son auréole légendaire, de son prestige épique ou magique, pour nous le montrer en déshabillé, sans rôle appris, sans piédestal et sans masque, dans tout le laisser aller du *chez soi* et de l'intimité ; il n'y avait rien là qui exigeât une profession de foi politique, ni surtout un déni de justice à l'égard de la Restauration et de la monarchie légitime. Prenez garde ! si vous nous désenchantez de Napoléon, — et c'est, en somme, le but ou l'effet de ces *Mémoires*, — ce ne peut pas être au profit de la Révolution et de la République, qui, à deux reprises différentes, l'une par ses crimes, l'autre par son impuissance, ont fait accepter et saluer ce nom et ce joug. Napoléon l'a dit, — et, cette fois, il disait vrai. — Consul ou Empereur, il ne supprimait pas la Révolution ; il la personnifiait dans une de ses nombreuses métamorphoses ; il la continuait et la sauvegardait en la domptant, en la façonnant à son usage, en l'ajustant aux instincts militaires de la nation, à notre passion d'égalité, de gloire et de chimère, en se faisant lécher les mains par les fauves de 93. Un demi-siècle plus tard, c'est encore la Révolution qui s'incarnait en Napoléon III, non plus terroriste et despotique, mais socialiste et dissolvante. Les radicaux qui maudissent aujourd'hui ce nom sont bien ingrats ; car, sans lui, leur règne odieux et dérisoire eût été éternellement impossible.

Oui, plus vous réduisez Bonaparte aux proportions d'un phénomène, mi-parti de prodige et de fléau, d'un homme extraordinaire, organisateur et chef d'armée incomparable, mais brusque, brutal, immoral, mal élevé, d'humeur quinteuse et fantasque, d'un égoïsme féroce, se croyant supérieur à toutes les lois divines et humaines, comédien toujours, tragédien souvent, dédaigneux des ménagements et des nuances, irascible, emporté, méprisant les femmes, désagréable pour les siens et pour son entourage, enivré de sa grandeur, affolé de sa fortune, ébloui de son étoile, malfaisant avant d'être funeste, constamment prêt à justifier le proverbe qu'il n'y a pas de héros pour ses valets de chambre... ou pour ses dames du palais, plus vous glorifierez, à votre insu et malgré vous, la monarchie héréditaire, traditionnelle, séculaire, légitime, — de quelque nom qu'on l'appelle, — qui, dans la belle âme de Louis XVI, préméditait toutes les réformes, qui, dans la haute intelligence de Louis XVIII, apporta tous les éléments du vrai gouvernement constitutionnel. Celle-là n'a pas des rudesses de parvenu, des ivresses d'arbitraire ; elle n'a pas les étourdissements et les vertiges d'une élévation trop rapide. N'offrant aucun des caractères de l'expédient, de l'aventure et du hasard, elle n'en subit pas les servitudes ; elle est acclimatée à son pouvoir avant de l'exercer ; la continuité du succès n'est pas une condition nécessaire de son existence ; indépendante des prodigalités de la fortune, elle ne s'expose pas à les fatiguer et à les perdre à force de les solliciter. Elle n'a pas besoin, pour durer, de mener son pays de surprise en surprise, de le griser d'une débauche de victoires, de l'habituer à de l'imprévu, de le faire vivre dans une féerie ou dans un rêve jusqu'à ce que la féerie s'écroule dans un désastre et le rêve dans une invasion. Elle fonde l'unité nationale au lieu d'improviser la monarchie universelle. Elle ne donne pas à la France le fatal plaisir d'être un moment maîtresse de l'Europe, pour voir, le lendemain, l'Europe maîtresse de la France ; elle ne vit pas de conquêtes ; mais elle ne meurt pas de démembrements.

On le voit ; en supposant que M. Paul de Rémusat, obéissant à des traditions de famille, refusât de faire profiter la monarchie de cette diminution *réaliste* du colosse impérial, il pouvait du moins la laisser à l'écart, s'abstenir de toute allusion désobligeante et ne pas taquiner ce que les intéressants *Mémoires* de sa grand'mère nous apprennent à honorer un peu mieux et à regretter un peu plus. Comment un homme d'esprit et de si peu de fiel n'a-t-il pas compris ce qu'il y avait de singulier à chicaner tel ou tel détail de la rentrée des Bourbons dans un livre qu'il publie au moment même de la rentrée des assassins et des incendiaires, et dont le prologue a pour point de départ l'échafaud du 6 thermidor an II? Comment peut-il revendiquer ou plutôt antidater je ne sais quelles intuitions républicaines, lorsqu'il serait si facile de lui prouver que son père, s'il avait pu prévoir, en janvier 1848, la République de février, le suffrage universel et leurs suites, se serait hâté de franchir d'un bond la distance, d'ailleurs assez médiocre, qui le séparait de M. Guizot; que, même en 1822, en pleine sève juvénile et libérale, si on avait prédit à cet esprit si fin, si exquis, si modéré, si poli, que son libéralisme athénien, son élégant libéralisme de salon, de *Revue* et d'Académie, le conduirait d'étape en étape jusqu'à la grossièreté démagogique, à la malpropreté littéraire de 1879, il aurait reculé d'horreur et aurait peut-être pris parti pour M. de Villèle contre Benjamin Constant? Au point où nous sommes tombés, le *libéralisme* nous apparaît comme la plus immense et la plus désastreuse des faillites. Certes, en fait de faillites, leurs auteurs sont plus haïssables que leurs victimes ; n'importe ! quand on les a subies, — quelque peu par sa faute, — le mieux serait de ne pas s'en vanter.

Est-ce tout ? Pas encore. M. Paul de Rémusat, en offrant tour à tour au public les drames de son père et les

Mémoires de sa grand'mère, a donné des preuves de
tendresse et de piété filiales, que nous ne saurions
assez honorer. Cette grand'mère, gardant, au début de
la cour impériale, proche voisine du Directoire, sa physionomie d'honnête femme sans pruderie, de grande dame
sans morgue, de lettrée sans pédantisme, de spectatrice
clairvoyante sans méchanceté, nous impose, à nous indifférents et inconnus, un surcroît de déférence et de
respect, surtout quand nous songeons au sang qui coula
près de son berceau, aux orages qui assombrirent son
adolescence, aux tragédies dont elle fut témoin, aux catastrophes dont elle pressentit l'approche et retraça les
préludes. Était-ce bien le moment, était-ce bien le lieu
de rappeler que M. Charles de Rémusat fut chansonnier
avant d'être publiciste, philosophe, homme politique,
orateur, poète dramatique en chambre, académicien et
ministre; qu'il s'inspira de Béranger avant de raconter
Abélard et de commenter saint Anselme ? Son fils reproduit *in extenso* une chanson de sa dix-huitième année,
c'est-à-dire du lendemain de Waterloo, après ces néfastes Cent-Jours qui ne devaient pas, hélas ! finir par des
chansons. Celle-ci s'appelle *la Marquise ou l'Ancien
régime*, et vous avez déjà deviné que le jeune puritain y raille, sous une forme agréable et légère, les
mœurs faciles, les licences extra-conjugales, les élégantes immoralités du dernier siècle ; c'est un peu *la Grand'-
mère* de Béranger, compliquée de sa *Marquise de Pre-*

lintailles, avec des armoiries et des falbalas. Eh bien, je me souviens que M. Charles de Rémusat était latiniste, et je dis : *Non erat hic locus*. Les rumeurs du monde — surtout du monde aujourd'hui régnant — n'arrivent guère dans ma solitude ; j'en sais assez pourtant pour croire que les Égéries républicaines de 1879 ne sont pas beaucoup plus rigides que les marquises de 1760 ; un de mes amis, égaré dans un de ces sanctuaires du bel esprit infusé de libre-pensée, a eu raison de m'écrire : « J'ai vu la nymphe, *et j'ai ri*. » Mettons que ce soit à peu près la même chose. Il n'y a que l'élégance de moins.

Vous le voyez ; moi aussi, j'ai ma préface ; elle est trop longue, et je m'en accuse ; je n'aurais demandé qu'à entrer tout bonnement, tout bêtement, à la suite de madame de Rémusat, dans ces châteaux des Tuileries et de Saint-Cloud, dont nous pouvons dire : « Ils n'existent plus, et ils existeraient encore, si la Révolution n'y eût passé. » — Quelle aubaine ! faire trêve à notre odieuse politique, oublier pour mieux nous souvenir, prendre notre part des récits, des anecdotes, des croquis d'une femme d'élite, sincère, loyale, étrangère à tout parti pris de dénigrement, ne croyant pas nécessaire de médire pour prouver qu'elle a su observer, et si peu méchante, que, dans ses *Portraits* préliminaires, elle ne fait pas même allusion à des faiblesses qui commencèrent par être romanesques pour finir par être historiques ! Quel joli sujet d'étude, les gradations par où passe cette intelligence nette, cette conscience droite, en présence de cet Empereur qu'elle salue d'abord avec enthousiasme, qui lui inspire une confiance, une admiration passionnée, puis un sentiment d'inquiétude, puis le chagrin d'avoir à en rabattre, puis un mélange d'effroi et d'antipathie, puis une réaction énergique contre la fascination des premiers jours, puis une haine inflexible; si bien que, après l'avoir trop admiré pour le juger, elle le juge désormais trop bien pour l'admirer ! Oui, c'était là le vrai sujet d'une savoureuse *Causerie;* mais je n'ai pu résister à l'envie d'expliquer comment des phrases telles que celle-ci : « On n'avait pas encore *inventé la légitimité;* » (???) ou celle-ci : « On songeait donc naturellement à la rentrée des Bourbons, malgré des inconvénients dont on se rendait imparfaitement compte; » ou celle-ci : « Le côté humiliant, insolent de la Restauration, est ce qui m'en choque le plus ; » ou celle-ci : « L'apparition des royalistes de salon le frappait par le ridicule, » me préparaient à appuyer à droite pendant que M. Paul de Rémusat et son père appuyaient à gauche, et m'engageaient à réfuter au lieu de copier, de répéter et d'approuver. En pareil cas, le diable se met presque toujours de la partie. Justement, le voilà plaçant sur mon chemin le tragique épisode de la mort du duc d'Enghien. C'est le chapitre le plus émouvant, et, comme on dirait en argot de théâtre, le *clou* de ce premier volume. En toute autre circonstance, il m'eût paru naturel, — quoique peu héroïque, — que M. et madame de Rémusat, médiocrement bourboniens, récemment dérobés à une gêne relative par leur place de préfet et de dame du palais, n'ayant point d'enjeu personnel dans ce terrible drame, se fussent contentés de gémir, tout en restant à leur poste. Mais on nous dit (page 38 de la préface) : « L'impression qu'en ressentirent les honnêtes gens de la cour dépassa ce qu'on éprouva au dehors. *Même chez les royalistes* absolument ennemis du gouvernement, cet événement causa plus de douleur que d'indignation ; tant, en matière de justice politique et de raison d'État, *les idées étaient perverties !* » — Ici, je récalcitre ; les royalistes furent aussi indignés que consternés. J'en connaissais un, entre autres, plus pauvre et de naissance plus illustre que M. de Rémusat. Il était, le 19 mars, ministre de France près la République du Valais. Ces fonctions, tout extérieures, à cent lieues de la cour et de ses servitudes, lui laissaient, bien plus que celle de dame du palais ou de chambellan, une sorte d'indépendance de jugement et de langage ; cependant, il n'hésita pas un moment à donner sa démission. Je crois même qu'il a écrit là-dessus quelque chose ; voyons ! — « Deux jours avant le 20 mars... La galerie où IL recevait était pleine ; il était accompagné de Murat et d'un premier aide de camp ; il passait presque sans s'arrêter. A mesure qu'il s'approcha de moi, je fus frappé de l'altération de son visage; ses joues étaient dévalées et livides, ses yeux âpres, son teint pâli et brouillé, son air sombre et terrible. L'attrait qui m'avait précédemment poussé vers lui, cessa. Au lieu de rester sur son passage, je fis un mouvement pour l'éviter. Il me jeta un regard comme pour chercher à me reconnaître, dirigea quelques pas vers moi, puis se détourna et s'éloigna. Lui étais-je apparu comme un avertissement?... » Je m'arrête; il y a là une page vraiment admirable, quelque chose comme un jeu muet entre un crime et une conscience, comme un glas funèbre sonné par une main immortelle, comme une entrevue tragique de celui qui allait être Néron pendant une nuit avec celui qui serait un jour Tacite. Plus loin, je cueille cette phrase qui nous ramène à notre sujet : « Madame de Rémusat, qui, dans la soirée du 20 mars, jouait aux échecs à la Malmaison avec le premier Consul, l'entendit murmurer quelques vers sur la clémence d'Auguste; elle crut que Bonaparte revenait à lui, et que le prince était sauvé. »

Je ne prétends rien vous apprendre en vous disant que cet original, ce réfractaire, cet entêté, ce démissionnaire, était un royaliste et s'appelait Chateaubriand. Rapprochons de ses dernières lignes le récit de madame de Rémusat : « Bonaparte jouait encore aux échecs; il avait pris fantaisie à ce jeu. Dès qu'il me vit, il m'appela près de lui, me disant de le conseiller; je n'étais pas en état de prononcer quatre mots... Il fut encore assez longtemps à jouer avec sa femme avec plus de liberté que de décence ; puis il m'appela vers une table pour faire une partie d'échecs... Je le laissais faire ce qui lui plaisait ; tout le monde gardait le silence ; alors il se mit à chanter entre ses dents. Puis, tout à coup, il lui vint des vers à la mémoire ; il prononça à demi-voix : *Soyons amis, Cinna,* puis les vers de Gusman dans *Alzire* :

Et le mien, quand ton bras vient de m'assassiner... »

Tout ce cinquième chapitre est d'un intérêt poignant. Je ne comparerai pas le style de madame de Rémusat à celui des *Mémoires d'outre-tombe ;* ce serait bêtement méchant ou méchamment bête ; les deux livres ne comportaient ni la même inspiration, ni le même fond, ni la même forme, ni le même niveau, ni le même horizon, ni la même prose. Cette grandeur épique dont Chateaubriand ne veut pas se départir, ces effets de lointain agrandis tout à la fois et interceptés par un tombeau, conviendraient mal à la familiarité, à l'intimité de ces *Mémoires* à qui nous permettons d'être graves, que nous remercions d'être sincères, mais que nous ne voudrions pas plus solennels. Non, ce que je dirai, ce qui, Dieu merci ! n'est pas suspect sous ma plume, après mes taquineries de tout à l'heure, c'est que madame de Rémusat, notamment dans deux de ses chapitres, trouve moyen de nous dire quelque chose de nouveau sur cet homme dont on a tant parlé, et qui, après avoir rempli le monde de son bruit, de ses batailles, de ses conquêtes, de ses prodiges, de son omnipotence et de ses adversités, le remplit encore de ses légendes, de ses histoires, de son ombre et de son châtiment. Rien de plus *empoignant* et de plus neuf que la conversation ou plutôt le monologue où Bonaparte *se raconte* à madame de Rémusat, la causerie fiévreuse où il juge quelques grands hommes de guerre et définit la science militaire en connaisseur et en homme de génie, et la causerie *littéraire* (pourquoi pas?) où, à propos d'une mauvaise tragédie de Népomucène Lemercier, il en vient à cette curieuse interprétation de la fameuse scène de *Cinna* : « Je ne voyais d'abord, dans le dénouement de *Cinna*, qu'un cinquième acte pathétique, et encore la clémence proprement dite est *une si pauvre petite vertu,* quand elle n'est point appuyée sur la politique, que celle d'Auguste, devenu tout à coup un prince débonnaire, ne me paraissait pas digne de terminer cette belle tragédie. Mais, une fois, Monvel, en jouant devant moi, m'a dévoilé le mystère de cette grande conception. Il prononça le *Soyons amis, Cinna !* d'un ton si rusé, que je compris que cette action n'était que la feinte d'un tyran, et j'ai approuvé comme calcul ce qui me semblait puéril comme sentiment... »

Si ce sont là des pantoufles, il faut avouer qu'elles sont préférables à bien des cothurnes. Ceci m'amène à conclure.

Je viens d'écrire le mot *châtiment*, et ce mot rappelle toutes les haines de la poésie, toutes les poésies de la haine, l'œuvre implacable d'un grand poète qui, pendant dix-huit ans, croyant la lutte réduite à un duel entre l'Empereur et lui, a dû être, après sa victoire, bien penaud de n'avoir à toucher que des droits d'auteur et à *présider* que les soupers de la *centième*. Peut-on dire que les *Mémoires* de madame de Rémusat soient des *châtiments* en prose? Franchement, je ne le crois pas. Le succès en est très vif; succès de curiosité, et non pas du tout de scandale; mais ce succès, c'est à Bonaparte qu'il revient. Les anecdotes ne sont pas bien piquantes; les portraits sont trop débonnaires pour amuser ou passionner le lecteur. Nous avons vu ailleurs Joséphine, Hortense, la mère et les sœurs de Napoléon, ses frères, ses généraux, ses courtisans, Talleyrand, Cambacérès, Fontanes, dessinés en pied ou en buste. Ici, c'est Bonaparte qui domine tout; même diminué, il déborde encore la toile. L'honnête et spirituelle femme qui nous rend fidèlement compte de ses impressions, qui nous révèle la décroissance de ses premiers enthousiasmes, peut bien constater tout ce qui a manqué à cette âme pour être haute, à ce cœur pour être bon, à cet esprit pour être aimable, à ce caractère pour être beau, à ces manières pour être polies, à cette conscience pour être droite, à ce goût pour être pur, à cette toilette pour être propre. Il n'en reste pas moins Napoléon Bonaparte, c'est-à-dire un homme si au-dessus, si en dehors, si au delà des proportions humaines, que, si on lui déniait ses facultés prodigieuses, on ne pourrait l'expliquer que par une opération magique ou une intervention surnaturelle. Il n'existe qu'un point de vue qui permette de dénigrer Napoléon ; c'est le point de vue royaliste. Dès que vous me le refusez, j'oublie un moment ma cocarde et mon drapeau pour vous dire : « Rapetisser les grands hommes, grandir les petits, c'est le fait des nations qui finissent, — et qui ne savent pas même bien finir. »

VII

M. PAUL THUREAU-DANGIN [1]

Décembre 1879.

Si l'histoire d'hier était la politique de demain; s'il suffisait, pour notre salut et pour notre honneur, d'une enquête excellemment conduite sur les événements qui nous ont tour à tour émus, effrayés, séduits, abusés, égarés, perdus, nous n'aurions pas à nous plaindre; car les documents et les révisions affluent de toutes parts. C'est, j'en conviens, une réhabilitation tardive, une revanche platonique de la vérité et de la justice; quelque chose de comparable à un procès posthume qui ferait éclater l'innocence d'un condamné, huit ou dix ans après son exécution. Il est triste toujours, par-

1. *L'Église et l'État sous la monarchie de Juillet.*

fois impatientant, de s'entendre dire ce qu'on aurait dû penser ou faire pour éviter tel malheur, lorsque le malheur est arrivé. Pourtant, ce qui nous console, ce qui nous défend de désespérer de l'avenir, c'est de voir des jeunes gens, formant l'élite de la génération nouvelle, sans enjeu dans le passé, sans engagement avec les partis, se faire les juges d'instruction de ces causes provisoirement vaincues, les raconter au lieu de les plaider, nous les présenter sous leur vrai jour, les débarrasser des derniers alliages de la passion contemporaine, signaler les erreurs du *trop près*, et apporter à cette tâche, avec le zèle et la bonne foi de la jeunesse, une sagesse précoce, mûrie par nos expériences, nos fautes, nos mécomptes et nos malheurs. On pouvait croire la chaîne brisée, la tradition perdue. Les hommes de la Restauration avaient depuis longtemps disparu, et c'est à peine si quelques-uns se survivaient dans leurs écrits et dans nos souvenirs. Puis la mort nous prit les plus illustres serviteurs de la monarchie de Juillet, ceux que le malheur des temps avait faits nos adversaires après avoir été nos maîtres. La fuite des années ressemble à celle des Parthes. Que de flèches lancées dans les rangs des catholiques! Que de vides dans ce groupe admirable qui fut une des originalités et une des gloires de ce siècle, appelé, disait-on, à en finir avec la foi de nos pères et à inaugurer la religion du *progrès!* Ozanam, Lacordaire, Ravignan, Montalembert, Riancey, Cochin, et ce suave abbé Péreyve, à qui l'on aurait pu dire le mot d'Eudore à Cymodocée : « Est-ce que vous n'êtes pas un ange ? »

Eh bien, ces paroles expirant sur ces lèvres bénies, cette plume tombée de ces mains mourantes, ont été recueillies par de dignes héritiers. Ils n'avaient pas à remonter bien haut pour se souvenir de leur latin. De ce vers si souvent répété d'un poète naturaliste et athée :

Et quasi cursores, vitaï lampada tradunt,

ils ont fait la devise d'un nouveau chapitre d'apologétique chrétienne, où le récit lumineux, véridique, sincère, indiscutable, bien renseigné, nous apparaît comme le meilleur des arguments, et nous frappe d'autant plus qu'il contraste avec un régime pourri de mensonges. Je n'ai pas besoin de vous dire la place qu'occupe M. Paul Thureau-Dangin dans cette jeune pléiade, si courageusement vouée à rassembler les épaves de nos divers naufrages et à les rajuster si bien, qu'elles nous semblent préférables aux grosses cargaisons insolemment déballées sur le port. Vous avez lu, comme nous tous, ses beaux livres : *Royalistes et Républicains* et *le Parti libéral sous la Restauration*, deux de ces modèles d'impartialité, de modération, de sagacité, de justice et de justesse, qui nous font dire : « Que de malheurs nous aurions évités si les sexagénaires d'alors avaient été

aussi sages que le sont aujourd'hui les hommes de trente
ans! » — Cette fois, Paul Thureau nous invite à élucider avec lui un sujet plus actuel encore et plus délicat,
qui se rattache par maint endroit à la situation présente,
donne lieu à de curieux rapprochements, et nous montre, dans un autre cadre, un gouvernement franchement
libéral refusant une liberté de peur de se brouiller avec
les *libéraux;* tableau d'histoire dont nous avons maintenant la grossière caricature, avec cette différence que
nous ne pouvions nous défendre d'un sentiment de sympathie, de regret, d'estime pour les hommes qui personnifièrent cette lésinerie de liberté, et que leurs dérisoires
successeurs nous inspirent un sentiment diamétralement
contraire. Nous disons des uns : « Quel dommage, qu'ils
se soient trompés! » — et des autres : « Quel dommage,
s'ils ne se complétaient pas! »

L'Église et l'État sous la monarchie de Juillet! Les
hommes de mon âge ont assisté à trois grandes révolutions. La première et la troisième ont offert ce trait
caractéristique, qu'elles ont fait de la guerre au bon
Dieu, à l'Église, au clergé, l'épilogue de leur victoire.
La seconde, d'apparence plus inexplicable, plus illogique, plus extravagante que les deux autres, respecta la
religion et ses ministres dans le paroxysme de cet accès
de fièvre démocratique qui pouvait tout et n'épargnait
rien. A quoi doit-on attribuer le contraste entre les
destructives colères de 1830 et les ménagements presque

respectueux de 1848? C'est là le point de départ du livre de M. Paul Thureau.

Ce fut une des fatalités de la Restauration, que, ressuscitant quelques-unes des traditions de l'ancien régime, remplaçant un gouvernement en flagrant délit de rupture avec le Saint-Siège, ne pouvant pas ne pas protéger la *Religion de l'État*, pouvant encore moins empêcher l'épiscopat et le clergé de la préférer au persécuteur de Pie VII, au profanateur de Rome, elle parut chercher un *instrument de règne*, un élément d'autorité, dans cette religion à laquelle elle donnait un caractère quasi officiel. De leur côté, les évêques et les prêtres rendus à leurs légitimes souverains, comptant dans leurs rangs des martyrs échappés aux bourreaux de 93, cessant d'être partagés entre une disgrâce et un schisme, respirant pour la première fois depuis un quart de siècle une bonne gorgée d'air pur, libres de chanter des *Te Deum* sans oublier le *Ecclesia abhorret a sanguine*, — étaient irrésistiblement amenés à faire cause commune avec une royauté sacrée par le malheur, purifiée par l'exil, sanctifiée par l'échafaud, presque divinisée par l'Orpheline du Temple — qui représentait à leurs yeux la revanche du droit et du bien, l'apaisement des passions mauvaises, la trêve des mères, l'épargne du sang innocent, le coup d'État de la Providence, l'accomplissement de leur vœu le plus cher et de leurs mystérieuses espérances. C'étaient, semblait-il, deux forces qui allaient mutuellement se prêter appui.

Hélas! ce furent deux impopularités qui se compromirent entre elles.

N'oublions pas un détail qui a sa valeur, et qui complète cet ensemble de fatalités. Cette alliance inévitable de la religion et de la monarchie avait fait croire un moment, surtout à Paris et dans les diocèses voisins, à une renaissance possible de l'Église gallicane, et il paraissait naturel, puisque les descendants de Henri IV et de Louis XIV rentraient aux Tuileries, que les doctrines de Bossuet rentrassent à Notre-Dame. Il en résulta ceci, que d'excellents catholiques, demeurants d'un autre âge, gardèrent alors contre les idées ultramontaines et contre les jésuites des préventions aujourd'hui dissipées, et que, en 1828, lorsque Charles X, raillé pour sa dévotion par tous les beaux esprits et tous les *loustics* du libéralisme, signa les fâcheuses ordonnances contresignées par un évêque, la surprise et l'affliction furent moindres qu'on ne le croirait de nos jours. Seulement, par cela même qu'il y eut moins d'étonnement, la Royauté et l'Église de France n'y gagnèrent rien dans l'opinion, pervertie déjà et gangrenée par les précurseurs du *Charivari* et du *Voltaire*. Charles X resta le type du jésuite en robe courte, et c'est sous cet aspect que le représentaient d'ignobles caricatures. De bons bourgeois, lecteurs du *Constitutionnel*, trop spirituels pour croire à l'Évangile, croyaient fermement que le roi disait la messe. Ils attribuaient à la congrégation, au *parti-prêtre*, à la grande aumônerie, les incendies, les grêles, les sinistres, les mauvaises récoltes d'une époque où, par parenthèse, les récoltes étaient excellentes, et où on ne connaissait aucun des fléaux réservés à l'ère de prospérité républicaine. Cette solidarité proverbiale du trône et de l'autel fut pour les trois quarts dans le triomphe de l'opposition ; triomphe qui dépassa les prévisions des habiles, exagéra dans la rue l'œuvre du Parlement, porta un coup mortel au principe d'autorité, créa un précédent à l'initiative populaire, révéla l'omnipotence des barricades, arrêta le nouvel essor de nos grandeurs nationales, abaissa la France au dehors, nous força, pour tranquilliser les puissances, d'avoir l'air de les craindre, satisfit quelques ambitieux, égara dans la politique nos lettrés les plus illustres, contenta peu de gens et ne rassura personne.

Telle était donc la situation, lorsque la révolution de Juillet vint démuseler les haines antireligieuses. Comme pour aggraver encore ces conditions accablantes, nous assistâmes, dès le début, à un épisode étrange qui semblait devoir tourner au profit de l'impiété victorieuse. Un prêtre, à qui tous les publics accordaient du génie, et qui, sous la Restauration, avait eu le secret de faire accepter par les royalistes ses violences ultramontaines et de faire deviner par les libéraux ses instincts de factieux et de sectaire, M. de Lamennais fonda, comme on sait, le journal *l'Avenir*, afin de séparer de la monarchie vaincue l'Église impérissable, et de prouver qu'elle pou-

vait rester debout sur les ruines du palais. L'intention
était spécieuse, mais elle multipliait les périls. La séparation était nécessaire, mais elle avait toutes les rudesses
d'un divorce. Les vaincus sont susceptibles, et il y avait
aux yeux des légitimistes ardents un peu de brusquerie,
d'égoïsme et de hâte, à se désintéresser si vite de la défaite après s'être associés si intimement au règne. Et puis,
avec un caractère aussi entier, aussi absolu que celui
de Lamennais, il était facile de prévoir ce qui ne manqua pas d'arriver. Il irait au delà du but au lieu de l'atteindre. Pour être plus sûr d'échapper à un catholicisme
royaliste, il inventerait un catholicisme révolutionnaire.
Dès lors, il plaçait la cour de Rome dans la dangereuse
alternative ou de paraître approuver des doctrines subversives, ou, en condamnant un prêtre éminent, un grand
écrivain, très influent parmi la jeunesse catholique, de
fournir aux indifférents, aux sceptiques, aux ennemis
de l'Église, un nouveau prétexte pour affirmer qu'elle
sera toujours du parti du passé, que toujours elle traitera de suspect et d'hérétique quiconque essaye de la réconcilier avec la société moderne.

Or, comme les craintes demeurèrent au-dessous de la
réalité, comme il y eut condamnation, soumission factice,
puis révolte et rupture, comme l'auteur des *Paroles d'un
Croyant* fut à jamais perdu pour la religion, on devait,
à ne consulter que les vraisemblances humaines, regarder cet incident comme *le coup de grâce*, le rapprocher

des explosions de la colère populaire, du sac de l'archevêché et de Saint-Germain-l'Auxerrois, du renversement des croix, du langage de la presse officielle, et désespérer d'une cause qu'écrasaient à la fois la fortune, le génie, le bel esprit, le gouvernement, la garde nationale, la bourgeoisie et le peuple, l'élite et la multitude.

Eh bien, ce fut tout le contraire, et, nulle part mieux que dans les premiers chapitres du livre de M. Paul Thureau, vous n'éprouverez la sensation de ce miracle qui de l'excès d'un mal fit sortir un grand bien. Franchissons d'un trait de plume un espace de dix-huit années. Le changement est tel, qu'une révolution bien autrement démocratique et radicale que celle de 1830 peut s'improviser en quelques heures, que la blouse peut détrôner l'habit noir, que toutes les folies peuvent prévaloir contre toutes les sagesses, sans que ces vainqueurs déguenillés aient un moment l'idée d'envelopper l'Église dans la défaite de la monarchie, sans qu'une profanation soit commise, sans qu'une soutane soit réduite à se déguiser en redingote, sans que la moindre insulte soit adressée à un religieux ou à un prêtre. Je sais bien qu'il ne fallait pas trop prendre au sérieux la religion de ces ouvriers invitant les curés à bénir les arbres de la liberté, et que, par rancune contre la *poire* légendaire, ces arbres n'eurent rien de commun avec le bon chrétien. Mais enfin, les apparences furent parfaitement sauvées, et, moins d'un an après, quand la société eut repris son équilibre, l'unique liberté qui eût manqué au règne de Louis-Philippe, la liberté de l'enseignement, était magnifiquement inaugurée, non seulement par ses défenseurs naturels, mais par les dissidents, les récalcitrants, les impénitents, les réfractaires, pour qui les barricades de février avaient pavé le chemin de Damas. Remarquons, en passant, les différences entre les trois morts tragiques des archevêques de Paris. Le meurtre de Mgr Sibour, crime tout individuel, n'éveilla qu'une émotion stérile qui ne pénétra pas dans le peuple. L'assassinat de Mgr Darboy fait partie du programme des représailles démagogiques ; il laisse froids des hommes tels que MM. Thiers et Barthélemy Saint-Hilaire, qui l'accepteraient volontiers comme une expiation des faveurs impérialistes. L'héroïque mort de Mgr Affre remue jusque dans ses plus intimes profondeurs la cité coupable ; elle clôt la guerre civile ; elle représente, au dénouement du drame sanglant des journées de Juin, la traduction chrétienne de l'antique *Deus ex machinâ* ; et, le lendemain, — je puis le certifier en témoin oculaire, — toute la garde nationale de Paris, même celle des quartiers excentriques, défile, le crêpe au bras, les larmes aux yeux, le deuil au cœur, la prière aux lèvres, devant le cercueil de ce sublime pasteur, qui a voulu mourir pour racheter ses brebis ; ne prévoyant pas, hélas ! que, vingt-trois ans plus tard, ces brebis seraient des loups.

Comment expliquer ces contrastes ? Que s'était-il passé

dans cet intervalle? Tel est le sujet du livre de M. Paul Thureau; voilà ce qu'il rappelle à nos souvenirs, ce qu'il retrace avec un rare mélange de netteté, de finesse, de vivacité piquante, d'aptitude *à illustrer* les événements par des portraits, avec la généreuse franchise de la jeunesse, unie à l'autorité *d'un ancien;* catholique sincère, mais ne se croyant pas obligé, pour gagner sa cause, d'insulter ou de maudire ceux qui furent alors nos contradicteurs; plus équitable que nous ne l'étions, nous, contemporains de ces luttes, fatalement entraînés à envenimer de nos passions politiques les discussions religieuses; si bien qu'il suffit de le lire et de nous replier sur nous-mêmes pour comprendre à quel point la polémique ressemble peu à l'histoire.

Un souffle de liberté vraie avait circulé à travers ces dix-huit ans; par une heureuse coïncidence, la restriction opposée à cette liberté par la méfiance des hommes du gouvernement et l'impénitence du *libéralisme* d'un autre âge, était justement celle qui devait rendre la religion presque populaire en la montrant dégagée de tout lien avec le pouvoir, et, s'il le fallait, prête à lui résister, au lieu de s'appuyer sur lui. Le mouvement tenté par M. de Lamennais avait eu cette singulière fortune, que, même en avortant, même en alarmant les consciences, même en se brisant contre le roc inébranlable de l'orthodoxie romaine, même en rejetant hors de l'Église un de ses plus robustes athlètes, il avait été plus fécond que s'il avait réussi. On eût pu le comparer à ces débordements des grands fleuves qui semblent détruire ce qu'ils inondent, supprimer ce qu'ils couvrent, ne laisser au loin sur leurs rives, que des tas de sable et de gravier, et qui, en se retirant, offrent au premier rayon de soleil une couche de terrain fertile, paré d'une végétation nouvelle. Les jeunes et illustres disciples de Lamennais, en se soumettant à l'Église tandis qu'il se révoltait, firent plus de bien que s'ils ne s'étaient pas un moment aventurés à sa suite. Par ce douloureux sacrifice, ils prouvaient la toute-puissance de la foi à une génération lasse d'incrédulité, qui allait tressaillir le jour où le Père de Ravignan, du haut de la chaire de Notre-Dame, dit ces simples mots : « Nous, messieurs, nous croyons ! » — Ils élaguèrent de cette hardie tentative ce qu'elle avait de dangereux, en conservant ce qu'elle avait de bon. On n'eut pas l'hérésie, mais on eut l'indépendance; on n'eut pas le catholicisme révolutionnaire, ce qui était un effrayant contresens; mais on eut le catholicisme libéral, que je n'ai pas la prétention de juger, qui a pu, en d'autres temps, rencontrer ses écueils, ses illusions et ses mirages, mais qui, à ce moment, était le seul possible. N'ayant pas à attendre l'onéreuse protection du Pouvoir, il respirait à pleins poumons l'air beaucoup plus sain de la liberté. Il vivait de sa vie propre, ne demandant qu'à lui-même le secret de sa force, les éléments de sa renaissance, le succès de sa propagande, son ascendant chaque jour plus visible sur les âmes pures et les consciences droites.

Les beaux noms qui se rattachent à cette phase presque récente et d'apparence déjà si lointaine, vous les connaissez, vous les aimez, et M. Paul Thureau, en nous les rappelant, trouve moyen de dire à leur sujet ce qui n'avait pas encore été dit. Vous les revoyez dans son livre, les Lacordaire, les Montalembert, les Falloux, les Champagny, les Carné, les Dupanloup, et, auprès d'eux, leurs antagonistes, plutôt retardataires qu'hostiles, plutôt méfiants que malveillants, Guizot, Cousin, Villemain, Salvandy, universitaires dépaysés dans cette délicate question de la liberté d'enseignement, respectueux et timides dans leur résistance, combattant avec une vague tristesse qui ressemblait à un pressentiment. Ces belles luttes parlementaires remplissent une partie du volume, et n'en sont pas le moindre attrait. Parmi les pages les plus piquantes, je citerai celles qui nous montrent le roi Louis-Philippe dans ses rapports avec le clergé et notamment avec Mgr Affre. Rarement la figure si complexe du premier et dernier roi des Français avait été plus finement peinte. Ce n'est ni flatté, ni enlaidi, ni chargé; c'est ressemblant.

Si j'avais besoin d'un argument de plus en l'honneur de la légitimité, je placerais en regard l'un de l'autre Louis XVIII et Louis-Philippe. Louis-Philippe fut un Louis XVIII illégitime. Comme son royal cousin, —qui ne pouvait pas le souffrir, parce qu'il le devinait, — il était d'ancien régime, avec une intelligence très nette et très vive des aspirations de notre siècle et de l'ineffaçable empreinte de 89. Sincèrement résigné aux capitulations constitutionnelles, Louis XVIII s'en dédommageait par une persistance de tradition extérieure et d'étiquette, à laquelle Louis-Philippe avait résolument renoncé, en adoptant tout le bagage d'une royauté bourgeoise, accréditée par des airs de bonhomie. Mais, au fond, bien au fond, celui que nous appelions méchamment le roi des barricades, tenait peut-être plus que le monarque de 1814 à exercer le gouvernement personnel, et peut-être, vers la fin de son règne, n'eût-il pas été fâché de poser quelque peu en Louis XIV. Ces disparates entre son origine, son éducation, les conditions de son avènement, ses attaches et ses allures bourgeoises, ses velléités voltairiennes, ses ambitions secrètes et son humeur pacifique au dedans et au dehors, firent sa force pendant dix-huit ans, et sa faiblesse pendant trois jours. Ajoutez-y sa confiance exagérée dans une légalité *littérale* et son respect excessif pour l'humanité, associé à son mépris pour l'opinion; vous aurez non pas toutes les clefs, — il y en avait un trousseau, — mais quelques clefs de ce caractère qui eut le privilège de pratiquer le gouvernement au grand jour et de garder pour soi bien des énigmes.

Eh bien, supposez Louis XVIII en présence de cette

question des jésuites et de la liberté d'enseignement.
Peut-être aurait-il pensé *in petto* en contemporain de
Voltaire, du duc de Choiseul ou de Malesherbes ; mais il
aurait été libre d'agir en descendant de saint Louis.
Il n'aurait pas eu à tenir compte de tout ce qui entravait
et embarrassait Louis-Philippe ; à ménager ces préjugés
bourgeois auxquels Louis-Philippe devait sa couronne, à
éviter un conflit avec la majorité de la Chambre, à se
demander si, en accordant ce que réclamaient les catholiques, il ne démentirait pas le passé et ne compromettrait pas l'avenir de sa dynastie. Ainsi que l'a excellemment remarqué M. Paul Thureau, le roi de 1830 n'apportait à ce débat mémorable ni passion irréligieuse, ni
fiel, ni parti pris, ni désir de popularité. Il en était
importuné plutôt qu'irrité. C'était une mauvaise carte
de plus dans son jeu, fort compliqué déjà, et cette carte
avait, selon lui, des dessous politiques qui ne laissaient
pas que de l'inquiéter. Il lui semblait que les affaires
étrangères et les tiraillements intérieurs lui donnaient
bien assez de souci, sans que les marguilliers et les
bedeaux, pour parler son langage, vinssent y joindre
leurs démêlés avec les cuistres et les *pions*. Il était comparable à un voyageur qui a réglé son itinéraire dans
un pays accidenté et difficile, qui croit en connaître
d'avance tous les mauvais pas, et qui est contrarié, s'il
se heurte à quelque obstacle imprévu. Peu lui importait
que le clergé l'aimât, pourvu qu'il s'abstînt de le troubler

dans ses combinaisons habiles pour maintenir un équilibre d'autant plus nécessaire à sa royauté qu'elle avait moins de racines. De là des atermoiements, des équivoques, des biais, des *finasseries*, que M. Paul Thureau raconte à merveille, de façon à extraire d'un sujet si grave des scènes de comédie. On a cité, d'après son livre, un bien amusant dialogue entre Louis-Philippe et *son cher archevêque* Mgr Affre, et c'est pitié de voir un prince si spirituel recourir, pour *rompre les chiens* et faire diversion aux instances du prélat, à des platitudes qu'auraient désavouées un rentier du Marais, un bonnetier de la rue aux Ours.

A cette époque, — et je suis sûr que Paul Thureau ne me démentira pas, — cette résistance du roi, des ministres et de la majorité parlementaire, ces votes négatifs, ces retards, ces premiers-Paris et ces feuilletons acharnés contre les jésuites et l'enseignement religieux, attristèrent et offensèrent les catholiques. Aujourd'hui, nous devons reconnaître que Dieu fait bien ce qu'il fait, et que, si le gouvernement de 1830, deux ou trois ans avant la révolution de Février, avait cédé à nos vœux et pris l'initiative d'une loi de liberté, cette loi aurait été menacée par la réaction démocratique et républicaine, et, dans tous les cas, n'aurait eu ni la sanction populaire d'une assemblée élue par le suffrage universel, ni le caractère définitif et sacré d'une réconciliation et d'un accord entre toutes les hautes intelligences, accourues des points les plus différents. On le voit, les consolations ne nous manquent pas après cette lecture, malgré la comparaison douloureuse entre ce que nous espérions alors et ce que nous redoutons aujourd'hui. La plus précieuse de ces consolations est dans le livre même, dans le talent de ce jeune écrivain qui ne laisse et ne laissera prescrire aucune des vérités méconnues par nos parleurs de liberté. J'indique, en finissant, deux autres détails qui ne sauraient nous échapper.

Pendant cette phase agitée, mais intacte, mais brillante, que Paul Thureau raconte si bien, où la liberté d'enseignement nous était refusée par Louis-Philippe et ses ministres, où la tribune offrait de merveilleux spectacles, où M. Guizot répliquait à Berryer, M. Cousin à M. de Montalembert, on pouvait hésiter encore, ne pas se prononcer absolument, sans se déclarer ennemi de toute justice et de toute foi, sans avoir à constater trop de différence entre les adversaires, sans récuser les droits et les prestiges de l'éloquence, sans abdiquer tout ce qui ennoblit l'intelligence et la conscience humaines. Les catholiques émancipateurs de l'éducation, hostiles au monopole universitaire, défenseurs de toutes les libertés désirables, avaient pour eux le bon sens, mais non pas l'évidence; la majorité, mais non pas l'unanimité de la famille chrétienne. Aujourd'hui, il n'y a plus de moyen terme, ni de malentendu possible. La Révolution montre assez clairement ce qu'elle veut pour nous enseigner ce que nous devons vouloir. Tels sont d'ailleurs nos antagonistes, — demain, peut-être, nos oppresseurs, — que toute défection serait une humiliation volontaire; le point d'honneur se fait ici complice du sentiment religieux, et, ne fût-ce que par amour-propre ou respect de soi-même, nul ne voudrait être du même avis que M. Jules Ferry. L'autre détail, vous l'avez peut-être deviné. Sous la monarchie de Juillet, les catholiques ou du moins certains catholiques avaient raison de dégager leur cause de celle de la royauté tombée, de rompre un lien qui nous semblait indissoluble, de s'abstraire de tout ce qui n'était pas l'intérêt de la religion et de la liberté de l'Église. Maintenant, veuillez réfléchir; comparez les situations et les dates; vous reconnaîtrez que ceux qui se trompaient peut-être en s'unissant de trop près sous Charles X, ne doivent plus et ne peuvent plus se séparer sous M. Grévy.

VIII

LA LITTÉRATURE DU JOUR DE L'AN [1]

---

21 décembre 1879.

On a dit d'un pianiste célèbre qu'il avait trois mains ; je dirai volontiers de ce beau livre, — *Saint Vincent de Paul*, — qu'il a trois *à-propos;* d'abord, l'à-propos annuel des étrennes, agréable pour les uns, onéreux pour les autres, triste surtout pour ceux qui plient déjà sous le poids des années. Quelle famille chrétienne ne tiendra à honneur d'étaler sur sa table, à l'approche du 1ᵉʳ janvier, ce splendide volume, chef-d'œuvre de l'art chrétien, consacré à la gloire d'un saint qui personnifia le génie de la charité, dont la vie fut un perpétuel miracle, et dont l'histoire se lie étroitement à celle du plus grand

---

1. *Saint Vincent de Paul.*

siècle de la France? Secondement, quel frappant et douloureux à-propos, la coïncidence de cette monographie si magnifiquement éditée par M. Dumoulin, si éloquemment écrite par M. Arthur Loth, si brillamment *illustrée* par nos artistes, avec les rigueurs d'un de ces hivers néfastes qui figurent parmi les calamités publiques, aggravent la dette du riche, enveniment les souffrances du pauvre, trouvent moyen d'être encore plus cruels que la politique, plus funestes que la République, et font de la plus divine des vertus humaines, de la plus humaine des vertus divines, une nécessité sociale! Tous ces jours-ci, en luttant contre l'onglée pour tourner les pages de cet admirable *Saint Vincent de Paul*, en écoutant les rafales d'un mistral hérissé de dix degrés de froid, en voyant de petits oiseaux affamés becqueter sous ma fenêtre des brins de paille secoués par le vent, en apprenant qu'un pauvre enfant inconnu était tombé mort sur le chemin de mon village, en lisant dans *le Figaro*, habitué à de pareilles aubaines, le prodigieux succès de cette souscription dont mon vaillant ami Saint-Genest a le droit d'être bien fier et qui se confondra dans ses beaux états de service avec celle de l'Orphelinat d'Auteuil, j'évoquais en idée ce sublime enfant du peuple, ce saint plus utile à l'humanité que des milliers de philanthropes, tel que je le retrouve à la page 57, peint par Simon François, gravé par Van Schuppen. Je me le représentais, les pieds dans la neige, glanant sa récolte matinale, furetant à l'angle des rues ou dans l'ombre des portes cochères, arrachant au froid, à la faim, à la mort, ces abandonnés que Dieu lui confie, ou bien prêchant devant les heureux et les grands de ce monde, prodiguant l'éloquence du cœur et profitant de l'émotion universelle pour se créer autant d'auxiliaires qu'il compte d'auditeurs; sujet de tableau, auquel Paul Delaroche dut son premier succès (1824) et qui lui porta bonheur ! Je ravivais toutes ces images, placées tour à tour sous mes yeux par les *illustrations* de ce volume, et je me disais : « N'est-ce pas providentiel? quel irrésistible *quêteur*, ce livre exquis, édifiant, délicieux, qui est déjà le *favori* des prochaines étrennes, et qui sera bientôt dans toutes les mains dignes de lui ! Quel incomparable mendiant, ce saint qui nous vient du ciel, et qui nous tend les bras en nous criant : « Pour l'amour de Dieu et des pauvres, ayez pitié de ceux que j'ai aimés, nourris, vêtus, baptisés, logés, adoptés ! Soyez mes exécuteurs testamentaires afin d'être un jour mes héritiers ! Je ne possède rien, j'ai tout donné; partageons ! Vous reconnaîtrez que mon trésor est préférable aux vôtres; je vois que vos superbes révolutions et vos merveilleux progrès n'ont fait qu'aggraver les misères de ma famille. Il y a encore, en 1879, — et bien plus qu'en 1630, — des mansardes où l'on grelotte, des berceaux où l'on a faim, des ménages où l'on pleure, des ateliers où l'on chôme, des tas de neige où l'on meurt... Faites à ma place et en souvenir de moi ce que je ferais si j'étais là ! »

Oui, je vous défie de lire trente pages de ce livre béni, de regarder ces jolis coins de paysage où s'abritèrent l'enfance et l'adolescence de *notre* saint, de contempler ces *chromolithographies* d'après les principaux traits de sa vie et les œuvres d'artistes éminents, sans éprouver une nostalgie de charité, je ne sais quel besoin de donner plus que vous ne pouvez afin d'être sûrs de donner autant que vous devez. Un poète moderne a dit que, lorsqu'on n'aimait pas trop, on n'aimait plus assez. Sanctifions ce romanesque paradoxe en déclarant que l'on ne donne pas assez si l'on ne donne pas trop. La charité, n'est-ce pas l'amour encore, l'amour dans son acception la plus pure et la plus haute, dégagé de tout alliage? L'amour, c'est le contraire de l'égoïsme; aimer, c'est se détacher de soi-même pour s'absorber, se perdre et se retrouver en quelque chose de meilleur que soi. Amour digne des grandes âmes, qui ne veut rien de la terre, qui s'élève vers le ciel et rencontre les pauvres en chemin pour abréger l'itinéraire! Quel mot touchant et charmant, CHARITÉ! Il vient d'un mot grec qui signifie *grâce;* et, n'est-ce pas, en effet, la *grâce,* quel que soit le sens qu'on lui prête? La *grâce* de Dieu qui se révèle sous les traits des déshérités et des délaissés; la *grâce* terrestre, la *grâce* féminine, mille fois plus belle quand elle console un indigent que lorsqu'elle sourit à un heureux; la *grâce* mystique qui nous sauve lorsque nos aumônes demandent *grâce* pour nos fautes et nos faiblesses! Et ne croyez pas que ce généreux effort des mains pleines vers les mains vides soit un acte d'abnégation, un sacrifice ! Je suis vieux ; j'ai rencontré dans ma vie bien des gens ruinés par le jeu, par le beau sexe, par les chevaux, par le luxe, par la bonne chère, par la vanité, par la bâtisse, par les usuriers, par les spéculations, par l'industrie, par l'agriculture, par la République, jamais par la charité ; — par Robert-Macaire, Gobseck ou Mercadet, jamais par saint Vincent de Paul !...

Et le troisième *à-propos?* me direz-vous. — Oh ! celui-là, vous le devinez. Il réside dans le contraste de la charité chrétienne, dont la perfection s'appelle Vincent de Paul, avec la bienfaisance athée dont les types surabondent dans le monde officiel, parmi les gros bonnets républicains, dans le conseil municipal de Paris, dans les préfectures et les mairies de presque toutes nos villes. Il reparaît à chaque page de cette publication, dont la date semble choisie tout exprès pour nous rappeler l'œuvre de saint Vincent de Paul, au moment même où cette œuvre est outragée, sapée, démolie, proscrite, vilipendée, calomniée, persécutée par les élus de cette aveugle multitude qui s'obstine à attendre des auteurs de ses maux l'allègement de ses souffrances. *A-propos* plus éloquent et plus effrayant que tous les autres ! Les voilà en présence, le saint et l'athée ; ici la bienfaisance sans Dieu et sans âme, la main glacée qui ne se tend aux malheureux qu'après avoir parafé un chiffre ou une formule administrative, la froide et sèche bureaucratie réglant le budget des pauvres entre les produits de l'octroi et les frais du balayage, le morceau de pain parcimonieusement découpé, sans un regard de celui qui le donne, sans une bonne parole pour celui qui le reçoit ; là, le cœur qui bat, les yeux qui pleurent, l'effusion de tendresse, la source intarissable, découlant des sommets invisibles ; l'inspiration surnaturelle, renouvelant le miracle de la multiplication des pains ; la poitrine attirant à soi ceux qu'engourdit l'hiver, pour les réchauffer dans un embrassement ; la consolation et la prière se communiquant à l'offrande, l'égalité évangélique qui fait du donateur l'obligé, l'ineffable confusion du *tien* et du *mien*, ramenée à sa signification véritable !

Ici la phrase rédigée ou sous-entendue, qui dit au pauvre : « Voici pour toi, parce que, si je t'abandonnais au désespoir et à la faim, tu pourrais bien te raviser, comprendre que je t'ai trompé, m'inquiéter dans mon gouvernement ou me troubler dans mes jouissances. » Là, une voix émue qui dit : « Ne me remercie pas ! c'est toi qui es mon bienfaiteur. Je me sens un peu plus tranquille depuis que tu souffres un peu moins. Si je te supplie de ne pas te révolter, ce n'est pas pour ma sécurité personnelle, qui m'est parfaitement indifférente ; c'est pour toi ; c'est parce que tu achèverais de tout perdre en te révoltant, et que ta résignation est la plus sublime des charités. Prie pour moi ; tu t'acquitteras au centuple ;

les prières d'un pauvre résigné valent celles des plus grands saints. »

Ici, saint Vincent de Paul et ses disciples; là, les citoyens Hovelacque, Engelhard et Sigismond Lacroix.

MM. Dumoulin, Arthur Loth et leurs collaborateurs me pardonneront cette digression, qui n'a l'air de m'éloigner de leur livre que pour mieux le recommander. Quant au mérite du texte, aux perfections typographiques, à la beauté des dessins, à l'harmonie des divers éléments dont se compose une véritable œuvre d'art, destinée à survivre aux étrennes et à créer, pendant l'année qui vient, bon nombre de jours de l'an, je ne saurais en dire assez. Le volume s'ouvre par une large introduction de M. Louis Veuillot, qui a eu là une belle occasion de prouver sa vive passion pour la charité chrétienne. Mais il prouve aussi, non moins heureusement, qu'il est toujours Louis Veuillot, un des maîtres de la prose française au XIXe siècle. Qu'avaient donc prétendu les mauvaises langues? Que le rédacteur en chef de *l'Univers*, en récompense de ses longs et éminents services, avait été nommé chanoine honoraire de l'archevêché de Grenade [1]? Chapitre pour chapitre, j'aime encore mieux celui que j'ai sous les yeux, modèle de cette belle langue sobre, nette, souple, forte, transparente, virile, si différente de ce mélange de crudité et de préciosité, de grossièreté et d'afféterie, qui caractérise le style à la

---

1. Hélas! ce n'était que trop vrai!

mode. Je parlais de charité tout à l'heure ; je pourrais également parler de modestie. Si M. Louis Veuillot avait de l'orgueil — et, certes, qui oserait le lui reprocher ? — il préférerait l'admiration des gens qui ne pensent pas exactement comme lui sur toutes les questions discutables, à celle des esprits disciplinés selon l'ordonnance, qui lui répéteraient à tout propos : « Brigadier, vous avez raison ! » Être admiré par ceux qui sont constamment et absolument de notre avis, la belle affaire ! On ne sait plus si c'est notre opinion ou notre mérite qu'elles saluent. Mais inspirer un enthousiasme opiniâtre et sincère à un homme qui prend parti pour Henri IV contre la Ligue, pour la tolérance contre les *auto-da-fés*, pour Molière contre Tartufe, pour le Paul Féval de la *Première Étape* contre le Paul Féval de la *troisième*, voilà qui devrait flatter bien plus agréablement la vanité d'un écrivain immodeste. Au surplus, je ne garde nulle rancune de ces légères aspersions d'eau bénite. Je veux même en profiter pour me corriger et me convertir. Je ne désespère pas d'arriver à l'orthodoxie infaillible, à l'austérité catholique de M. Barbey d'Aurevilly, dont j'ai lu, avec une édification toute particulière, les derniers feuilletons dramatiques. J'ai savouré surtout un plat de haut goût, un certain salmis de jambes *voluptueusement hermaphrodites*, — Actrice, Archange, Chérubin, Acrobate et Théologie mêlées, — qui me semble fait pour ramener au bercail les brebis les plus égarées et ramollir les pécheurs les plus endurcis[1].

Mais revenons bien vite à saint Vincent de Paul, qui me gronderait s'il pouvait me lire. Il nous serait impossible, on le devine, d'embrasser dans son ensemble et d'étudier dans tous ses détails ce vaste ouvrage qui n'a pas moins de cinq cent vingt-cinq pages. Voici le plan, l'idée maîtresse, si toutefois je l'ai bien comprise. Saint Vincent de Paul, c'est la charité faite homme. Donc, il sied de considérer cette admirable figure comme un centre, un point de ralliement où viennent aboutir les œuvres antérieures à sa mission en ce monde, mais déjà inspirées, vivifiées par l'esprit de l'Évangile, et d'où dérivent, comparables à un tableau après une ébauche, les immortelles créations de sa vertu et de son génie. Si j'ai pu dire que la magnifique publication de MM. Dumoulin et Arthur Loth arrivait exactement à son heure, n'est-ce pas encore plus vrai du héros de leur livre? Assurément, la charité chrétienne n'avait pas attendu le xviie siècle pour naître, croître, s'épanouir et opposer ses merveilles aux misères inséparables de l'humanité déchue; elle est née sur les lèvres du divin Sauveur, le jour où il prononça cette parole : « Aimez-

---

[1]. Le feuilleton suivant était plus édifiant encore et plus profondément catholique. Sans nécessité, *pour le plaisir*, M. Barbey y répétait dix-neuf fois le mot... pour lequel je vous renvoie à Molière, à Paul de Kock et à M. Zola.

vous les uns les autres; » elle a dicté la parabole du *mauvais riche;* elle accompagnait les premiers chrétiens dans les catacombes, et on peut la suivre pas à pas dans toutes les épreuves de la primitive Église. Mais, au moyen âge, l'unité catholique était si fortement constituée, que les *œuvres* proprement dites n'étaient pas nécessaires. Les pauvres faisaient partie essentielle de la société chrétienne. La pauvreté s'abritait sous le monastère, et s'assimilait avec la religion, qui se chargeait d'elle comme d'une orpheline en tutelle, comme d'une sœur confiée à sa garde.

Le XVIe siècle, la renaissance et surtout la Réforme changèrent profondément les conditions de la vie sociale. L'unité se rompit, le faisceau se brisa; des besoins nouveaux ouvrirent à la charité de nouvelles issues; les guerres civiles multiplièrent et aggravèrent les souffrances. Les distinctions, les séparations devinrent plus nettes, et, tandis que des jouissances, des élégances jusqu'alors inconnues sollicitaient le riche, la figure sacrée du pauvre s'accentuait et s'isolait davantage; ses droits, toujours les mêmes, allaient s'exercer d'une autre façon. La charité put se comparer à un nid dont la couvée, longtemps réchauffée et blottie sous l'aile maternelle, se disperserait sur les branches voisines sans avoir encore assez de force pour se passer de la mère. Vous le voyez, nous voici bien près de notre saint. Victor Cousin, dans son cours de philosophie, prodiguait cette formule à effet :

« De là, la nécessité d'Aristote ; de là, la nécessité de Descartes ; de là, la nécessité de Bossuet. » Il aurait pu dire, à ce moment de transition du xvie au xviie siècle : « De là, la nécessité de saint Vincent de Paul ! »

Ainsi, trois phases ; ce qui précède le saint, et, pour ainsi dire, le prologue de sa mission immense ; son action immédiate, directe, féconde, infatigable, indélébile, et, enfin, ce que M. Arthur Loth appelle ingénieusement sa *postérité*, c'est-à-dire le privilège accordé par la Providence à son délégué, de ne pas mourir tout entier, de se survivre et de se perpétuer dans ses œuvres, de faire à jamais de son nom un synonyme si exact de sa principale vertu, que, lorsque nous voyons passer ses admirables filles, avec leur cornette blanche, leur robe de bure et leur chapelet de buis, simples, actives et sereines, respectées par la frivolité mondaine, chères aux pauvres, saluées par les poètes, les beaux-esprits et les artistes, populaires jusque dans les agglomérations les plus hostiles, exceptées de l'anathème anticlérical par les philosophies les moins chrétiennes, et réservées à ce suprême honneur d'être enveloppées dans la guerre au bon Dieu par toutes les fortes têtes de l'opportunisme, du radicalisme et du communisme, nous les nommons indifféremment sœurs de charité ou filles de saint Vincent de Paul.

A l'introduction de M. Louis Veuillot, aux trois périodes que je viens d'indiquer et que M. Arthur Loth a retracées avec un remarquable mélange d'émotion vraie, de fermeté, de charme, d'onction pénétrante et de douceur, répondent des *illustrations* dont on peut dire, non seulement qu'elles s'accordent avec le texte et le complètent, mais qu'elles parlent son langage et rendent visibles la pensée, le sentiment, le récit de l'auteur. C'est d'abord, au frontispice, saint Vincent de Paul au tribunal de Dieu, tribunal humblement redouté de ceux qui n'ont rien à en craindre; belle chromolithographie, d'après une peinture de Charles Lemeire. Nous voici maintenant à la première partie de cette trilogie chrétienne, AVANT, PENDANT et APRÈS. Ici, nous n'avons que l'embarras des richesses; il faut choisir. La Vierge-Mère, panneau du triptyque de Quentin Metsys; la Charité triomphante, d'après un groupe en marbre attribué à Jean de Pise; le Jugement universel, sanction de la loi de charité, bas-relief de Nicolas Pisano. — « J'ai eu faim, et vous m'avez donné à manger; j'ai eu soif, et vous m'avez donné à boire! » — Préface divine du livre où saint Vincent de Paul occupe la plus belle page. Puis, se succèdent sous nos yeux les saints qui, en d'autres temps et dans les conditions différentes, préparèrent les voies au bon *Père Vincent;* saint Pierre guérissant un paralytique, d'après un carton de Raphaël; saint Paul s'écriant : « Quand j'aurais une foi capable de transporter les montagnes, si je n'ai pas la charité, je ne suis rien ! » — La charité de saint Jean, gravure de Marc-Antoine, d'après Raphaël; la charité de saint Jacques, fresque de Mantegna, qui m'offre, à moi aussi, une occasion d'être charitable, puisque les auteurs citent l'opinion de M. Charles Blanc, et que j'écris ce nom sans l'escorter des épithètes qu'il mérite. J'en dirai autant de M. Violet-Leduc — (car il est à remarquer que, sous l'influence des acides révolutionnaires, le blanc et le violet ont tourné au rouge), — lequel nous présente saint Martin, fresque peinte à Notre-Dame de Paris, d'après ses cartons ; charité de saint Louis, qui nourrit un lépreux ; charité envers les captifs, les pauvres, les malades ; et ici saluez un chef-d'œuvre de Murillo, reproduit dans une magnifique gravure !

Mais qu'est-ce donc que cette scène païenne au milieu de ces images de miséricorde et de tendresse ? M. Dumoulin a eu l'heureuse idée de leur opposer le combat de gladiateurs, peint par Gérôme.

César ! sois salué par ceux qui vont mourir !...

Le voilà, dans toute sa dureté marmoréenne, le paganisme implacable, essayant encore de vivre — et de tuer — à travers les pures clartés, sous le souffle balsamique de la religion nouvelle. César, le César de la décadence, trouve tout simple que l'on meure pour son plaisir; c'est la raison du plus fort, c'est la loi du vainqueur, c'est l'ordre du maître, et ces âmes, faites de cruauté et de volupté, sont tellement fermées à tout sentiment de justice, de liberté et de charité, que les victimes elles-mêmes sont de l'avis de leur bourreau. Leur résignation farouche est de la même religion que sa férocité inconsciente. Elles saluent, et elles n'ont plus d'autre ambition que de mourir avec grâce. Le paganisme! Il a ses vierges, lui aussi, ses vierges officielles. Mais le feu sacré qu'elles entretiennent en l'honneur de leur Bonne Déesse n'a rien de commun avec la flamme céleste du dévouement, de la charité et de l'amour; quand elles lèvent ou abaissent leurs mains virginales, ce n'est pas pour bénir les pauvres, relever les mourants ou panser les malades; c'est pour donner le signal qui commande aux gladiateurs blessés d'achever de mourir.

Après la glorieuse série des précurseurs, le saint, à la fois héritier, dépositaire et testateur des trésors qu'il lèguera à sa postérité; la maison où il naquit, l'église de Pouy, où il fut baptisé, le moulin du Pouy, d'où il rapportait à ses premiers pauvres des poignées de farine; saint Vincent de Paul, simple berger, gardant son troupeau et donnant à un mendiant les trente sous qui composent tout son avoir; le chêne où il s'abritait, la statue de Notre-Dame de Buglose, devant laquelle il aimait à prier. Puis l'horizon s'agrandit. Le voilà prêtre; le voilà captif des pirates, esclave à Tunis, chantant le *Salve Regina* devant la femme de son maître, qu'il réussit à convertir; cette scène, artistement sculptée dans un œuf d'autruche, n'est pas le morceau le moins curieux de cette belle iconographie. N'oublions pas un portrait de Henri IV, d'après une médaille de 1606; plaçons un moment notre cher et grand roi entre ces deux saints qui l'aimèrent et répondirent de sa sincérité : saint François de Sales et saint Vincent de Paul, qui disait : « En se rendant enfant de l'Église, Henri IV s'est rendu père de la France ! » — Saluons le Christ consolateur d'Ary Scheffer, cet artiste tellement épris d'idéal qu'il eût mérité d'être catholique, et, pour ne pas être débordé par notre sujet, ajoutons que toutes les œuvres, confréries de charité, œuvres de miséricorde, œuvre des prisonniers-forçats, missions, sœurs de charité, enfants trouvés, hospices, délivrance des esclaves, réforme du clergé et des ordres religieux; secours aux provinces ravagées par la guerre, adoucissement de la fureur des duels, pacifique intervention dans la politique, épanouissement des plus aimables et des plus sublimes vertus passent tour à tour sous nos regards, et que ces merveilles, ces fleurs du bien, dignement décrites par M. Arthur Loth, ont eu, pour les *illustrer*, toutes les variétés de l'art, depuis Terburg et son mémorable *Congrès de Munster;* depuis Giotto, Raphaël, Téniers, Andréa del Sarto, Rigaud, Le Brun, jusqu'à nos peintres modernes, Orsel, Lafon, Périn, Timbal, Flandrin, jusqu'à nos sculpteurs, David d'Angers, Jouffroy, que nous ne quitterons pas sans une mention spéciale pour madame Henriette Browne et son chef-d'œuvre, *les Sœurs de charité,* si pathétique, si simple, si touchant, si maternel, si féminin, si chrétien, un de ces ouvrages bénis qui désarment les haines et donnent envie de dire aux ennemis des religieux et des religieuses : « Venez ! regardez ! voyez cet enfant malade, cet orphelin abandonné, sur les genoux de sa mère adoptive; puis vous la proscrirez, si vous en avez le courage ! »

J'aurais encore bien des pages à écrire, sous la dictée de M. Arthur Loth et de *ses* artistes, sur *la Charité après saint Vincent*. Mais je me reprocherais d'omettre les deux excellents chapitres complémentaires : *saint Vincent dans la Littérature* par M. Auguste Roussel, et *l'Art et la Charité*, par M. E. Cartier. Est-ce tout? Pas encore. Pour terminer ce chapitre si incomplet par un hommage presque personnel, je veux remercier M. Adolphe Baudon d'avoir donné pour épilogue à ce bel ouvrage quelques pages sur la Société de Saint-Vincent-de-Paul, son histoire, son but, ses origines, *quarum pars magna fui*. Raconter les bienfaits de cette Société, n'est-ce pas glorifier ou plutôt continuer — ce qui revient au même — le saint dont elle porte le nom? N'est-ce pas opposer encore son génie, sa tendresse, sa douceur, aux duretés républicaines? Je retrouve là deux portraits, souvenirs qui me vont au cœur et me font revivre un moment dans le passé, dans ce passé qui nous devient plus cher à mesure que le présent devient plus odieux et plus triste, l'avenir plus sinistre et plus court. Frédéric Ozanam ! M. Bailly ! La place de l'Estrapade ! La Société des bonnes études ! Les séances présidées par Berryer et par

Hennequin ! Le panégyrique du duc d'Enghien, par ce brave Flayol, mon compatriote, oublié aujourd'hui comme nous le serons demain ! Ah ! l'inspiration bienfaisante de saint Vincent de Paul, dans le magnifique volume que je vous recommande, s'est soutenue jusqu'au bout. Rappeler à ma vieillesse ces années heureuses, ces années de bénédiction, d'enthousiasme, d'illusion, de poésie et d'espérance, c'est encore une œuvre de charité !

IX

LE COMTE
CAMILLE DE MONTALIVET

Janvier 1880.

Des relations de famille, quelque peu intermittentes, comme il convient entre des gens d'opinion différente ou contraire, me mettent en mesure d'écrire une page à peu près exacte sur l'homme, illustre? — pas tout à fait — mais considérable, qui vient de s'éteindre sans avoir eu le temps de s'apercevoir qu'il était sénateur inamovible. L'*inamovibilité*, un des mots les plus longs de la langue française, est aussi un des plus vides de sens. Il a sept syllabes; la mort en prend trois, la vie en prend deux; le citoyen Cazot, dit l'homme au double-blanc — ou au simple rouge — se chargera des deux autres.

Le comte de Montalivet, père du défunt, fut, on le sait, un des ministres les plus dévoués, les plus laborieux et les plus capables du premier Empire. Récoltons en passant un détail assez curieux. Napoléon Ier, doué d'un génie prodigieux et presque universel, fut en outre entouré de ministres, de collaborateurs, d'organisateurs incomparables, tels que Daru, Montalivet, Cambacérès, Lacuée de Cessac. Napoléon III, dont l'esprit vague et nébuleux aurait eu besoin de conseillers et d'*éclaireurs*, ne réussit, après huit ou dix ans d'efforts, à susciter que deux grands ministres, Cavour et Bismarck. Seulement, il les suscita contre lui, et contre nous.

L'énergique activité du comte de Montalivet était légendaire. Un jour, l'Empereur — *l'Empereur mon maître*, — comme disaient ces robustes serviteurs, — lui demanda d'urgence un rapport qui exigeait quarante-huit heures de travail; il ne lui en donnait que cinquante. Le ministre y passa deux jours et deux nuits. Le rapport fut prêt vingt minutes avant l'heure fixée. Le soir, M. de Montalivet avait douze ou quinze personnes à dîner. A cette époque, c'était le maître de maison qui servait lui-même le potage. Le ministre soulève le couvercle de la soupière. Tout à coup, on le voit fermer les yeux et pencher sa tête sur sa poitrine. Il dormait. Les convives, mis au courant, dînèrent sans lui. Il dormit seize heures de suite.

Camille n'était que son second fils; l'aîné, Simon, brillant élève de l'École polytechnique, annonçait une intelligence de premier ordre, malheureusement paralysée par un bégaiement insurmontable. Il mourut jeune. Quoique libéral, c'est-à-dire bonapartiste, il était intimement lié avec un de mes parents, royaliste spirituel et sincère. Il lui dit un soir : « Tu devrais lire un volume qui vient de paraître, *Méditations poétiques* ; c'est remarquable. » Comme il bégayait, mon cousin crut entendre : « *Méditations politiques*. » — « Politiques ! Recommandées par Simon ! se dit-il ; j'ai peu de confiance ! » Pourtant il emporta le volume ; avant de se coucher, il l'ouvrit d'une main distraite. — « Ciel ! des vers ! c'est encore pis ! » — Ses regards tombèrent sur l'admirable *Epître à lord Byron*... Puis *le Vallon*... Pui *le Lac*... A cinq heures du matin, il lisait encore.

Mais voici la moralité politique et littéraire de l'anecdote. Dans cette première édition, publiée par Urbain Canel, les noms étaient remplacés par des initiales. Dans la seconde, on lut en toutes lettres : « Au vicomte de Bonald. — Au vicomte de Chateaubriand. — A l'abbé de la Mennais. — A M. Eugène de Genoude, etc. » — Il n'en fallait pas davantage pour révéler les opinions du poète (1820), et pour refroidir l'enthousiasme des lecteurs *libéraux*. De son côté, mon cousin, dans ses premiers transports d'admiration, s'était déclaré à lui-même que rien n'avait existé dans la poésie française avant ce livre merveilleux. Pour s'en mieux assurer, il relut *Iphigénie* et *Esther;* ce qui le fit changer d'avis. Trois jours après, les deux amis se rencontrèrent. — « Eh bien! dit Simon de Montalivet, ces vers de M. de Lamartine... décidément, ce n'est pas mal; mais rien d'extraordinaire; cela ne vaut pas... — Racine? — Non! Casimir Delavigne. »

Quoi qu'il en soit, Camille de Montalivet, à peine majeur, resta le chef de la famille et prit rang dans l'état-major du jeune libéralisme. Faut-il croire, comme on l'a dit, qu'il fit aussi partie de cette bande joyeuse qui préludait à son avenir politique en cassant des réverbères, en terrifiant les bourgeois, en *sablant* le vin de Champagne, en bernant les maris, en inventant chaque matin de bonnes *farces* ou de bonnes *charges*, en agitant (style du moment), les grelots de la folie? Je n'en suis pas assez sûr pour le répéter. Plus jeune que lui de dix ans, je ne le rencontre dans mes souvenirs que, en février 1830, marié, déjà père, conseiller général du département du Cher, m'invitant à un bal où je dansai avec la fille d'un de ses collègues, fraîche et naïve Berrichonne, croyant danser avec la duchesse d'Istrie. Quel bal! Quelle mélancolique variante aux *Fantômes* de Victor Hugo! Le duc de Chartres! Alfred de Musset! Charles de Rémusat! Alexis de Saint-Priest! Arago! Vitet! Saint-Marc Girardin, Cuvillier-Fleury! M. Guizot! M. Villemain! La rédaction du *Globe*, de la *Revue française* et du *Journal des Débats*! Pradier! Horace Vernet!

Scheffer! Delaroche! Cavé et Bittmer, les auteurs des *Soirées de Neuilly!* Mérimée! Alfred de Wailly, la première cravate de satin noir qui me soit apparue en toilette de bal! Toutes les beautés, toutes les élégances, toutes les jeunesses, toutes les étoiles de ce ciel et de ce temps-là! J'avais été, chétif étudiant de première année, conduit à cette fête, à cette féerie, par le jeune frère de Camille de Montalivet, Charles, mon camarade, mon ami intime, beau, vaillant, généreux, chevaleresque, un cœur d'or, une belle âme, mort à vingt-deux ans, mais vivant dans ma mémoire comme le type le plus exquis et le plus complet du héros de roman. Je lui disais en 1831, peu de temps avant sa mort, au moment où Walter Scott était encore dans toute sa vogue : « Quel dommage que tu ne sois pas jacobite! Je prierais Paul Delaroche de faire ton portrait dans le costume de Fergus Mac-Ivor! »

Mais déjà, à cette première date quasi prophétique — lundi 22 février 1830 — la politique avait tout envenimé, et le mal s'aggravait de jour en jour. M. de Polignac était ministre depuis six mois, et, depuis six mois, l'opposition, en réclamant la chute du ministère, sous-entendait le changement de la dynastie. La situation s'exacerbait au point de ne laisser au gouvernement que le choix des fautes, et, trop souvent, comme terme moyen entre les faiblesses et les violences, il choisissait les maladresses. Un matin, en mai, je revenais avec Charles de

Montalivet du cours de M. Ducaurroy. Nous rencontrâmes, dans la grande allée du Luxembourg, Gustave de Wailly, qui venait de faire jouer à l'Odéon la jolie pièce de *Ma place et ma femme*. — « Je te fais mon compliment, dit-il à Charles, de la destitution de ton frère. » Camille de Montalivet, depuis la veille, n'était plus conseiller général de son département. Il allait être autre chose. Deux mois plus tard, le lendemain des Ordonnances, nous revenions ensemble de ce même cours. En passant sous les galeries de l'Odéon, nous vîmes trois acteurs du théâtre, Ligier, Eric-Bernard et Delafosse — le Sentinelli, le Corneille et le Descartes du beau drame d'Alexandre Dumas — parlementer avec des étudiants, des ouvriers, des émeutiers de la première heure, qui leur demandaient toutes les armes du magasin d'accessoires. La Révolution était faite.

Elle trouva le jeune comte de Montalivet prêt à l'accueillir avec cette joie hésitante et inquiète, trait caractéristique du moment chez quiconque avait quelque chose à perdre. Étonnés d'avoir réussi si vite et si bien, les vainqueurs se demandaient s'il n'eût pas mieux valu réussir un peu moins, si le but n'était pas dépassé plutôt que touché, et si les agents de leur victoire ne deviendraient pas plus effrayants pour les triomphateurs que pour les vaincus. Mais Camille de Montalivet, jeune, ardent, vaillant, échauffé par la lutte, dévoué d'avance à Louis-Philippe et aux institutions nouvelles, échappa bientôt à cette vague impression de malaise dans l'enthousiasme et d'anxiété dans l'allégresse. Il fut d'emblée orléaniste, colonel de la garde nationale et, le 5 novembre, ministre de l'intérieur. Il était pair de France depuis 1822.

J'allai, le 8 août, faire une visite d'adieu à cette maison qui m'avait été hospitalière. Il n'y avait pas encore un an que j'étais sorti de ma classe de philosophie ; mais les leçons de mon professeur ne valaient pas celle-là. Trente habits noirs, dont quelques-uns encore bien râpés, venaient remercier d'un patronage ou quêter une protection, synonymes de préfectures, de sous-préfectures et autres prétextes d'émargement. Les dames de la maison — admirables d'ailleurs de vertu, d'esprit de famille, de tendresse maternelle — éteignaient tant bien que mal le rayonnement de leur visage pour demander pardon de leurs félicités et nous dire, à nous, revers vivants de ces médailles neuves : — « Que tout cela est étrange et malheureux ! Quelle folie ! quel rêve ! quel réveil ! Pourquoi est-on allé si loin ? Le duc de Bordeaux était bien innocent !... Mais non, ce n'était pas possible ! Ce qui nous console, c'est que, si les choses avaient autrement tourné, Camille et ses amis allaient être arrêtés, incarcérés... — Et pendus, » ajoutai-je *in petto*. Ce fut ma seule revanche. Puis nous disparaissions, comme des hiboux, dans le flot des adorateurs du soleil levant. Ce soir-là, commença mon éducation politique, qui, au bout de cinquante ans, n'est pas finie ; j'appris et je compris ce que visent les révolutionnaires et à quoi servent les révolutions. C'était le cas de dire comme le vieux Potier dans *la Maison du Rempart* : « Si le peuple n'est pas content de ce que ces messieurs font pour lui, il faut qu'il soit bien difficile ! »

Nous touchons à une belle page de la vie de M. de Montalivet. Ce ministre de vingt-neuf ans, offrait pour parler le langage du temps, cette particularité, qu'il personnifiait la *résistance* dans un ministère de *mouvement*. Le sombre mois de décembre s'annonçait sous les aspects les plus sinistres. On eût dit que le mauvais génie de la France allait se servir de ceux qui avaient livré passage à la Révolution pour châtier ceux qui l'avaient faite. Irrité de l'avortement de ses espérances républicaines, lassé de mâcher dans le vide, cherchant l'emploi de ses coups de griffe et de ses coups de dent, le tigre populaire se pourléchait en guettant sa proie. Le procès des ministres de Charles X était une crise terrible ; il pouvait être une catastrophe effroyable. Que l'émeute fût victorieuse, que la proie fût dévorée, que la multitude affolée, déchaînée par les sociétés secrètes, eût raison contre la justice et les juges ; c'en était fait ; la monarchie de 1830 périssait avant d'avoir vécu. Emportée dans la débâcle, elle suivait, à cinq mois de distance, la monarchie séculaire. Ici, je cède un moment la parole à M. Victor du Bled, auteur de l'excellente *Histoire de la Monarchie de Juillet* :

« La journée du 21 décembre se présenta plus menaçante encore. Tandis que trente mille hommes de toutes armes bivaquaient autour du Luxembourg, les sociétés secrètes avaient mis sur pied tout leur personnel, et les badauds, cet éternel élément de succès dans les insurrections parisiennes, se joignaient à elles par curiosité. La révolte paraissait inévitable, et la justice des pairs aurait peut-être trouvé un sanglant et infâme corollaire dans ce qu'on est convenu d'appeler la justice du peuple. A ce moment, la courageuse et hardie initiative du ministre de l'intérieur, M. de Montalivet, contribua puissamment à préserver les accusés des fureurs de la foule.

» A quatre heures du soir, lorsque la nuit commence à tomber, il fit mettre la garde nationale sous les armes. Les prisonniers sortirent par une porte dérobée, et montèrent dans une voiture. M. de Montalivet se met lui-même à la tête d'une escorte composée de deux cents chevaux et commandée par le général Fabvier.

» Il se dirige rapidement sur Vincennes, et, à six heures du soir, deux coups de canon annonçaient au roi que les prisonniers, abrités derrière les murailles du château, n'avaient plus rien à redouter de la démagogie. »

On peut dire, sans exagération, que, ce jour-là, M. de Montalivet sauva, non seulement *sa* monarchie de prédilection, mais l'honneur de la France. Il compléta son œuvre, l'hiver suivant, lorsque, après l'abominable épisode du sac de l'Archevêché et de Saint-Germain-l'Auxerrois, indigné de ces prodiges de faiblesse et peut-être de connivence qui déshonoraient le ministère Laffitte et justifiaient les coups de boutoir de Royer-Collard, il usa de toute son influence pour faire prévaloir le centre droit et appeler Casimir Perier à la tête du gouvernement. Mais hélas ! Pendant qu'il rendait à son pays ces incontestables services, une mauvaise fée vint tout gâter en mettant sur ses lèvres un de ces mots malheureux que l'on prononce en deux secondes et qui parlent pendant trente ans. Il dit à la tribune « que la Restauration lui avait toujours fait mal au cœur ». Détail bizarre, que ce mot *cœur*, si doux, si sympathique, qui ne devrait compromettre que des amoureux, ait, à deux reprises, compromis deux orateurs officiels, deux hommes d'État ! Les surprises du cœur ! Les méprises du cœur ! Les trahisons du cœur ! Les capitulations du cœur ! Faut-il croire que ce cœur, dont on a tant abusé dans le roman et dans le drame, tant de fois mis en cause là où il pouvait plaider l'*alibi*, ennuyé d'avoir servi de prétexte ou de passe-port à tant de fautes, de mensonges, de folies et de crimes, ait voulu se venger en politique ? En 1835, M. de Montalivet se *coule* auprès des légitimistes, défigure son élégante physionomie de *tory* militant et conciliateur, en déclarant que la Restauration a produit sur lui l'effet de nausée que nous prodigue le génie de M. Zola. En 1870, Émile Ollivier, — un esprit d'une trempe bien autrement fine ! — en parlant de son *cœur léger*, semble ajouter à nos désastres et aux siens, et se rend désormais impossible ; mot traduit à contresens par la grossièreté démocratique et l'exaspération de la défaite ! Mot de fin lettré, qui ne signifiait pas insouciance ou étourderie, mais confiance, cette confiance qu'un des chefs de l'État ne pouvait pas ne pas affirmer au seuil d'une périlleuse aventure ; confiance de l'olivier pacifique, persuadé que les lauriers belliqueux sont prêts.

Au surplus, M. de Montalivet ne tarda pas à se dérober à la politique active. Intendant de la liste civile, il devint de plus en plus l'ami et de moins en moins le ministre de Louis-Philippe ; il regagnait en intimité ce qu'il perdait en influence. Lorsque survint la crise de la réforme électorale, il fut de ceux qui conseillèrent au roi de prévenir un conflit par une concession. Louis-Philippe faisait la sourde oreille ; la Révolution était aux écoutes, et, comme elle fait grandement les choses, elle donna le suffrage universel.

Le comte de Montalivet demeura noblement fidèle aux princes qu'il avait aimés. Au début de l'Empire, il lui eût suffi d'invoquer le souvenir de son père et ses alliances de famille, pour redevenir un grand personnage ; il eut l'honneur de rester à l'écart. Il fit plus et mieux pendant les dernières années. A Nice, où il passait ses hivers, son salon, très recherché par la meilleure compagnie de l'Europe, servait de point de ralliement aux partisans de la *fusion,* dans le sens le plus conciliant et le plus monarchique. La *fusion !* un mot d'un français médiocre, exprimant la chose la plus française ! Quel rêve pourtant ! quel doux rêve ! Le principe d'autorité par excellence abritant et consacrant tout un groupe merveilleux de patriotisme, de talent, de vertu, d'honneur, de piété, de libéralisme sincère et de bravoure ! La légitimité donnait Berryer, Falloux, Larcy, le général de Saint-Priest, M. de Raineville, M. de Vatimesnil, et, plus tard, Octave Depeyre, Léopold de Gaillard, Fresneau, de Kerdrel, Riancey, les deux Lacombe, le vicomte de Meaux. L'orléanisme apportait Duchâtel, Salvandy, Bocher, le duc de Broglie, d'Haussonville, Montalivet, Guizot, Villemain, Cousin, les noms les plus éclatants de l'Académie et de l'armée. C'était l'élite de la France au service de la meilleure des causes. Aujourd'hui, nous en avons le rebut au bénéfice de la plus mauvaise.

Ainsi, pendant cette phase assez longue, M. de Montalivet payait loyalement sa dette, et, s'il avait eu quelques torts, il les réparait. En 1851, justement indigné d'odieuses calomnies, il avait publié une énergique brochure : *Le roi Louis-Philippe et la Liste civile;* en 1862, un autre écrit dans le même ordre d'idées : *Rien!... Dix années de gouvernement parlementaire!* Il était quitte envers son roi, son temps, son parti et son pays. Membre de l'Institut depuis 1840, dilettante ou connaisseur d'une sérieuse valeur, il encourageait les arts, et je ne puis séparer son souvenir de deux œuvres bien remarquables : un charmant groupe d'un de nos premiers sculpteurs, intitulé *l'Heureuse mère!* et représentant la comtesse de Montalivet entourée de ses cinq filles; et, tout récemment, le portrait de M. de Montalivet, par Bonnat, préférable, selon moi, à celui de M. Thiers.

En somme, malgré les immenses mécomptes dont nous avons tous eu notre part, la vieillesse de M. de Montalivet était heureuse, calme, sereine, honorée; presque *le soir d'un beau jour,* dont parle le poète. Admirablement soigné par sa digne et dévouée compagne, châtelain aimé et respecté dans sa belle résidence de La Grange, centre et idole d'une ravissante famille, il n'avait, semblait-il, qu'à se laisser vivre, ce qui, hélas! à notre âge, équivaut poliment à se laisser mourir. Comment a-t-il *raté* son dénouement? Comment a-t-il oublié le conseil de Chateaubriand, qui recommande aux hommes en évidence de ne pas manquer leur fin? Comment a-t-il renoncé à la plus fière de toutes les ambitions dans un temps comme le nôtre, l'ambition de n'être rien?

> Comment en un gros plomb l'or pur se changea-t-il?
> La République au faîte et les rois en exil.
> En cet affreux gâchis, pourquoi, vieillard illustre,
> Républicaniser votre seizième lustre?

Je ne puis expliquer ce phénomène que par une défaillance sénile. M. de Montalivet fut ou se crut républicain, comme il était goutteux, comme il aurait pu être sourd ou asthmatique. Ne soyons pas trop sévères. N'y a-t-il pas des manies, des *tics* de vieillard? S nous passons de la vie publique à la vie privée... de sens commun, n'avons-nous pas vu des septuagénaires se laisser enjôler par d'insidieuses coquettes? Coquette bien peu attrayante, me direz-vous, cette Marianne! Une Célimène indigne également d'Alceste, de Clitandre et de Philinte! hantant les cabarets plutôt que les salons, préférant les bonnets rouges aux rubans verts, forte en gueule, haute en couleur, voix de rogomme, le poing sur la hanche, le gros mot aux lèvres, prête à faire danser l'anse du panier, ne baptisant que le lait et le vin de ses maîtres, ne connaissant de civil que les mariages et les enterrements; Célimène métamorphosée en maritorne!

Peut-être aussi y avait-il le chapitre des gendres. Ceux de M. de Montalivet, riches, distingués, bien posés, entourés d'estime et de sympathie, n'avaient pas besoin d'être protégés. Notons surtout M. Picot, membre de l'Institut, magistrat éminent, savant légiste, écrivain remarquable, auteur d'une excellente *Histoire des États généraux*, mais peu habitué, je le crains, à sacrifier aux grâces. Président de la commission de ce nom ou de ce pseudonyme, il fut, l'an dernier, passionnément sollicité par un de mes amis en faveur d'un homme charmant, inoffensif, aimable, spirituel, étranger à la politique, musicien, mélomane, condamné à quinze jours de prison sous prétexte de fraude électorale. Mon ami, pendant plus de huit jours, écrivit lettres sur lettres, intéressa à son client des académiciens, des sénateurs, des députés, se donna plus de mal qu'il ne m'en aurait fallu pour rédiger vingt feuilletons. Il avait tellement envie de réussir que, un an plus tard, il se serait adressé à un amnistié. A la fin, la lettre désirée arrive. Elle est exquise, avenante, gracieuse, flatteuse, parfaite. On n'avait rien à refuser à mon ami, à son client si intéressant. Sa grâce est accordée; seulement, une bagatelle... Pour le principe... pour la pleine satisfaction de la morale publique, les quinze jours de prison sont commués en une petite amende... de 2,700 francs. Quelle grâce! Aglaé, Euphrosyne et Thalie sont plus agréables. Le *coupable* avait eu la poire d'angoisse. Il avait cueilli la pomme de discorde; on lui offrait l'amende amère. Il aima mieux faire ses quinze jours. En sortant, il joua sur son piano l'air de *Robert le Diable : Grâce pour moi! grâce pour toi! grâce pour nous! grâce pour lui! grâce pour elle!* et il se dit que Meyerbeer était encore supérieur à M. Picot.

X

M. POUJOULAT

Janvier 1880..

J'arrive le dernier ; j'arrive trop tard ; c'est le tort ou le malheur des absents. Pourtant, je ne veux pas qu'il soit dit que j'ai laissé partir, sans lui adresser un adieu et un hommage, l'éminent écrivain, le royaliste fidèle, le vaillant chrétien que nous venons de perdre, qui semblait devoir me survivre, que je respectais comme *mon ancien*, que je saluais comme mon maître, et que j'aurais dû toujours considérer comme mon modèle ; car un des traits caractéristiques de Poujoulat a été la douceur dans la force : *Dulcior melle, fortior leone*. Peut-être n'a-t-il été si doux que parce qu'il était fort. Les natures fines, frêles, délicates, maladives, sont souvent sujettes à devenir offensantes, parce que, chez elles, l'idée est dominée par le sentiment et le sentiment par la passion. La vivacité de leurs impressions les abuse sur l'importance de leurs griefs. Particulièrement douées de la faculté de souffrir, elles enveniment leurs blessures pour avoir droit d'exagérer leurs représailles. Pour elles, les polémiques sont des tressaillements nerveux, les contradictions sont des crises, les piqûres d'épingle sont des coups de poignard. « Il est méchant! dites-vous. — Non, il est malade! » J'allais dire: « ELLE est malade! » Chez ces êtres mal équilibrés, fragiles, irritables, incomplets, débiles, susceptibles, séduisants, inquiétants, inquiets, il y a de la femme; c'est ce qui fait leur charme et leur faiblesse, leur sensibilité et leur péril, leur malice et leur misère.

Rien de pareil chez Poujoulat. Sa belle et loyale figure, sa physionomie franche, ouverte, quasi martiale, sa haute taille, ses fortes épaules, sa poitrine respirant à pleins poumons, sa voix sonore et vibrante, son bon et cordial sourire, tout, en lui, révélait le combattant du bon combat, trop ferme pour être violent, trop convaincu pour être agressif, trop courageux pour être querelleur, trop sûr de sa croyance, de sa cause et de son droit pour traiter ses adversaires en ennemis. Aussi a-t-il pu, dans sa longue et laborieuse carrière, traverser des époques troublées, plaider pour des opinions impopulaires, aborder les questions les plus brûlantes, se plier à toutes les exigences du journalisme quotidien, se roidir contre toutes les capitulations des consciences accommodantes, dire leur fait à nos vainqueurs, à nos maîtres, à nos *chats*, à nos ROLLETS, parler de haut à son pays et à son temps, ne pas reculer d'une semelle, ne pas baisser d'une gamme, ne pas dévier d'un millimètre, sans laisser sur sa route une inimitié ou une rancune. Les regrets, devant son cercueil, ont été unanimes. Pas une note criarde ne s'est mêlée au concert de louanges décernées par tous les partis. Eugène Pelletan suivait, avec nos amis, le cortège funèbre. C'était la trêve du bon Dieu, l'armistice de la politique, l'oubli des laideurs humaines, la revanche du vrai et du bien, honorant un grand talent ennobli par un beau caractère, une vie de travail, de lutte, de dévouement, de conviction et de vertu.

C'est dans de bien lointains souvenirs que je rencontre Poujoulat pour la première fois. En décembre 1838, les médecins envoyèrent à Pise le très spirituel Michaud, qu'ils aimaient mieux voir mourir près de la tour penchée qu'entre leurs mains. Michaud, directeur de *la Quotidienne*, membre de l'Académie française, presque octogénaire, atteint d'une maladie de poitrine, n'ayant plus que quelques mois à vivre, était encore un causeur et un conteur incomparable. Il avait été, vous le savez, le maître, le patron, le conseiller, le collaborateur, le compagnon de voyage et le guide de Poujoulat. Ils étaient allés ensemble en Grèce, en Syrie, en terre sainte, et il en était résulté cette *Correspondance d'Orient*, que de bons juges ont préférée à l'*Itinéraire* de Chateaubriand et au *Voyage* de Lamartine. C'est moins éclatant peut-être et moins poétique, mais plus vrai, d'un ton plus juste, avec une nuance de familiarité qui ajoute à l'attrait des paysages et des récits. Ce livre si instructif et si intéressant offrait cette singularité piquante, que jamais deux intelligences amies ne s'entendirent mieux, ne s'unirent plus intimement en un même sujet et dans une même pensée commune, et que les deux écrivains gardaient pourtant leur physionomie bien distincte. Détail non moins remarquable! dans cet échange de leurs impressions, le vieillard était plus enjoué, le jeune homme était plus grave ; l'un avait plus de finesse et d'esprit, l'autre plus d'éloquence et d'ampleur. C'est que, en réalité, le vieillard avait cent ans de moins que le jeune homme. Poujoulat était de pure race du XVIIe siècle : il en possédait la tradition, la sagesse, l'âme, la tenue, l'élan, la grande tournure et le grand style, et c'est tout au plus si ce disciple de Bossuet avait lu *René* dans ses moments perdus. Michaud, lui, était du XVIIIe, ce qui ne veut pas dire, à Dieu ne plaise! qu'il fût voltairien. Non! mais il attaquait ses adversaires avec leurs propres armes; sous sa plume et sur ses lèvres, l'esprit monarchique et chrétien imitait ces généraux russes ou allemands, qui, à force d'être battus par Napoléon, avaient fini par apprendre de lui comment il fallait le battre. Il prêtait à la foi monarchique et religieuse quelques-unes des malices du scepticisme philosophique et politique. Son ironie délicate, sa raillerie à fleur de peau, son spirituel atticisme, sa causerie aux ailes d'abeille, nous donnaient l'idéal d'un habitué des salons de madame Geoffrin, de madame du Deffand et de madame Suard, s'interrompant, entre deux bons mots, pour rappeler qu'il croyait en Dieu. En somme, le meilleur éloge que l'on pût faire de Michaud et de Poujoulat, c'était de remarquer qu'ils se complétaient l'un par l'autre.

Donc, en décembre 1838, Michaud presque mourant allait à Pise. Poujoulat, Provençal — une de nos gloires provençales! — et non pas Dauphinois, comme l'a dit un journal, — l'accompagna jusqu'à Marseille. C'est pendant une halte de ce voyage que j'eus l'honneur de leur être présenté dans une maison amie. Le contraste s'accentuait encore plus lorsqu'on les voyait après les avoir lus. Michaud n'avait plus que le souffle; mais ce souffle s'exhalait en paroles exquises, murmurées à demi-voix, que l'on écoutait trop avidement pour ne pas les entendre. Il ne se faisait aucune illusion sur son état, et se comparait en souriant à cette tour penchée vers laquelle on l'envoyait. Sa longue taille, sa pâleur, sa bonhomie un peu narquoise, sa résignation mélancolique et sereine, l'ombre d'une mort prochaine s'étendant peu à peu sur son visage émacié, prête à éteindre le rayonnement de la bonne humeur et de l'esprit, tout cet ensemble produisit sur moi une impression profonde qui ne s'est jamais effacée. Poujoulat, alors dans toute la sève et tout l'éclat de sa trentième année, n'eut pas moins de prise sur mon imagination juvénile, enthousiaste — et provinciale. Je crus voir un chevalier de la grande époque, un croisé magnanime, un portrait d'ancêtre, descendu de son cadre ou sorti de sa tombe, et, pour ne pas trop nous humilier, échangeant son armure contre un pantalon et un paletot. Hé! n'était-elle pas chevaleresque, en effet, cette figure où ne se reflétaient que les sentiments les plus nobles et les pensées les plus généreuses, cette vie déjà si pleine, cette âme qui se dépensait tout entière au service du bien et que les compagnons de saint Louis eussent saluée comme leur sœur?

Je ne revis plus Poujoulat que seize ans après, en 1854. Cet espace de seize années, où la France, en attendant mieux, avait mis une coalition, des banquets, une émeute, une Révolution, une République, une guerre civile, une présidence, un coup d'État et un Empire, Poujoulat, travailleur infatigable, l'avait rempli par de beaux ouvrages. Je les note en courant, d'après une excellente notice de M. l'abbé F. Chapot. Jérusalem et les croisades lui revenaient de droit,

Et par droit de voyage et par droit de conquête!

L'œuvre monumentale de Michaud, cette *Histoire des Croisades*, que le maître n'avait pas eu le temps d'achever, le disciple, devenu maître à son tour, en publia une nouvelle édition, augmentée d'un volume, enrichie de documents nouveaux, précédée d'une notice sur cet homme si spirituel et si bon, qu'il avait filialement aimé, qu'il regretta toujours, et qui, entre autres titres inoubliables, eut l'insigne honneur de mettre la plume à la main de Poujoulat et de Laurentie. Quel temps! quels hommes! Dans cette unique rencontre qui n'eut pas, hélas! de lendemain, Michaud, directeur de *la Quotidienne* depuis longues années, me raconta que M. Laurentie, à son début, lui avait apporté un article sur Fénelon. L'article était bien, mais pouvait être mieux. Michaud conseilla à Laurentie de le refaire. Celui-ci l'emporta sans mot dire, et le refit. Mais aussi, quinze ans après, Laurentie était un des maîtres de la presse française, un des rares journalistes qui restent écrivains et *personnels* dans le premier-Paris, et Michaud n'avait pas de plus précieux collaborateur. A propos de Fénelon, Télémaque avait obéi à Mentor, et s'en trouva bien.

Les croisades avaient conduit Poujoulat à Jérusalem; elles l'y retinrent. Son *Histoire de Jérusalem,* publiée en 1841, servit de pendant et comme de complément au grand ouvrage de son ami. Peu de sujets convenaient mieux à ce large talent, amoureux d'espace, de grandeur, de vastes horizons, de lumineuses perspectives, n'ayant pas même peur des ruines, pourvu qu'il pût y cueillir toute une floraison nouvelle et que ces images de la mort révélassent à ce croyant les gages et les espérances de la vie. J'en dirai autant de son *Histoire de saint Augustin*, qui parut en 1844. L'éminent écrivain était là dans son élément. S'il n'était pas tout à fait un Père de l'Église, il méritait du moins de vivre dans l'intimité de ces grands esprits, nourris de la moelle des lions, détachés de leur siècle, indifférents aux bruits de ce monde, interprètes éloquents de la Bible et de l'Évangile, supérieurs aux faiblesses humaines, tout à la fois en avance et en arrière du moment présent pour éclairer le passé et renseigner l'avenir, oubliant tous les mesquins intérêts d'ici-bas dans la société des aigles et des anges, dans leurs mystérieuses causeries avec la solitude et l'infini. Ces deux ouvrages obtinrent un sérieux succès, et, cette fois, l'Académie fut du même avis que le public. Elle couronna l'*Histoire de saint Augustin* comme l'*Histoire de Jérusalem*. Pendant quelques années, on put croire que ces deux prix si vaillamment gagnés n'étaient que le prélude d'une récompense plus haute encore et plus académique. Des palmes vertes à Jérusalem et à Hippone, c'eût été de la couleur locale ! Mais il existe à l'Académie des courants que l'homme sage doit connaître avant de se hasarder sur l'onde inconstante et mobile des candidatures. Tous les géographes vous diront que ce n'est pas le Jourdain qui passe sous le quai Conti, et que le pont des Arts est bien loin du chemin de Damas. Jérusalem, pour ne pas effrayer l'illustre compagnie, avait besoin de s'enjoliver, de se *laïciser* sous une plume élé-

gante et subtile qui fît du divin poème un roman. Quant
à saint Augustin, il pouvait devenir pour les immortels
un voisin incommode. Il ne leur plaisait pas que le palais Mazarin fît partie de la *Cité de Dieu*, et qu'adviendrait-il, juste ciel! que serait-on forcé d'entendre, si l'un
d'eux, tenté par l'exemple, entreprenait ses *Confessions?*

Au surplus, les travaux et les succès littéraires de Poujoulat ne tardèrent pas à être interrompus par une diversion violente : la révolution de février. Le suffrage universel, encore à l'âge de la sincérité et de l'innocence,
fit de lui un député. Il fut élu par le département des
Bouches-du-Rhône. Lamartine, dont le nom rayonna en
tête de la même liste, s'était préparé à la République
par son *Histoire des Girondins*, Poujoulat par l'*Histoire
de la Révolution*. Ce ne fut pas tout à fait la même chose ;
mais, vingt ans après, Lamartine, désabusé, tombé, ruiné,
délaissé, mourant, aurait été le premier à reconnaître le
mal qu'il avait fait en ressuscitant la Révolution, et le
bien qu'aurait pu faire son collègue en la condamnant.

Je ne suivrai pas Poujoulat dans sa carrière politique
et parlementaire, qui ne fut qu'un rapide épisode dans
sa vie, et qui se termina à Mazas, ce Panthéon du 2 décembre. Je me suis trop attardé ; j'avais hâte d'arriver à
cette date de 1854, où la littérature nous rapprocha, et où
ma critique devint, pour ainsi dire, compagne de voyage
de ses ouvrages. J'éprouve un mélancolique plaisir à constater que, dans l'espace de dix ans, il a tour à

tour occupé six chapitres dans la série des *Causeries littéraires*. Ce jour-là, il me fit l'honneur de m'apporter ses *Lettres sur Bossuet*, qu'il avait d'abord intitulées *les Bossuetines*, et qu'il adressait au comte de Meyendorf. On ne saurait relire les premières lignes de ce livre sans un serrement de cœur. — « Je n'ai pas craint, dit M. Poujoulat, de vous avouer que cette France que j'aime tant n'est pas en voie de grandeur morale ; sa décadence est devenue un lieu commun... » — Poujoulat écrivait ces lignes, *qui étaient déjà vraies*, au début de la guerre de Crimée, lorsque la France était intacte, lorsque ses aspects de grandeur nous dédommageaient de la perte de ses libertés, lorsque nos soldats fraternisaient avec nos prêtres, quand la fin sublime du général Saint-Arnaud faisait taire toutes les épigrammes, quand les beaux noms de Canrobert, de Pélissier, de Bosquet, de Mac-Mahon, de Trochu, avaient encore toute leur auréole, quand l'enseignement libre fonctionnait en toute sécurité, quand les États de l'Église s'abritaient sous le drapeau français, quand d'admirables exemples d'abnégation, de patriotisme, d'héroïsme et de vertu en uniforme et en soutane nous consolaient de nos déceptions politiques. Qu'écrirait-il aujourd'hui ?

Ce livre, tout imprégné du génie de Bossuet, merveilleux d'éloquence, de conviction, de chaleur, d'élévation, d'harmonie entre le sujet et l'écrivain, n'avait qu'un défaut : il était trop du temps de Bossuet, pas assez du nôtre. C'était un reliquaire plutôt qu'un portrait. Il y a plus de vie, de mouvement, d'originalité, d'*actualité* dans *le Cardinal Maury*, qui parut moins d'un an après, et qui me semble un des meilleurs ouvrages de Poujoulat. Dans son *Bossuet*, il lui avait suffi d'admirer, de nous faire partager son admiration, et il y avait excellemment réussi par une sorte d'assimilation avec son modèle. Avec Maury, la tâche était plus délicate. Le marbre avait un pied d'argile; le métal avait de l'alliage. Je vous parlais l'autre jour, à propos du comte de Montalivet, des personnages illustres qui manquent leur dénouement. Maury a été de ceux-là, et il n'en a pas fallu davantage pour qu'il fût un des disgraciés de la politique, de la religion et de l'histoire. La tentation le trouve moins intrépide que le péril; la mort, moins récalcitrant que l'ennui. Il fut admirablement fidèle à la Royauté et à l'Église, lorsque, en les défendant, il jouait sa tête. Il s'en sépara lorsque, pour leur rester fidèle, il eût fallu résister aux séductions de l'Empire et de Paris. Il eut plus de souci de ses soirées que de sa vie, plus de peine à persévérer qu'à combattre, moins de bravoure contre les Tuileries que contre Mirabeau. Mais que de circonstances atténuantes, pour qui voudrait changer la biographie ou l'étude morale en plaidoyer ! C'est là que se révèle l'art exquis ou plutôt le don naturel, la belle âme de l'écrivain royaliste, « comparable à ces honnêtes femmes qui font de leur indulgence pour la faiblesse un hommage de plus pour la vertu ». — Il n'excuse pas Maury, il le plaint ; il ne le réhabilite pas, il le relève, et tel est l'entraînement du récit que les défaillances finales du cardinal tournent au profit du principe d'autorité, de la vérité politique et religieuse, sans que l'auteur ait un moment sacrifié ses persuasives sympathies pour le coupable. Raconté par Poujoulat, Maury n'est pas innocent, mais intéressant. Il nous apparaît comme une victime de la fatalité, trompée par une erreur d'optique, comme un naufragé échouant au port après avoir bravement doublé le cap des tempêtes ; d'autant plus enclin à subir le prestige, — que dis-je ! le *vertige* napoléonien, que, dans ses luttes courageuses contre l'anarchie, la démagogie et le crime, il a secrètement souhaité et invoqué la répression par la force. Son historien retrace en maître les belles phases de sa vie. Arrivé au dénouement, le lecteur ému se demande d'abord si tant d'énergie, d'éloquence, d'intrépidité, de verve, de services rendus, de défis lancés à la lanterne, ne doivent pas faire pencher la balance en faveur de l'*accusé;* puis, s'il n'y a pas eu une disproportion implacable entre la faute et le châtiment. A la dernière page, l'auteur a atteint son but. Rien n'est entamé de ce qui doit rester indiscutable et sacré pour le royaliste et le chrétien. L'honneur est sauf, le principe est intact, la justice est satisfaite ; — et Maury reprend son rang parmi les hommes qui ont honoré leur époque et leur pays, l'Église et la Monarchie, la politique et la littérature.

Une seule fois, je refusai de suivre Poujoulat, qui finit par me donner raison. Méridional d'origine et de cœur, attiré de préférence vers les célébrités de sa province ou de son voisinage, il avait écrit une *Vie de Monseigneur Sibour, archevêque de Paris*. Placée entre la sainte mort de M. Affre et l'infâme assassinat de M. Darboy, la mort tragique de M. Sibour a pu faire de lui un martyr; mais aucune catastrophe n'aurait pu en faire un héros. Ce prélat, porté en deux bonds par les circonstances et la République de février à la plus haute situation de l'Épiscopat français, était la médiocrité crossée et mitrée. En dehors de ses vertus sacerdotales et pastorales — qui ne font pas question — impossible de rencontrer une plus pauvre tête, une cervelle plus vide, une parole plus creuse, une vanité plus puérile, une finesse plus gauche, un ensemble moins sympathique. On eût dit un curé bas-alpin ou bas-normand, enlevé jusqu'aux tours de Notre-Dame, et incessamment occupé à chercher son aplomb. Créature du général Cavaignac, républicain avec extase, démocrate au point de vitupérer la loi électorale du 31 mai, il ne sut pas même ménager la transition, lorsque le 2 décembre transforma les flatteurs du peuple en courtisans de l'Empire. Dupe volontaire, il désolait son clergé en s'attribuant une influence irrésistible sur *sa bonne* population de Paris, en affirmant qu'il lui suffirait de monter sur un débris de barricade et de haranguer ses chères ouailles, pour traduire en mauvais français le *si forte virum quem* de Virgile. Plus tard, il le consterna par sa promptitude à dépasser, dans ses hommages au soleil levant et ses *hosannah* impérialistes, les exigences du cérémonial. C'est à lui que songeait un des plus spirituels prélats romains, quand il disait à Louis Veuillot avec son accent inimitable : « Vraiment, Dieu protège l'Église de France ! un archevêque de Paris, homme de génie, à grande envergure, à grandes idées, aurait pu devenir dangereux pour l'unité catholique ; Dieu a permis que ce fût un sot ! » Pour moi, qui ne suis ni prélat, ni spirituel, ni Romain, je me contentai de dire à Poujoulat : « En glorifiant M. Sibour, vous avez été de *bonne foy* [1] ! »

En revanche, quels admirables sujets, et quels beaux livres, *le R. P. de Ravignan*, et *le Frère Philippe* ! C'est sur ces deux noms que je veux finir. Le Frère Philippe, c'est l'institut des Frères de l'école chrétienne dans son expression la plus forte, la plus bienfaisante, la plus vaillante, la plus populaire. Le Père de Ravignan, c'est la compagnie de Jésus dans sa personnification la plus haute, la plus sainte, la plus éloquente, la plus pure, la plus parfaite. Ne vous semble-t-il pas que Poujoulat, resté jusqu'au dernier moment sur la brèche, combat encore après sa mort, et que l'on peut répéter de nouveau sur sa tombe le mot de Mgr l'évêque d'Orléans de-

---

1. Affreuse paillette, intelligible seulement pour les indigènes du département du Gard.

vant le cercueil de l'illustre religieux : « *Defunctus adhuc loquitur !* » Oui, notre ami parle encore dans sa mort, puisque sa mort ramène l'attention sur ses ouvrages, puisque ces ouvrages remettent sous nos yeux les prodiges de dévouement accomplis par l'humble armée du Frère Philippe, les merveilles de charité, de zèle, d'activité féconde, de foi communicative, prodiguées par les dignes émules du Père de Ravignan ; tout le bien que font aux âmes, aux pauvres, à l'enfance, aux déshérités, aux affligés, ces proscrits, ces calomniés, ces spoliés de la République gambettiste. Relisez ces pages bénies ; chaque ligne, chaque trait vous fournira une réplique à cet amas de mensonges trempés dans le venin démagogique. Poujoulat n'aurait pas ambitionné de meilleure récompense. A parler comme le monde, ceux qui parcourent du regard cette noble existence, ceux qui énumèrent ces jours de lutte, ces travaux de publiciste, ces trésors de grandes pensées, de grand style et d'éloquence, ces beaux ouvrages opposés depuis quarante ans à nos turpitudes littéraires, peuvent se dire avec tristesse que ce travailleur, cet ami, ce lutteur, ce bienfaiteur vient de nous quitter sans avoir reçu le prix de ses mérites et de ses peines. Qu'ils se rassurent et se consolent ! Les courtisans des causes périssables sont payés tant qu'ils vivent ; les serviteurs des causes immortelles sont récompensés quand ils meurent.

XI

AUGUSTIN COCHIN[1]
M. HENRY COCHIN[2]

25 janvier 1880.

Assurément, rien ne se ressemble moins que les deux ouvrages dont je viens d'écrire les titres. Il faudrait un esprit bien subtil ou plutôt bien paradoxal pour découvrir quelque analogie entre la drogue que Frère Lorenzo donne à sa pénitente et qui passe pour un poison, et les poisons que les antagonistes d'Augustin Cochin servent à leur clientèle, et qu'ils font passer pour des drogues. Non ! mais ce qui se ressemble, Dieu merci ! c'est le nom des auteurs; ce qui nous amène à placer dans le même cadre les *Études sociales* du père et la primitive histoire

1. *Études sociales et économiques*. — 2. *Giulietta et Roméo.*

de Juliette et de Roméo traduite, racontée et annotée par le fils, c'est le plaisir qu'on éprouve à voir les familles bénies se transmettre, de génération en génération, le talent, le goût du travail, le culte de l'idéal, toutes les facultés et toutes les distinctions des intelligences d'élite, d'autant plus incontestables qu'elles se signalent par des aptitudes diverses et dans des genres différents.

L'autre semaine, en lisant le discours académique de M. Taine avec une attention que redoublait mon fidèle attachement à la douce et pure mémoire de Louis de Loménie, j'admirais cet art original et profond, dont le récipiendaire nous a offert tant de modèles dans ses livres; cette façon magistrale de peindre et d'expliquer une figure par un groupe, une physionomie individuelle par une influence collective, une vocation par une origine, un trait particulier par une tendance générale; cette sûreté de main et de coup d'œil qui cherche et trouve dans un seul personnage une race, une société, une date, un milieu, qui crée autour de ce personnage une atmosphère spéciale où naissent, croissent et se développent son caractère, ses instincts, son esprit, sa nature, son hygiène intellectuelle et morale, comme s'il s'agissait d'un terrain favorable à telle ou telle culture, d'une température nécessaire à tel ou tel de nos végétaux ou de nos organes. J'appréciais à sa valeur ce style net, ferme, sobre, franc, modéré dans sa force, tout en relief et en muscles, taillé en plein chêne, aux vives arêtes, d'une trempe aussi fine, aussi luisante et aussi *coupante* qu'un instrument de chirurgie, et obligé, pour la circonstance, de tempérer son éclat, de s'éteindre au lieu de se colorer. Malgré tout, pourtant, il me manquait quelque chose. Je me disais, en songeant à notre regretté Loménie : « C'est bien, c'est très bien, c'est admirable; mais ce n'est pas tout à fait cela! »

Cela ou ce quelque chose, c'est le CHARME; c'est le je ne sais quoi que les Italiens expriment par le mot *sympathique*; c'est ce don d'attendrissement communicatif, que rien ne remplace, qui s'obtient parfois par les moyens les plus simples, et que vous n'obtiendrez jamais, si splendide que soit votre talent, en me cachant l'âme et le cœur, en me dérobant les sources divines de cette âme, en subordonnant les battements de ce cœur à une sorte d'appareil scientifique, à des conditions d'air extérieur, à des circonstances matérielles qui le façonnent, le pénètrent, l'assouplissent et le disciplinent à leur gré. Vous démontez la machine pièce à pièce et vous en faites jouer devant moi les ressorts; mais je ne veux pas les connaître; j'aime bien mieux n'en voir que ce qui m'intéresse et m'émeut, ce qui me rappelle l'*humani nihil* de Térence, ce qui établit entre elle et moi un lien, une communauté quasi fraternelle. Je veux bien qu'on me la décrive, mais non pas qu'on me l'explique. Le *cicerone* me gâte le peintre; l'anatomie me gâte l'analyse. Ah! ce cœur qui finirait, d'après certaines méthodes, par n'avoir plus que les oscillations et les mouvements d'une horloge dont vous me montreriez la clef, laissez-moi tout simplement m'identifier avec lui, avec ses joies, avec ses douleurs, avec ses larmes ! laissez-moi partager ses sentiments, ses faiblesses, ses passions, ses misères ! Ce commerce intime m'en apprendra plus que les démonstrations savantes, qui, en définitive, ne sont que de la physiologie par le dehors. Voici un chef-d'œuvre ; permettez-moi d'en jouir sans m'informer si une différence de race, de tempérament, de climat ou d'entourage eût suffi à le rendre différent. Voici une femme d'une admirable beauté ; ne vaut-il pas mieux la regarder que savoir si, née sous un autre ciel et sous d'autres influences, elle aurait eu des cheveux et des yeux d'une autre couleur ? Et cette fleur qui sourit à mes regards ! ai-je besoin, pour en admirer l'élégance, pour en aspirer le parfum, pour remercier Dieu qui l'a créée, qu'on me dise en vertu de quelles dispositions atmosphériques et géologiques elle a pu s'épanouir ?

Le charme ! le naturel ! la tendresse ! Il me semble, en écrivant ces mots, que je nomme Augustin Cochin. Je croirais volontiers que les Italiens songeaient à lui lorsqu'ils ont inventé cette jolie expression qui, chez eux, répond à tout, et que l'Académie n'a peut-être pas encore admise dans son dictionnaire ; SYMPATHIQUE ! Nul n'a su réunir à des convictions plus fermes des manières plus engageantes, à un fond plus solide des formes plus gracieuses, à des sentiments plus élevés un plus aimable langage. Il y avait des moments où l'on aurait voulu n'être pas de son avis, pour le plaisir d'être ramené et persuadé par lui. Jamais vertu ne fut à la fois plus haute et plus accessible, jamais piété plus ardente et plus douce, jamais charité plus active et plus intelligente. De pareils hommes nous consolent d'être de ce monde et de ce siècle ; ils réhabilitent la nature humaine en nous la montrant dans tout ce qu'elle a de plus suave, de plus pur, de plus voisin de la perfection idéale, de plus contraire aux turpitudes et aux laideurs qui nous gouvernent aujourd'hui. Pour moi, Augustin Cochin est resté le type du catholique de qui les sceptiques disent : « Ah ! si tous les dévots lui ressemblaient ! » du riche de qui les pauvres disent : « Ah ! si tous les riches étaient comme lui ! » — S'il vivait encore, si Dieu ne nous l'avait pas repris, j'irais le retrouver et l'écouter, de temps à autre, pour me reposer ou me distraire de notre politique, de nos vainqueurs et de nos maîtres, comme je relis *la Princesse de Clèves, Paul et Virginie* ou le *Récit d'une sœur*, pour dissiper les pestilences de la littérature naturaliste. Il n'était pas *un homme* de bien, mais *l'homme de bien*, — plus encore ! l'homme DU BIEN. Il complétait par l'autorité de l'exemple l'œuvre commencée par la séduction de la parole... Mais que dis-je ! Puis-je oublier que cet admirable modèle a rencontré, en M. de Falloux, un portraitiste, un biographe digne de lui ? Et ce livre même que j'ai sous les yeux, — *Études sociales et économiques,* — n'est-il pas précédé d'une préface du duc de Broglie, ou, en d'autres termes, d'une quinzaine de pages qui réhabilitent, elles aussi, l'âme et la langue françaises, et que j'aurais dû tout bonnement copier pour être sûr, au moins une fois, d'avoir su m'élever à la hauteur de mon sujet? Du moins, je ne résiste pas au plaisir d'en citer quelques lignes.

« — Il y a, dit quelque part la Bruyère, des livres qui surprennent agréablement ; on croyait trouver un auteur, on rencontre un homme. » — C'est ce genre de surprise que M. Cochin a dû causer plus d'une fois à ceux qui entraient dans une relation quelconque avec lui. On n'avait jamais affaire ni à l'orateur, ni à l'auteur, ni à l'administrateur, ni au politique, mais à l'homme, et toujours au même homme, reconnaissable par une lucidité d'esprit, un sens pratique, une élévation de vues et une chaleur de cœur dont le mélange original n'appartenait qu'à lui.

» Cette unité dans la variété, qui distinguait sa riche nature, était frappante, quel que fût le sujet de ses préoccupations; mais, s'il y avait une occasion où elle fût mise plus particulièrement en lumière, c'est quand il avait à parler à ceux qui travaillent pour vivre ou à parler d'eux... Enfant de l'Église, c'est d'elle qu'il avait appris à honorer la noblesse du travail, et ce que Bossuet appelle « la dignité du pauvre ». — Directeur de grandes usines, il fréquentait volontiers l'atelier, et suivait, dans leur application pratique, tous les rapports du salaire et du capital. Maire d'un arrondissement de Paris, la présidence du bureau de bienfaisance lui avait paru la première de ses attributions, et il avait sondé d'un œil compatissant, mais ferme, toutes les plaies de la misère des grandes cités. Enfin, comme candidat aux élections, il ne craignait pas, dans de grandes réunions populaires, de remuer les couches profondes du suffrage universel. Aussi, rien de ce qui touchait à l'ouvrier ne lui était inconnu ou indifférent. Dès qu'il abordait ce sujet favori, sa voix, comme son regard, s'animait. Toutes les instructions puisées à des sources si diverses se pressaient dans sa mémoire et se mêlaient dans sa conversation. C'est encore, si nous ne nous sommes bien trompés, le charme instructif qui se trouvera dans les pages qu'on va lire ».

On ne saurait dire mieux. En évoquant ce souvenir, — Augustin Cochin, candidat aux élections, — le duc de Broglie me rappelle un titre de plus à mes inépuisables sympathies. Cochin était à mes yeux un argument vivant, une accablante satire contre le suffrage universel, mon cauchemar et le fléau de mon pays. Voilà un homme doué de toutes les aptitudes, des goûts les plus délicats comme les plus sérieux. Il pourrait vivre en paix, jouir de sa fortune, pratiquer la charité du bout des doigts et du bout des lèvres, goûter les plaisirs raffinés du dilettantisme, rechercher et rencontrer le succès dans le monde et dans les lettres, payer des régisseurs et des contre-maîtres pour se dispenser du contact immédiat avec les mains calleuses de l'ouvrier, avec les visages noircis par la houille et par la fumée, avec la lourde atmosphère de l'usine et de l'atelier, avec le regard hostile ou méfiant du travailleur moderne, toujours prêt à accuser les oisifs, à incriminer les riches, à maudire le capital, à se plaindre du contraste de ses labeurs avec son salaire. Il le pourrait, et, par surcroît, il ne manquerait pas d'amis complaisants pour lui dire qu'il personnifie l'*otium cum dignitate*. Eh bien, ce privilégié, cet *oisif*, se condamne, lui aussi, à un travail ingrat et austère. Il se recueille en lui-même, il s'enferme avec ses livres, il étudie scrupuleusement, passionnément, tout ce qui s'est dit sur l'inégalité des conditions, sur les conditions du progrès, sur les moyens d'améliorer le sort des classes laborieuses, de réconcilier le pauvre avec le riche, de faire de l'ouvrier un chrétien, de lui apprendre à supporter des inégalités inévitables, de les adoucir par une communauté de sentiments, de croyances, d'espérances et de prières, de vivifier et de fertiliser le capital de façon que chacun en ait sa part, tandis qu'un seul paraît le posséder tout entier, de remuer *les nouvelles couches*, non pas pour leur enseigner à se soulever violemment et à écraser de leur masse les couches supérieures, mais pour les féconder en les ralliant à ce mystérieux travail qui seul peut honorer et légitimer les démocraties.

Puis, sa provision faite, ses instructions au complet, sûr de connaître ce qu'il veut savoir, heureux d'être utile à ceux qu'il aime, certain de suppléer aux lacunes de la science humaine et de l'expérience par les inspirations de son cœur et les leçons de la charité chrétienne, il descend bravement dans la pacifique arène ; il se met en communication immédiate avec ces déshérités, ces laborieux, souverains pendant l'instant rapide où ils laissent tomber dans l'urne électorale leur bulletin de vote, esclaves pendant les longues heures qui les courbent sur le minerai ou les rivent à la machine, et peut-être décidés à bouleverser le monde pour que cette souveraineté les délivre de cet esclavage. Il se mêle à leurs groupes, il se familiarise avec leurs habitudes et leur langage ; il s'initie à leurs intérêts ; il s'acclimate à leurs rudesses ; il compatit à leurs peines ; il combat leurs préjugés, il lutte contre leurs méfiances ; il s'accoutume à vivre de leur vie, il leur apprend à reconnaître en lui un bienfaiteur et un ami ; il imite ces généraux et ces amiraux, qui mangent à la gamelle et mordent vaillamment au biscuit ou au pain de munition. Enfin, ses deux éducations sont achevées, l'étude et la pratique, et il y ajoute la troisième, la meilleure, celle qui lui vient de son âme, de sa conscience et de son Dieu. Mais, pour mieux appliquer son savoir et ses idées, pour être encore plus utile à ces populations ouvrières dont il a fait son peuple et sa famille, il lui faut un mandat qui assure son crédit, qui double son influence, qui le rapproche du pouvoir, qui lui donne la plus retentissante des tribunes, qui le place comme un trait d'union entre le gouvernement et l'ouvrier. La logique de sa situation veut qu'il soit député. Il le comprend, et il pose sa candidature.

C'est ici que le suffrage universel l'attendait avec ses prodiges de discernement et de gratitude. Augustin Cochin, allons donc! il ne voulait être nommé que POUR EUX; vous voyez bien qu'il n'avait aucun droit à leurs votes. Bien mieux avisés, ILS choisissent le candidat-modèle, le bon citoyen, le pur patriote, convaincu que la députation, comme la meilleure charité, commence par soi-même, et bien déterminé à ne se faire élire que *pour lui*. Un pilier d'estaminet, un habitué de café, un buveur d'absinthe, un tribun de pacotille, un docteur de village, un avocat sans causes, un charlatan de parade, un journaliste de boulevard, un affamé qui veut s'assouvir au lieu d'un désintéressé qui veut se dévouer, voilà ce qu'il lui faut, à ce bon peuple; souverain qui aime mieux ses courtisans que ses amis; malade qui préfère ceux qui enveniment ses plaies à ceux qui essayent de les guérir; visionnaire qui sacrifie ceux qui lui donnent le possible à ceux qui lui promettent l'impraticable; halluciné qui croit en Louis Blanc, acclame Blanqui, adore Clémenceau, glorifie Rochefort, et a refusé d'élire Augustin Cochin!

Vous comprenez maintenant ce que doivent être ces

Etudes sociales, dont la plupart avaient déjà obtenu un vif succès sous forme de lectures publiques ou de conférences. *De la condition des ouvriers français;* — *la Réforme sociale en France;* — où l'auteur étudie en maître les doctrines de M. Le Play; — *les Sociétés coopératives;* — le *Rapport sur les Institutions de prévoyance;* — *la Manufacture des glaces de Saint-Gobain,* — tels sont les principaux sujets de ces chapitres, qui nous montrent Augustin Cochin sous son double aspect d'homme admirablement renseigné, incapable de se laisser égarer par des déclamations vulgaires ou un sentimentalisme philanthropique, et de chrétien, toujours prêt à mettre une âme dans le travail, un cœur dans l'industrie, un rayon dans la pauvreté, et attentif à adoucir le jeu et le grincement des machines en y versant l'huile sainte de la charité. Si le mot *socialiste* n'était pas odieusement exacerbé et profané, je l'appliquerais à ce noble et généreux esprit, qu'il suffirait de consulter et d'écouter pour qu'enfin la réforme cessât d'être le masque hypocrite de la Révolution, pour que le sort des ouvriers s'améliorât sans crise et sans secousse, pour que l'oisiveté, l'insouciance, la frivolité, l'égoïsme, la méfiance, la jalousie, la haine, ne rendissent pas éternellement impossible la réconciliation de ceux qui possèdent avec ceux qui travaillent; pour qu'à cette parole suprême de Septime Sévère : *Laboremus!* répondît sans cesse le divin précepte de l'Évangile : — « Aimons-nous les uns les autres ! »

Pour quiconque a connu Augustin Cochin, cet infatigable dévouement aux classes laborieuses et souffrantes, cette étude patiente et profonde de questions sérieuses et ardues, cette intervention active et familière dans la vie des manufactures, des usines et des mines, ce sacrifice perpétuel des séductions de l'idéal et du rêve aux réalités pratiques, étaient d'autant plus méritoires qu'il y avait en lui, — je le répète et je me répète, — l'étoffe d'un écrivain supérieur, d'un artiste de race, d'un dilettante exquis. J'ai déjà cité et je n'oublierai jamais ce cri : *O Flûte enchantée !* — « O divin génie de Mozart ! » — Protestation solitaire et mélancolique contre la cohue et le tapage de l'Exposition universelle de 1867, bien moins insupportable pourtant pour les imaginations délicates que celle de 1878. Si je ne me trompe, c'est de cette vocation littéraire, de ces aptitudes artistiques, qu'aura hérité M. Henry Cochin, traducteur et commentateur de la nouvelle italienne de *Giulietta et Romeo*, par Luigi da Porto. — *O Flûte enchantée !* — « O Amants, de Vérone ! ô Roméo ! ô Juliette ! Baguette magique de Shakspeare ! Aube matinale ! Ciel étoilé où chante l'alouette ! Bosquets enchantés où gazouille le rossignol ! » Où êtes-vous ? Et que ne puis-je oublier avec vous des menaces plus effrayantes que celles de Tybalt, des poisons plus mortels que ceux de *Fra* Lorenzo, des haines plus funestes que celles des Capulets et des Montaigus ?

La nouvelle de Luigi da Porto est bien la première en date; elle nous donne, dans sa simplicité naïve, touchante et charmante, la version primitive des tragiques amours de ces beaux enfants qui apprirent d'instinct à s'aimer sans laisser à leurs traditions de famille le temps de leur apprendre à se haïr. Bandello s'en empara. Il était, à la fin du xvie siècle, le conteur à la mode parmi les élégants cavaliers et les belles patriciennes de Venise. On arrivait au déclin de la Renaissance, à sa seconde jeunesse, à cette époque où à cet âge où les dons naturels perdent de leur fraîcheur, où les créations s'enjolivent, où la beauté ne suffit plus et a recours à la parure, où une légère couche de fard se devine sur des joues encore vermeilles. Bandello orna le récit de Luigi da Porto sans l'embellir, et, comme il était alors le favori des lecteurs et des lectrices, comme Shakspeare lui emprunta d'autres sujets de drame, ce furent son nom et son œuvre qui prévalurent. M. Henry Cochin a eu donc une très heureuse idée en ressuscitant Luigi da Porto, dont il nous raconte l'histoire dans une notice très intéressante. Il dit vrai, on se figure plus aisément le génie de Shakspeare en contact immédiat avec la simple nouvelle de Luigi qu'avec le roman agrémenté de Bandello. Pour nous, tant de fois émus par le pathétique drame de Shakspeare, tant de fois charmés par la musique de Vaccaï, de Gounod et du marquis d'Ivry, nous réduisons à leur plus simple expression les rapports du grand poète anglais avec ses précurseurs. Un jeune homme et une jeune fille, rapprochés par l'amour, séparés par des inimitiés séculaires, le *coup de foudre*, plus cher aux âmes romanesques que fréquent dans la vie réelle, un mariage plus religieux que civil, plus légitime que légal, et — disons-le — plus amoureux que chrétien, un fatal malentendu qui fait d'un narcotique un poison, un dénouement plein de terreur et de larmes où Juliette réveillée se rejette dans la mort pour y retrouver Roméo, le mariage d'outre-tombe servant d'épilogue à celui que berçait le chant du rossignol, qu'effrayait le chant de l'alouette, voilà le texte. Là-dessus, Shakspeare, comme les fées dont il connaissait tous les secrets, a semé ses diamants et ses perles.

Qui a fourni les nèfles et les noisettes? Peu nous importe. A qui nous le demanderait nous répondrions : *Ombra adorata!* ou : « C'est le rossignol! » — Nous n'en devons pas moins un hommage à la mémoire du chevaleresque et beau Luigi da Porto, et surtout de vifs remerciements à M. Henry Cochin, qui nous a si bien fait profiter de sa trouvaille. Il l'a ciselée ou encadrée en artiste, avec des gravures qui en expliquent le sens, en doublent la valeur et en *illustrent* les personnages, avec une préface et des notes qui éclairent toute une époque. Pour que rien ne manque à son succès, cette publication nous a valu un de ces chefs-d'œuvre typographiques de M. Chavaray, qui honorent l'imprimerie française, et associent heureusement son nom à celui de M. Motteroz. Je finis par un détail où vous reconnaîtrez le vieux romancier, trop épris d'idéal et de nuances. Dans une bien jolie page, que son père aurait signée, M. Henry Cochin nous fait remarquer que l'amour de Juliette est d'essence supérieure à celui de Roméo : Pourquoi? Parce que Roméo a déjà aimé ou cru aimer, — et dès lors il lui faut un léger effort pour gravir les cimes de l'amour vrai, — tandis que Juliette a toute la chaste confiance, toutes les belles audaces des virginales tendresses. Cette nuance est d'une rare délicatesse. Da Porto l'avait entrevue; Shakspeare l'a indiquée; Henry Cochin était digne de la comprendre.

XII

M. ALBERT DELPIT

ROMANCIER

1ᵉʳ février 1880.

Je voudrais plaider aujourd'hui, non pas, hélas ! *pro domo meâ*, — car je ne me fais pas illusion sur l'avenir et le passé de mes romans, — mais pour une cause qui me semble juste, *quoique* ou *parce que* très impopulaire.

Voilà cinquante ans que le roman et le théâtre sont en présence. Malgré de glorieuses exceptions et une demi-douzaine de chefs-d'œuvre, on peut affirmer que le roman n'a pris dans notre littérature un rang définitif — j'allais dire officiel ou académique — que vers 1830. On doit ajouter qu'il a rattrapé le temps perdu. Dans cette période d'un demi-siècle, la comparaison, si l'on veut s'y arrêter un moment, est tout à l'avantage du romancier sur l'auteur dramatique. Comptons d'abord ceux qui se sont essayés dans les deux genres et parfois ont traité le même sujet dans les deux cadres. En dépit de leur succès d'arrière-saison, *Hernani* et *Ruy Blas* me paraissent bien inférieurs à *Notre-Dame de Paris*. Tout le répertoire théâtral de George Sand ne vaut pas une page de *Valentine* ou d'*André*. Les trois ou quatre pièces de Balzac n'ont l'air d'exister que pour nous donner le droit de demander comment ce génie, si puissant quand il raconte, peut être si absurde quand il met en scène; comment le même homme a pu écrire *les Parents pauvres* et *Paméla Giraud*. Eugène Sue, si habile, dans les grands récits, à éveiller la curiosité, à créer des types, à suppléer au style absent par de remarquables qualités d'invention, tombe, au théâtre, au-dessous des plus médiocres dramaturges du boulevard. Jules Sandeau a obtenu, dans *Mademoiselle de la Seiglière*, un succès qui dure encore; mais je m'obstine à préférer le roman à la comédie, et sa *Maison de Penarvan* — une perle! — a tout perdu en se transportant dans la maison de Molière. Quelle distance, selon nous, parmi les ouvrages d'Octave Feuillet, entre *M. de Camors* et *Julie*, entre *le Roman d'un jeune homme pauvre* et *le Sphinx!* Stendhal, Mérimée, Charles de Bernard, n'ont pas même tenté la fortune; ou du moins, il faudrait un véritable effort mnémotechnique pour se souvenir que Charles de Bernard, encore inconnu, avait fait jouer au Gymnase *une Position délicate*, et que *le Carrosse du Saint-Sacrement*, de Mérimée, devenu simplement *le Carrosse*, eut, en 1850, deux ou trois représentations au Théâtre-Français.

— Mais, me direz-vous, Alexandre Dumas? Et son fils? Et Émile Augier? Et Victorien Sardou? — Permettez. Alexandre Dumas, dont on ne saurait nier le prodigieux tempérament dramatique, donne lieu pourtant à deux observations assez singulières. Premièrement, les pièces de son beau temps, de sa fougueuse jeunesse, ont horriblement vieilli; quelques-unes même, telles qu'*Antony, Térésa, Angèle*, sont à peu près injouables et illisibles, tandis que la fleur du panier de Balzac, de George Sand, de Mérimée, de Stendhal, de Jules Sandeau, de Charles de Bernard, quoique datant de la même époque, garde presque tout son parfum et presque toute sa fraîcheur. Ensuite, du moment qu'Alexandre Dumas s'est mis à raconter, le magicien a changé de baguette. Le conteur a tout pris et n'a plus rien laissé à l'auteur dramatique. Je me trompe : il lui a laissé le soin de rajuster ses récits en drames, c'est-à-dire de les gâter.

Il ne m'est pas prouvé que *les Mousquetaires* ne soient pas aussi immortels que *Gil Blas* et que *le Comte de Monte-Cristo* ne soit pas de taille à faire concurrence aux *Mille et une Nuits*. Dramatisés, mis en pièces, ces merveilleux écrits se déclassent et n'ont plus rien à démêler avec la littérature.

Quant aux trois maréchaux de l'Empire dramatique — Émile Augier, Alexandre Dumas fils et Victorien Sardou — à Dieu ne plaise que je conteste leur talent et que je chicane leurs succès ! Je serais bien ingrat; car je leur dois de charmantes ou émouvantes soirées, dont le souvenir rajeunit ma vieillesse et peuple ma solitude. Pourtant, si nous exceptons *le Demi-Monde* et *le Gendre de M. Poirier*, il n'y a rien, dans leur riche bagage, qui puisse soutenir la comparaison avec les meilleurs romans des maîtres du genre. Ceux-ci ont pour eux la qualité et la quantité. Plus vous généraliserez la question, plus vous devez être de mon avis. Si un étranger, un pessimiste, un détracteur de notre siècle, vous parle de notre décadence littéraire, quels sont les noms qui vous servent à le démentir? Des historiens, des poètes, des romanciers; Chateaubriand, Lamartine, Guizot, Cousin, Balzac, George Sand, Mérimée, Jules Sandeau, Octave Feuillet; le Victor Hugo des *Feuilles d'Automne* plutôt que de *Marie Tudor;* l'Alfred de Vigny de *Cinq-Mars* plutôt que de *la Maréchale d'Ancre;* le George Sand de *la Mare au Diable* plutôt que des *Vacances de Pandolphe;* le Lamartine de *Jocelyn* plutôt que de *Toussaint-Louverture;* le Balzac d'*Eugénie Grandet* plutôt que des *Ressources de Quinola;* ainsi de suite. Mettons à part Alfred de Musset, dont les jolis Proverbes n'étaient pas destinés à la scène, qui ne s'est plus retrouvé dès qu'il a voulu spécialement écrire pour le théâtre, et qui sera toujours pour nous le poète des *Nuits* plutôt que de *Fantasio* et de *Carmosine*. Remarquez que je n'ai rien dit de Théophile Gautier, qui me donnerait trop raison, de Joseph Autran, qui a spirituellement refusé de donner une sœur à Méganyre, de Laprade, de Brizeux, de Leconte de Lisle, de Th. de Banville et de tout le groupe de nos jeunes poètes.

Maintenant, si vous me demandez à quoi tend ce long préambule, voici ma réponse.

Il y a un an, M. Albert Delpit publia, dans la *Revue des Deux Mondes*, un roman excessivement remarquable, *le Fils de Coralie*. Tout récemment, à onze mois de distance, il a brillamment récidivé à l'aide du *Mariage d'Odette*, récit un peu trop touffu peut-être, mais égal à son aîné. La *Revue des Deux Mondes* — c'est elle qui nous le dit, et ses actionnaires n'ont nulle envie de la contredire — tire à 23,500 exemplaires, ce qui suppose au moins 235,000 lecteurs. *Le Fils de Coralie* publié en un volume, n'eut pas moins de succès sous cette nouvelle forme ; *le Mariage d'Odette* en aura tout autant. S'il m'était permis de copier une formule de Royer-Collard, je dirais à propos du premier de ces deux romans : « Je ne sais pas, mais j'affirme qu'il est supérieur à la pièce. » — Pour rencontrer quelque chose de pareil, il faut remonter aux débuts de George Sand, à *Indiana* et à *Valentine*, publiées dans la même année. Eh bien, il y a eu encore des critiques du lundi, des *reporters*, des boulevardiers, des moutons de Panurge, des monomanes de théâtre et de coulisses, qui ont eu le courage d'écrire, à propos de l'éclatant succès du Gymnase, la phrase traditionnelle : « Inconnu la veille, ce nom est aujourd'hui dans toutes les bouches, etc., etc... » et même cet excellent Francisque Sarcey s'écrie avec autant d'enthousiasme que s'il avait rencontré sur le boulevard Bonne-Nouvelle un scandale clérical, un prêtre défroqué, un *Frère ignorantin* en goguette ou un religieux en rupture de cellule : « La belle chose que le théâtre ! »

Non ! — Le critique du *Temps* prend mal le sien pour pousser ce cri d'allégresse ; car, si je suis bien informé, *le Fils de Coralie*, tour à tour récit et drame, est un nouvel argument à l'appui de ma thèse ; la supériorité du roman sur le théâtre.

Si j'essaye ici un semblant d'analyse, c'est uniquement à titre de comparaison, et en me bornant à quelques détails.

Il y a dans le récit deux personnages épisodiques, qui, me dit-on, n'ont produit que peu d'effet dans la pièce ; Claude Morisseau, l'artiste impressionniste, incompris, *raté*, et d'autant plus hâbleur ; et Césarine Godefroy, la tante, vieille fille gaie, spirituelle, romanesque, lectrice et admiratrice d'*Ipsiboé* et du vicomte d'Arlincourt. Dans le livre, les deux rôles sont charmants, et nul ne songe à les traiter de parasites. Le faux artiste, forcé de revenir dans sa province faute d'avoir réussi à Paris, essayant d'éblouir les bourgeois et visant entre deux paradoxes le cœur et la dot d'Édith Godefroy, était nécessaire pour mieux faire ressortir le noble caractère, la passion désintéressée, les exquises délicatesses de Daniel. Césarine, éprise des fictions les plus insensées du roman chevaleresque et du romantisme de 1820, nous offre la note sentimentale, un peu chimérique, dont on ne pouvait se passer pour accepter le dénouement.

Ce dénouement, j'en conviens, soulève des objections et ne satisfait qu'à demi les spectateurs de la pièce ; en est-il de même du lecteur, que le romancier a très habilement préparé ? Je ne puis parler que de mon impression personnelle. Je ne me crois ni grossier, ni immoral, ni trop enclin à glorifier les sophismes de la passion. Pourtant, lorsque d'Édith, pure comme une hermine, entourée d'un groupe curieux et malveillant, s'écrie : « Ne vous hâtez pas d'annoncer que je n'épouse plus le capitaine Daniel. Un mariage entre moi et lui est nécessaire... il est mon amant ! » — loin de protester contre ce coup d'État de l'amour vrai, je l'ai salué comme la seule solution possible. C'est une folie, soit ! Personne ne peut y croire, d'accord ! Voilà l'honneur de Daniel placé dans une situation bien fausse, dans une alternative bien scabreuse, en face d'un avenir énigmatique où il aura peut-être à dégainer contre les calomniateurs et les mauvais plaisants ; je l'avoue ; mais ces inconvénients ne sont visibles et choquants qu'au théâtre, où la nécessité d'aller droit au but et de traduire en abréviations le *semper ad eventum festina* supprime l'analyse, les préparations, les intermédiaires, oblige l'auteur à ne nous montrer les caractères que par le dehors, par la sensation du moment, par leur contact direct avec le public, par leur effet immédiat sur les péripéties du drame. A la lecture, rien de pareil. Le roman ne craint pas les gradations et les lenteurs ; il insinue, il infiltre dans notre esprit, par une série de nuances, ce que le théâtre impose d'un jet et d'un bloc, quitte à se briser en morceaux, s'il rencontre une résistance. Avant d'arriver à ce cri suprême d'Édith, nous avions, après un long interrègne, renoué connaissance avec ce magnifique langage de la passion que nos conteurs naturalistes trouvent commode de remplacer par des tartines descriptives, des dessins à la loupe, des successions de tableaux étrangers à l'action ; — que dis-je ! destinés à suppléer l'action, dont les maîtres du genre ne veulent plus. Nous savions que Daniel et Edith sont, non seulement faits l'un pour l'autre, mais nécessaires l'un à l'autre, que leurs cœurs battent à l'unisson, que leurs âmes planent sur les questions d'argent comme les alcyons sur l'écume de la plage, comme les aigles sur les marécages de la plaine. Albert Delpit nous avait initiés aux souffrances, au désespoir de Daniel, apprenant qu'il est le fils d'une courtisane, dans une page qui *ferait longueur* au théâtre, mais dont l'accent pathétique nous dispose d'avance à absoudre toutes les audaces : « Où allait-il ? Il ne savait. Devant sa mère, il s'était contenu. Le noble pardon tombé de ses lèvres ne pesait pas à sa conscience. Il ne regrettait pas d'avoir été bon et généreux ; mais en lui-même une honte douloureuse s'éveillait. Toute sa vie était brisée ; il n'épousait plus Édith, il avait pour mère une Coralie, une fille perdue ! etc., etc... » — Et, après cette crise poignante, tout intérieure, un coin de paysage, au coucher du soleil, une esquisse finement touchée, qui nous repose, et qui rend à Daniel assez de calme pour réfléchir, pour rentrer en possession de sa force morale ; car c'est là encore un des nombreux avantages du roman. Il peut se faire paysagiste avec sécurité, pourvu qu'il observe la proportion, souvent dépassée par la nouvelle école, entre la description et le récit ; paysagiste avec une intensité, une vérité, une harmonie de tons, que les plus beaux décors n'égaleront jamais ; faculté précieuse qui lui permet d'expliquer, de préparer et de rendre vraisemblables les sentiments de ses personnages à l'aide des objets qui les entourent et dont ils subissent à leur insu l'influence. Qui de nous, en jetant en arrière un regard sur les dates mémorables de sa vie — joies, tristesses, deuils, espérances, déceptions, ivresses, enchantements, coups de foudre — ne les retrouve intimement liées à un site de son pays natal, à quelque pittoresque découverte d'une journée de voyage, à la silhouette d'une montagne se découpant sur l'azur du ciel, à un rideau de peupliers baignant leurs racines dans un étang, à un effet de lumière dans un pli de colline ? N'est-ce pas là ce qui rend, en dépit des plus riches indemnités, l'expropriation si cruelle ? N'est-ce pas ce qui faisait récemment de la chute d'un vieux saule et d'un vieil ormeau, confidents de mon adolescence, sacrifiés à l'inexorable *tracé* d'un chemin de fer, une des douleurs de mon hiver et de ma vieillesse ?

C'est pourquoi la scène finale du *Fils de Coralie*, l'héroïque mensonge d'Édith, la résistance et la capitulation de Daniel se résignant à être heureux, l'intervention amicale de l'excellent notaire, la noble attitude et le généreux langage de M. de Bruniquel, rival malheureux de Daniel, tout ce dénouement qui, m'écrit-on, a failli compromettre le très grand succès de la pièce, est une des beautés du roman. Le lecteur, endoctriné peu à peu, persuadé, ému, acclimaté à cette atmosphère de passion, arrivé graduellement à partager les angoisses des deux héros, jeté hors des voies ordinaires, espérant de l'imprévu, ne voudrait pas d'une solution différente, et notre assentiment devient une sympathie profonde, lorsque Bruniquel conclut en ces termes :

— « Dans trois jours, madame Dubois (Coralie) sera dans un couvent terrible. La fiancée a racheté la mère, la mère expiera pour la courtisane.

— Au couvent !... au couvent !... grommela M. Godefroy.

— Mais oui, monsieur, acheva le gentilhomme avec

un sourire un peu triste ; les femmes du monde auraient fermé leur porte à Coralie. Le bon Dieu est moins difficile ; il lui ouvrira la sienne ! »

Le bon Dieu ! il purifiera Coralie. Il sauve et sanctifie Germaine, sœur de la malheureuse et coupable Odette. Si M. Albert Delpit, à qui les séductions ne vont pas manquer, se décide à transporter au théâtre son nouveau roman, — le Mariage d'Odette, — il aura quelques précautions à prendre ; car la donnée est d'une hardiesse alarmante. M. Laviguerie, membre de l'Institut, savant illustre, de l'école de MM. Charles Robin et Paul Bert, s'est marié deux fois ; il a eu deux filles, Germaine et Odette. Des raisons physiologiques, que je voudrais pouvoir supprimer, l'amènent à se méfier de l'avenir de sa fille aînée. Il l'envoie en Italie chez une tante dévote, et bientôt Odette, née de son second mariage, devient son enfant de prédilection, presque sa fille unique. Pour mieux prouver son amour paternel, il a soin de ne pas la faire baptiser, de l'élever en libre penseuse, et Odette répond admirablement à cette éducation négative. Elle s'honore de ne pas croire en Dieu, ne met jamais le pied dans une église, se moque des superstitions chrétiennes, est sûre de ne pas avoir d'âme, et à peu près certaine de ne pas avoir de cœur. MM. Camille Sée et Jules Ferry se pâmeraient d'aise à la vue de ce merveilleux produit scientifique. Patience !

Odette, délicieusement jolie, comblée de tous les dons

des bonnes fées, qui ne sont pas des anges, est d'abord soutenue par son orgueil, le plus traître des alliés de la femme incrédule. Elle est ardemment aimée et recherchée en mariage par Paul Frager, nature d'élite, esprit sérieux, conscience loyale. Elle le repousse, elle annonce son intention de ne pas se marier. Pourquoi ? Par excès de fierté, de froideur, de dédain pour la race des arrière-petits-fils des singes? Il y a bien un peu de tout cela, mais il y a aussi autre chose. Ici s'établit une sorte de partie carrée, peut-être un peu symétrique, un peu compliquée, mais terrible, dramatique, émouvante, fertile en effets irrésistibles.

Éliane, mère de Paul Frager, mariée à quinze ans, mère à seize, veuve avant de toucher à la seconde jeunesse, s'est remariée par amour. Elle a épousé avec une confiance assez mal justifiée Claude Sirvin, jeune peintre déjà célèbre, également accrédité dans les boudoirs, dans les ateliers et à l'hôtel des ventes, passionné, fiévreux, désordonné, fantasque, superbe, habitué à tous les genres de succès, sincèrement épris — mais à sa manière — de l'honnête et charmante Éliane, qui se flatte de le fixer. Il l'aime *mieux* qu'il n'a jamais aimé. Pourtant, ce *mieux* devient l'ennemi du bien, lorsque, séparé de sa femme pour quelques semaines, il rencontre aux bains de mer Odette, marchant dans sa force et dans sa liberté, la fière Odette, dont l'originale beauté le foudroie, le subjugue, l'enivre, et lui ferait oublier tous ses devoirs, s'il n'était brusquement rappelé par un télégramme. La jeune fille a partagé sa passion insensée. Rien ne la protège ; son athéisme et son orgueil seraient volontiers les complices ou les complaisants de sa chute, et, si elle est sortie à peu près intacte de cette première épreuve, elle n'a dû son salut qu'au départ de Claude. C'est là son secret, l'explication de son refus, lorsque Paul Frager a demandé sa main.

Paul a été désolé du second mariage de sa mère, et a cessé de la voir pendant quelque temps. Mais Claude, type de ces héros contemporains qui pratiquent le superflu et négligent le nécessaire, triomphe de ses rancunes et le ramène à Éliane, en lui abandonnant trois cent mille francs, prélevés sur ses énormes bénéfices d'artiste à la mode. Voilà Paul aussi riche que celle qu'il aime; plus de difficulté de ce côté-là. D'autre part, Odette, découvrant la vraie situation de Claude, voulant ou croyant s'assurer un refuge contre les séductions du don Juan de la palette et contre sa propre faiblesse, revient sur son refus; elle s'ordonne d'aimer Paul pour échapper à Claude; elle a dit *non*, elle dit *oui*. Le mariage a lieu ; civil très probablement, et, dans tous les cas, gros de catastrophes et d'orages; *le Mariage d'Odette!*

Vous voyez d'ici les quatre personnages, parfaitement posés par M. Albert Delpit. Éliane, une création qui lui fait le plus grand honneur; tendre, loyale, dévouée, courageuse, aimant son mari assez profondément pour beaucoup souffrir et beaucoup pardonner; Paul, digne fils de sa mère, confiant, généreux, résigné à être moins aimé qu'il n'aime, ne croyant au mal que lorsque le doute est impossible, et d'autant plus désespéré qu'il a eu plus de confiance; Claude Sirvin, merveilleusement doué, mais absolument dénué de sens moral; ne connaissant d'autre loi que sa volonté et sa passion, prêt à tout plutôt que de renoncer à cette ivresse, à ce vertige, qui domine sa sincère affection pour Éliane; Odette enfin, enveloppée dans cette atmosphère de feu, pervertie avant d'être coupable, désarmée d'avance contre le péril, n'ayant pu réussir ni à aimer Paul, ni à se désenchanter de Claude; n'opposant à une tentation permanente que tout juste ce qu'il faut pour faciliter le triomphe du tentateur.

Le dénouement, vous le devinez. Mais ce qui est vraiment admirable, c'est le parti que l'auteur a tiré de ces quatre caractères, continuellement en présence. C'est surtout la scène où Eliane s'élève au sublime, où, témoin invisible de la criminelle intimité d'Odette et de Claude, de son mari et de la femme de son fils, également déchirée dans sa tendresse conjugale et dans son amour maternel, saisie d'horreur, d'épouvante et de honte, elle cache sa double blessure, afin de prolonger l'illusion de Paul et de détourner de cette maison maudite l'ignominie et le scandale. Je m'arrête; je vous laisse la surprise de ces pages entraînantes et passionnées où une émotion vraie obtient facilement grâce pour quelques touches un peu violentes, pour les végétations un peu touffues dont je vous parlais en commençant. Heureux défaut ! *Felix culpa!* On coupe une branche par-ci, on émonde une tige par-là, et vous n'avez plus qu'à vous promener dans ces belles allées, pleines de fraîcheur, de verdure, de gazouillement, de méandres et de mystère.

Je m'arrête; mais ce ne sera pas sans avoir insisté sur le contraste auquel j'attache plus de prix qu'à tout le reste, et qui nous permet de réclamer comme *nôtre* l'heureux auteur du *Fils de Coralie* et du *Mariage d'Odette*. Tandis que la libre penseuse passait par tous les degrés de la faute, de l'adultère, du mensonge, de l'inceste et, finalement, de l'amour vénal, qu'est devenue sa sœur Germaine, la dévote? une sainte, une bienfaitrice, un ange d'abnégation et de charité. Germaine a déjoué les fâcheux pronostics de M. Laviguerie, qui, d'après les calculs de sa science, s'était effrayé pour l'avenir de sa fille. L'âme a triomphé des prédispositions maladives et dangereuses. La foi, la piété, la prière, l'esprit de sacrifice, l'image du divin Sauveur, ont veillé sur cette tête virginale. Longtemps avant le mariage de Paul Frager, Germaine l'avait aimé, et nul n'en a rien su. Elle s'est vouée à son vieux père, qui lui préférait Odette; elle a adopté une orpheline sans asile et sans pain. A la dernière page, elle achève d'être parfaite, et Odette achève d'être perdue. Quelle leçon pour les Laviguerie de l'Institut, du ministère, du Sénat, de la Chambre — et d'ailleurs!

Un dernier mot, un de ces souvenirs personnels dont j'aime, vous le savez, à entremêler ces *Causeries*. Le 16 avril 1873, l'Odéon jouait un drame intitulé *le Petit Marquis*. J'étais dans la loge de la *Gazette de France* avec mon ami Frédéric Béchard. La pièce marchait mal; il y avait de l'orage dans l'air, des sourcils froncés à l'orchestre, et de la houle au parterre. Sarcey n'était pas content. Tout à coup, à une scène trop risquée, nous entendons au-dessus de nous, au balcon, quelque chose comme le bruit d'une altercation véhémente. On s'informe pendant l'entr'acte; nous apprenons qu'un jeune poète, ami de l'auteur, agacé par les murmures et les *oh! oh!* de son voisin de stalle, l'a vivement apostrophé, et qu'on doit se battre le lendemain. Mais quelle ne fut pas notre inquiétude, quand nous sûmes que ce voisin était M. de B..., une des meilleures lames de Paris! Heureusement il était aussi un parfait *gentleman*, un homme d'esprit et de cœur. Il n'usa de sa supériorité que pour blesser son adversaire aussi légèrement que possible, et les choses se passèrent de la façon la plus chevaleresque. Aujourd'hui, s'il a vu la pièce du Gymnase et lu les deux beaux romans de M. Albert Delpit, M. de B... doit se dire : « Décidément, j'ai bien fait de ne pas tuer ce jeune homme... C'eût été dommage !... »

XIII

M. ALPHONSE KARR [1]

8 février 1880.

Peut-être vous étonnerez-vous de me voir revenir si vite à cet ouvrage dont le second et le troisième volume ont paru presque coup sur coup. J'ai pour celà autant de vives raisons que le docteur Pancrace pour affirmer qu'il faut dire la figure d'un chapeau. D'abord, une certaine analogie, non pas, hélas! de talent, mais de situation; je ne sais quel instinct de désistement, de renoncement, qui nous a poussés tous les deux, Alphonse Karr et moi, à devancer l'heure de la retraite, à quitter le champ de bataille sans nous désintéresser de la lutte, à choisir une position intermédiaire entre la littérature

---

1 *Le Livre de Bord.* (2e et 3e volume.)

militante et le repos absolu, à nous faire, lui, jardinier de Saint-Raphaël, moi, paysan du Rhône, pour échapper au chagrin d'assister de trop près au départ de nos contemporains et à l'arrivée de nos remplaçants. Puis, la conviction que l'histoire littéraire, surtout avec l'accent personnel et familier des *Mémoires*, devient, à la longue, la partie la plus essentielle et la plus définitive de la critique, parce que la critique se trompe souvent et que le temps ne se trompe jamais; puis encore, le mélancolique plaisir de contrôler les souvenirs de l'auteur d'après les miens, de reconnaître dans les pages de ce *Livre de Bord* des noms qui me rappellent une date, un épisode, un enthousiasme, un mécompte, une égratignure, un éclat de rire, un regret; des *passagers* (le mot n'est que trop juste) que j'ai connus, salués, heurtés, loués, blâmés, estimés, méprisés, chicanés, redoutés, aimés, haïs, toisés, plaints, enviés, évités et finalement oubliés. Par-dessus tout, une leçon de philosophie pratique et d'humilité chrétienne; une variante du mot légendaire : « Voilà pourtant comme je serai dimanche! » un témoignage de ce néant dont parle Bossuet; une preuve qu'il suffit de la fuite d'une trentaine d'années pour que des gens qui firent du bruit soient réduits éternellement au silence, pour que des œuvres qui semblaient vivaces se confondent avec les feuilles mortes et les neiges d'antan, pour que des voix qui occupaient la renommée ne rencontrent plus même un écho, pour que l'oubli, ce grand niveleur, égalise sous un même linceul succès, revers, favoris et disgraciés, connus et inconnus, célébrités en deçà de 1840, obscurités au delà. En lisant les trois volumes d'Alphonse Karr, il ne m'a été que trop facile de faire trois catégories parmi les innombrables personnages qui passent, vont, reviennent, disparaissent, essayent de revivre ou achèvent de mourir dans son livre. La première, un tout petit groupe, cinq ou six noms tout au plus; ceux qui, au moyen d'un énorme triage, sont à peu près sûrs de ne pas périr tout entiers; la seconde, un peu plus considérable, ceux qui font halte au bord du fleuve Léthé ou qui, entrés déjà et entraînés, n'en ont encore que jusqu'à la ceinture; la dernière enfin, l'immense majorité, ceux qui en ont par-dessus la tête et qui ne surnageront plus. Et remarquez que je m'en tiens cette fois à la littérature. Que serait-ce, si je parlais politique?

Ces *Souvenirs* d'Alphonse Karr, quoique moins piquants que les dards de Mammone, de Moloch, d'Azazel, de Belliad et d'Astarté, ses terribles *Guêpes*, sont d'autant plus précieux, que l'histoire contemporaine, l'*actualité*, écrite au jour le jour, est souvent inexacte. Je n'en citerai qu'un exemple. M. Alexandre Dumas fils, que j'aimerais mieux voir entre Émile Augier et Victorien Sardou, ou mieux encore devant le comité du Théâtre-Français, lisant une comédie nouvelle, que choisissant pour pupitre le dos de M. Naquet, va être, pendant cette quinzaine, grâce à son livre sur *le Divorce*, bruyamment tambouriné,

le *lion* du boulevard et de la Librairie nouvelle, le rival heureux de l'article 7. M. Dumas fils figure d'une façon bien honorable et bien touchante aux dernières pages du *Livre de Bord*. Nous sommes en décembre 1870 (et non pas en 1871, cher et spirituel pilote !) Le grand Alexandre, le Père Prodigue, vient de s'éteindre chez son fils, à Puys, sur une plage de l'Océan, après quelques mois de somnolence intellectuelle qui lui ont permis d'ignorer les malheurs de la France. Son fils fait part de sa mort à Alphonse Karr en quelques lignes émues, émouvantes, pleines de religieuse et respectueuse tendresse. Eh bien, remontons de cette heure funèbre, néfaste, couverte d'un triple voile de deuil, qui fit dire à George Sand : « Celui qui personnifia le génie de la vie ne pouvait vivre quand tout meurt ! » remontons aux belles et radieuses années de travail, de prodiges, de vogue, de désordre, d'ivresses, de millions... et de dettes, où le fils était encore presque aussi jeune que son père ; 1852 ! L'hiver de *la Dame aux Camélias !* L'autre jour, un des nombreux amis (trop nombreux peut-être !) de l'auteur du *Demi-Monde*, nous racontait, dans *le Figaro*, quelques traits caractéristiques de ce moment de transition :
— « M. Alexandre Dumas fils écrivait *la Dame aux Camélias*, nous disait-il, parce qu'il n'avait pas le sou, et qu'on allait le mettre en prison pour dettes ! Le lendemain de la première représentation, on vint l'arrêter *trois fois*, — et trois fois — le ministre de l'intérieur signa l'ordre

dé sa délivrance. Sans l'intervention de ce ministre, que M. Dumas ne connaissait pas, cette jeune gloire couchait à Clichy ! »

Comme la réalité est plus amusante, plus originale et plus vraisemblable, quoique vraie! La voici telle que je la tiens de M. Dumas lui-même, et tant pis, si l'enchanteur s'est amusé à mes dépens! S'il écrivit *la Dame aux Camélias*, ce n'est pas absolument parce qu'il n'avait pas le sou, mais parce que son moment était venu, parce qu'il avait connu la triste héroïne, parce que le sujet l'avait ému avant de l'inspirer, et plût à Dieu qu'il n'en eût jamais cherché d'autres hors de ses attributions, de son milieu, de son domaine, de son éducation, de ses origines, de ses aptitudes, de sa vocation primitive et véritable ! Sa pièce eut un succès foudroyant. Or ses créanciers étaient trop Parisiens pour faire des frais de poursuites contre l'auteur d'un ouvrage qui allait rapporter cent mille francs. Ce n'est donc pas *le lendemain*, mais *la veille* de la première représentation, que les gardes du commerce s'acharnaient aux trousses de l'insaisissable débiteur. Il leur échappait, grâce à la complaisance d'une amie de son père, principale locataire d'une maison que je crois connaître — rue de Luxembourg, 25 — et où Balzac avait logé madame de Bargeton. Elle avait consenti à lui donner une chambre dans les combles, sans l'inscrire sur ses registres, et, cette fois du moins, on pouvait dire, dans un sens meilleur qu'aujour-

d'hui, que l'esprit français se réfugiait dans les *combles*.
Les persécuteurs du jeune Dumas étaient sur sa piste.
Ils le voient rentrer dans la maison. Les voilà sûrs de
le pincer. Ils emboîtent le pas derrière lui. Leur chef le
suit, monte l'escalier ; il entend une porte qui s'ouvre à
l'étage au-dessus, s'élance en trois enjambées, se glisse
par la porte entr'ouverte, et empoigne un monsieur, qui
habitait le grand appartement. C'était... un des messieurs Pastré, de Marseille ; comme qui dirait les Rothschild des Bouches-du-Rhône ! Pendant ce temps, Dumas
s'était spirituellement dérobé par un escalier qui ne l'était pas moins. Légitime courroux du millionnaire marseillais ; vives excuses ; confusion des huissiers qui promettent qu'ils ne le feront plus. Six mois après l'auteur
de *la Dame aux Camélias* n'avait plus un sou... de dettes,
et maintenant il possède la belle fortune que vous savez,
vaillamment gagnée !

Le Livre de Bord contient bon nombre de ces anecdotes qui raniment pour un instant les traits estompés par
la mort et le lointain, sinon par l'oubli. Ce que j'y voudrais — voyez comme je suis mauvais ! — c'est un peu
plus de méchanceté. Madame de Girardin, qui occupe
une place d'honneur dans le troisième volume d'Alphonse
Karr, disait de *la Marseillaise de la Paix*, de Lamartine :
« Elle est belle, mais elle est trop bonne ! » — J'en dirais volontiers autant de la mémoire de notre spirituel
écrivain. Elle est fidèle, mais trop débonnaire. S'il était

possible de comparer ses *Guêpes* à des fleurets, je pourrais ajouter qu'il les a trop mouchetés. En somme, sauf quelques rares exceptions, ce n'était là qu'une brillante bohème, depuis Roger de Beauvoir jusqu'à Gérard de Nerval, depuis madame Gay jusqu'à la comtesse Dash, depuis Balzac jusqu'à Méry, depuis Raphaël de Gricourt jusqu'au marquis de Custine, depuis Lassailly jusqu'à Théophile Gautier, depuis Merle jusqu'à madame Dorval, depuis Ajasson de Grandsagne jusqu'à Lireux, depuis Alexandre Dumas père jusqu'à Malitourne, depuis Émile de Girardin, qui a fait faillite à toutes les idées jusqu'à Nestor Roqueplan, qui fit faillite à tous les théâtres ; une bohème, que l'auteur du *Livre de Bord* a traversée — comme la fontaine Aréthuse traversait l'onde amère — sans y laisser un atome de son honneur, de ses fiertés, de ses délicatesses et de son bon sens. Ayant vu de près tous ces acteurs d'une comédie entrecoupée de drames et de mélodrames, il avait le droit de les juger, de dire à leur sujet le mot de la fin, le mot de l'histoire; le réveil de tous ces songes, l'envers de toutes ces médailles, l'expiation de toutes ces folies, la morale de toutes ces fables, l'épilogue de tous ces poèmes, le dernier chapitre de tous ces romans. Quelles réflexions ne suggérerait pas à un esprit tout à la fois observateur, philosophique et satirique cette liste où le suicide, l'aliénation mentale, la chasse à l'écu de cinq francs, l'hôpital, la prison pour dettes, le naufrage dans toutes ses variantes, se sont fait finalement leur grosse part, et où les deux seuls survivants, arrivés triomphalement au port, MM. Émile de de Girardin et Victor Hugo, seraient peut-être les plus fertiles en commentaires, l'un à cause des origines de son immense fortune et des incroyables volte-face de sa politique, l'autre par les aberrations de son génie!

Je me trompe pourtant ; je retrouve tout *mon* Victor Hugo à la page 153 de ce troisième volume. Nous sommes au 22 décembre 1848, douze jours après l'élection du président de la République. Il y a eu deux candidats : l'un, le digne général Cavaignac, le type du républicain honnête, sincère, plein de patriotisme et de bravoure ; l'autre... dont le grand nom promettait un cadet de famille au 18 brumaire. On dîne chez le sculpteur Pradier, celui qui partait « tous les matins pour Athènes et arrivait tous les soirs rue de Bréda ». Ici, je laisse parler Alphonse Karr.

« Il y avait, entre autres convives, Hugo et Cavaignac. Cavaignac venait de descendre du pouvoir avec une noblesse et une simplicité antiques et emportait dans sa retraite l'estime de tout le monde. Hugo seul, emporté par l'ardeur qui distingue les nouveaux convertis, manqua de tact, et — je le vois encore adossé à la cheminée — entama quelque chose comme un chant de triomphe sur le résultat de l'élection. Cette inadvertance jeta un froid ; on se regarda, on se souvint... J'interrompis Victor Hugo :
— «Messieurs et amis, dis-je, une motion! Convenons de

ne pas parler politique... par égard... pour les vainqueurs! »

Le voilà bien tout entier, le royaliste passionné de 1824, le chantre des *Glorieuses* et de la Colonne en 1830, le flatteur des passions d'un parterre démocratique dans ses drames de 1832 et 1833, le courtisan du duc et de la duchesse d'Orléans en 1840, le pair de France de 1843, le réactionnaire de mai et le bonapartiste de décembre 1848, le montagnard de 1850, le prosateur de *Napoléon le Petit*, le poète des *Châtiments*, l'apologiste de la Commune, le pleurnicheur d'amnistie plénière, et une foule d'*et cœtera*; le tout, parce que le futur empereur ne l'avait pas nommé, après le 10 décembre, ministre de l'instruction publique! Ministre de l'instruction publique! Il l'était déjà, il l'est toujours, si l'on consent à entendre par ces mots le personnage le mieux fait pour instruire le public. Peuple! voilà tes idoles! voilà tes amis! Ils sont tous comme celui-là, sauf qu'ils n'ont pas de génie!

A propos de M. Victor Hugo, mais sur un tout autre terrain, j'adresserai à M. Alphonse Karr une petite chicane. Les pages 84 et suivantes pourraient faire croire aux lecteurs peu renseignés que, après un échec contre M. Flourens, le poète fut enfin élu membre de l'Académie française, qu'il y remplaça M. Campenon, le versificateur didactique, de qui on avait dit :

Au fauteuil de Delille on a mis Campenon...
Son talent suffit-il pour qu'il s'y campe ? — Non.

et que M. Saint-Marc Girardin prit la parole avant lui dans la séance de réception, ce qui eût été contraire à toutes les traditions académiques. C'est sans doute un défaut de clarté ou une distraction plutôt qu'une erreur ; mais ce qui l'aggrave, c'est la table de ce chapitre : « — M. HUGO EST ÉLU. SÉANCE DE SA RÉCEPTION. » — Rétablissons les faits. Victor Hugo succéda, à l'Académie, à Népomucène Lemercier, poète très supérieur à Campenon, quoique excessivement inégal. La veille de sa réception, qui excitait une vive curiosité, Royer-Collard dit à un ami : « Vous devriez y venir; on s'attend à de l'imprévu. » — Le discours du récipiendaire, solennel, emphatique, précédé d'un exorde incommensurable, eut fort peu de succès. Ce fut M. de Salvandy qui lui répondit, et il en eut beaucoup plus, ce qui ne signifie pas qu'*Alonzo* soit préférable aux *Feuilles d'automne*. Il continua, aux dépens de M. Hugo, le procédé ingénieux et poliment perfide, inauguré par M. Villemain à l'encontre d'Eugène Scribe, et employé plus tard par M. Molé au grand désespoir d'Alfred de Vigny, qui ne s'en consola jamais ; louanges aigres-douces, filet de vinaigre délayé dans de l'eau bénite d'Académie, compliments au verjus, malices caressantes, gants de velours percés par les griffes, coquetteries félines, aspic sous les fleurs, toutes les nuances du *latet anguis in herbá*. Ce jour-là, M. de Salvandy, gourmé, gommé, amidonné, bouffi, empanaché d'ordinaire, se désenfla, se *désalvandisa*, et daigna même descendre jusques au calembour : « Vous avez fait faire de grands progrès à l'*art scénique*, » dit-il à l'auteur du dénouement arsénical de *Lucrèce Borgia*.

Ce fut deux ou trois ans après cette séance mémorable que M. Victor Hugo, directeur de l'Académie, répondit à M. Saint-Marc Girardin, héritier du fauteuil de Campenon.

J'ai nommé M. Molé; je crois, sans en être sûr, que ce fut lui qui succéda à M. de Quélen, archevêque de Paris. Ici, une jolie anecdote, bien joliment racontée par Alphonse Karr. On avait déjà parlé, pour ce fauteuil, de la candidature de Victor Hugo. Les journaux du soir contenaient une note conçue en ces termes : « Il paraît à peu près certain que c'est Victor Hugo qui succédera à monseigneur l'archevêque de Paris. » — Cette phrase tomba par hasard sous les yeux de mademoiselle Dupont, l'ancienne soubrette de la Comédie-Française... « Par exemple, voilà qui est trop fort ! dit-elle à ses camarades ; je vous annonce une drôle de nouvelle ! Certes, Victor Hugo a du talent, je ne dis pas le contraire ; mais c'est égal, je n'aurais jamais cru cela... Ne voilà-t-il pas Victor Hugo qui va être nommé archevêque de Paris !... »

Chacun de ces intéressants chapitres amènerait aisément sous ma plume une digression, un portrait, une histoire, une fantaisie, un souvenir personnel si étroitement lié à ceux d'Alphonse Karr, que je risquerais de les confondre. La galerie est vaste ; les figures nombreuses et variées appellent à la fois et défient l'analyse. Balzac par exemple, Balzac qu'Alphonse Karr a si bien connu ! Quel dédale que ce génie ! quelle chaudière que ce cerveau ! quel chaos dans cette imagination sans contrepoids et sans correctif, occupée sans cesse à transporter ses fictions dans la vie réelle et ses rêves dans ses fictions ! clairvoyante au point de distinguer un atome dans le monde extérieur ou invisible ; myope au point de se heurter continuellement contre l'impossible. Halluciné ou noctambule, vivant dans un songe perpétuel où il semble qu'il ne devrait rencontrer que des fantômes et des ombres; — et se réveillant pour multiplier des créations d'un relief, d'une vie, d'une réalité extraordinaires. Il y a de tout chez Balzac : de quoi meubler un palais de fées ou enrichir un magasin de bric-à-brac. Il touche du front à Swedenborg et du ventre à Gargantua. Il est tour à tour mystique et sensuel, subtil et grossier, raffiné et brutal, assez insinuant pour régler la casuistique féminine, assez rude pour fouiller une conscience de bandit, assez libertin pour inventer des sous-entendus plus indécents que l'indécence et plus vicieux que le vice ; assez rusé pour que d'honnêtes femmes lui fassent leurs confidences, écoutent les siennes, l'admettent dans leur bibliothèque et deviennent deux fois filles d'Ève pour faire bon ménage avec lui. Il est inépuisable, indescriptible et insaisissable. On croit le tenir, et il vous échappe ; on croit le peindre, et il se trouve que le trait que l'on a omis était le plus essentiel. Comme le personnage de la Fable antique, il vous esquive incessamment et vous déjoue de ses métamorphoses. D'un roman à l'autre, d'une page à l'autre, on découvre en lui tous les contrastes : le grand seigneur, le juge d'instruction, le *détective*, le commissaire-priseur, le juif, le magicien, le dupeur, la dupe, le Parisien, le croyant, le sceptique, le catholique, le séraphique, l'absolutiste, le radical, le Tourangeau, le gourmet, le glouton, le délicat, le satyre, le calculateur, le positif et le visionnaire.

Une des figures qui m'attirent le plus dans ce défilé des hôtes du *Livre de Bord*, c'est celle de Gérard de Nerval. Elle résume, avec beaucoup de talent, la vie littéraire de toute une classe d'écrivains et de poètes, dans ce qu'elle a de fantaisiste et souvent de tragique. Je l'ai à peine entrevu, ce Gérard, dans les bureaux et dans le salon de la *Revue des Deux Mondes*. Je gardai de notre rencontre une impression sympathique, et comme un douloureux pressentiment. Il avait su conserver une physionomie originale, tout en se résignant à être la *lune* de Théophile Gautier. Sa causerie était fine, mais intermittente, singulière, entremêlée de regards craintifs et de silences inquiets. Il avait l'air étonné d'être là, en face d'un interlocuteur sérieux, et peut-être n'en était-il pas bien sûr. On l'eût dit parfois absent de lui-même; ses paroles à cent lieues de ses pensées, et ses pensées voyageant dans l'espace ! On sait comment il finit : « En

1855, Gérard, dont les idées s'étaient encore une fois troublées, fut trouvé un matin pendu à la porte d'un bouge de la rue de la Lanterne. »

Presque oublié aujourd'hui, Gérard de Nerval n'en a pas moins écrit des pages charmantes, notamment sur l'Orient, et sur Restif de la Bretonne ; un nom qui devrait faire réfléchir M. Zola.

Reposons-nous de ces sinistres images dans une aimable compagnie, celle de M. Émile Deschamps. Aimable ! il l'était trop, et cette imperturbable amabilité nuisit à sa littérature. Romantique de la première heure, membre influent de la *Pléiade* et du *Cénacle*, il n'avait pourtant pas le tempérament révolutionnaire. Il manqua son moment pour l'Académie, où il aurait pu entrer à la suite de Sainte-Beuve et d'Alfred de Vigny, qu'il avait aidé à traduire *le More de Venise* et *Roméo et Juliette*. Ce fut Émile Deschamps qui, de concert avec Meyerbeer et Adolphe Nourrit, refondit le quatrième acte des *Huguenots* et le mit, comme disent les sculpteurs, au *point*, de façon que le compositeur n'eut qu'à y mettre le feu pour éclairer et enflammer l'opéra tout entier. Mais, encore une fois, il était trop aimable ! Un jour que j'avais manqué de respect aux autodafés, Louis Veuillot — à qui je ne garderai jamais rancune — déclara que j'étais un homme aimable, et, ce jour-là, je sentis que je restais sur le carreau. C'est que ce mot gracieux a bien des perfidies. C'est le sourire d'une jolie femme qui refuse de prendre son adorateur au sérieux; la grimace d'un affamé à qui l'on offre un sac de bonbons au lieu d'un filet de bœuf; l'agacement nerveux du Napolitain demandant un nuage à l'implacable azur de son ciel. L'urbanité, l'exquise douceur, l'universelle bienveillance d'Émile Deschamps étaient proverbiales. Lorsqu'il entendait une lecture, il l'interrompait, de temps à autre, par un *Charmant! charmant!* qu'il prononçait *Châmant!* à la façon des *incroyables* du Directoire, et comme pour l'adoucir encore. Ses éloges, à force d'être prodigués, perdaient tout leur prix; ses câlineries, en s'exagérant, devenaient banales. On était si sûr de son suffrage, que l'on cessait de compter avec lui. C'est ainsi qu'il s'effaça peu à peu de l'Olympe poétique, qu'il passa graduellement de la littérature de combat à la littérature de cérémonial et de compliment. Après avoir débuté parmi les aigles et les orfraies du romantisme, il prit sa retraite parmi les colombes des couvents et des pensionnats. Il lisait des vers — et souvent de très *aimables* vers — aux distributions et aux fêtes des maisons d'éducation. Il avait commencé en factieux; il finissait en bénisseur. Le chaste auditoire qui l'applaudissait dans les derniers temps, ne se doutait pas que ce Coislin, ce Vert-Vert de la poésie pralinée avait un gros péché sur la conscience. Doué d'une facilité merveilleuse, à la fin d'un joyeux souper, poussé à bout et piqué au jeu par une gageure, Émile Deschamps avait parié — et il gagna son pari — qu'il improviserait un poème, parfaitement fidèle aux lois de la langue française, de la prosodie et des bienséances, où il raconterait la mésaventure de deux amants qui s'étaient donné rendez-vous dans des lieux où l'on préfère généralement être seul... Nana et M. Margue vous diront le reste.

Alphonse Karr cite quelques *charades*, quelques *énigmes*, quelques *logogriphes* d'Émile Deschamps, dernière manière. On les lit avec plaisir ; mais le plus curieux, c'est un quatrain de *bouts rimés*, de Victor Hugo. On lui avait donné les quatre rimes suivantes : SONGE — PIÉ — PLONGE — ESTROPIÉ. Il regarda autour de lui, et vit une femme d'une remarquable beauté. Cinq minutes après, il lui fit passer le papier où il avait rempli les bouts rimés.

> Si Puck, le nain qu'on voit en songe,
> Osait jamais mettre son pié
> Dans le soulier où ton pied blanc se plonge,
> Il en serait estropié.

— *Châmant ! châmant !* aurait dit Émile Deschamps. Mais voyez le guignon ! Cette dame avait des pieds difformes à force d'être énormes. Désolé d'avoir manqué ses deux rimes favorites, M. Hugo se promit de profiter de la leçon. C'est depuis lors qu'il a pris l'habitude de tout voir en gros et en grand, même son génie, son pontificat, sa mission en ce monde, les crimes des réactionnaires, les vertus des amnistiés et le forfait de Décembre.

XIV

M. ALEXANDRE DUMAS FILS[1]

I

15 février 1880.

La mort récente de M. Granier de Cassagnac m'a rappelé bien des souvenirs, plus joyeux que cet éternel Divorce, qui nous met à la question; la fondation du journal *l'Époque;* le luxe, alors inusité, de ses *réclames;* les guêtres gigantesques de ses porteurs; les personnages de ses romans-feuilletons, égayant de leurs pittoresques cavalcades les boulevards du mardi gras; le voyage en Espagne à la suite du duc de Montpensier; ces *posadas* fantaisistes où les spirituels voyageurs faisaient les lits après avoir fait les paillasses; le brillant état-major de M. Dumas père épatant de ses lazzis la

---

1. *La Question du Divorce.*

gravité castillane ; les épisodes tragi-comiques du procès Beauvallon ; l'interrogatoire des témoins, dont voici, au hasard de ma mémoire, quelques curiosités légendaires. L'affaire se jugeait à Rouen.

M. le président, à Alexandre Dumas.

— Votre profession?

— Monsieur le président, je dirais auteur dramatique, si je n'étais dans le pays de Corneille.

Même question à M. Chaboulard.

Réponse : Monsieur le président, je dirais confiseur, si je n'étais dans le pays du sucre de pomme.

Même question à mademoiselle Liévenne, actrice du Palais-Royal.

Réponse : Monsieur le président, je dirais Pucelle, si je n'étais dans le pays où on les brûle.

Le président avec bonté :

— Ne rougissez pas, ma belle enfant ! Contentez-vous de *vos couleurs !*

M. Dumas fils était alors dans tout l'éclat, toute la verve, toute la fraîcheur ou toute la chaleur de ses vingt ans. Au dire des survivants de cette *époque*, on n'a jamais rien vu de comparable à cet entrain, à cette exubérance d'esprit, à ces merveilles de fils prodigue, à ce perpétuel feu d'artifice d'autant plus éblouissant qu'il était plus naturel. Il fut le charme, la joie, la jeunesse, le rayon, l'étincelle, le *gracioso*, l'Ariel et le Benjamin, l'enfant terrible et le Chérubin de cette mémorable caravane, sûre de ne pas manquer de chameaux. Lorsque, pour faire plaisir au Mançanarès, il lui envoyait un verre d'eau, on l'aurait bien étonné si on lui avait prédit que, trente-six ans plus tard, il *éreinterait* Abraham, dirait son fait à saint Augustin, taquinerait les Pères de l'Église, commenterait les conciles, expliquerait en latin ce qu'il n'oserait pas écrire en français, et ferait concurrence aux docteurs en théologie.

Ce sera là ma première objection sérieuse. Étant donné le très grand talent de M. Alexandre Dumas, son éducation primitive, ses dons de naissance, ses débuts, et, pour ainsi dire, son allaitement intellectuel, le préparaient admirablement à écrire *la Dame aux Camélias* et *le Demi-Monde*. Il lui suffisait de regarder autour de lui, de vivre pour observer, d'observer pour peindre, de jeter dans un même moule ses observations et ses sensations. Mais, pour aborder, discuter et résoudre les questions religieuses, philosophiques et sociales, il a eu besoin de s'imposer à lui-même, non sans un laborieux effort, une seconde éducation, tardive, pénible, nécessairement incomplète, en dehors ou en contradiction de ses aptitudes, de ses instincts, du cercle habituel de ses sentiments et de ses pensées. Il s'est dépaysé, et a parlé cette nouvelle langue avec un accent étranger. Il s'inspirait, non plus de ce qu'il avait vu, senti, vécu, mais de ce qu'il avait lu, étudié, appris, *voulu*. Ces deux éducations, superposées plutôt que réunies, n'ont pas encore réussi à se fondre. Au lieu de s'en-

tr'aider, elles se gênent, elles se nuisent, et il en résulte
cet inconvénient, bien inattendu chez un homme de tant
d'esprit. Il a l'air de se croire le premier ou le seul à savoir ce que tout le monde sait, et il n'est jamais plus
superficiel que lorsqu'il vise à être profond. Il y a, dans
quelques-unes de ses comédies, tel trait que n'aurait pas
renié Molière ; il y a, dans ses pages de polémique, telle
phrase dont sourirait un séminariste.

Cet inconvénient, que j'ai indiqué déjà, n'est pas le
seul. Dans sa première manière, sur le théâtre de ses
vrais succès, devant les modèles qu'il faisait poser, avec
les femmes destinées à devenir les héroïnes de ses pièces,
dans ce milieu plus voisin du *Roman comique* que du
faubourg Saint-Germain, et de la bohème que de la Terre
Sainte, M. Dumas était parfaitement à son aise. Il n'avait
à *châtier* son langage que tout juste ce qu'il fallait pour
ne pas horripiler un public, acquis ou conquis d'avance.
Dans le domaine des controverses religieuses et sociales,
c'est différent. Du moment que l'on est indécent, on se
condamne soi-même ; on restreint, on révolte ou on afflige, qui ? justement la classe des lecteurs ou des lectrices que l'on essaye de persuader ; on donne à ses adversaires un premier avantage. Dans ce livre qui me
désole, — *la Question du divorce*, — une partie est peu
croyable ; une autre est beaucoup trop crue. Eh bien, c'est
déjà une prévention défavorable à l'opinion du brillant
écrivain. Si, en plaidant l'alliance de la chasteté du di-

vorce avec la chasteté du mariage, il offense les chastes oreilles, et si ses antagonistes, depuis le vicomte de Bonald jusqu'à l'abbé Vidieu, ont trouvé moyen de défendre la cause contraire sans écrire une syllabe qui puisse troubler les imaginations délicates, la conclusion est facile. Or, nous avons eu, à propos de ce gros in-8°, une petite comédie, et comme un lever de rideau assez piquant. Un journal excessivement répandu, mais qui n'a pu encore parvenir à passer pour rigoriste, a mis son immense publicité au service de l'ouvrage de M. Alexandre Dumas, de manière à lui assurer une vogue préventive. Seulement, pour ménager ses lecteurs, il s'est borné à publier des fragments, et a remplacé les *grandes audaces* par ces alarmantes séries de *plusieurs points* qui sont généralement les points noirs de la pudeur et dont on connaît le rôle dans les romans à sensation :

« — La comtesse, subjuguée, terrifiée, fascinée, chercha des yeux la sonnette ; le misérable avait coupé le cordon ! » . . . .

. . . .

« — Pour protéger Emma contre son séducteur, il aurait fallu que sa mère suppléât son ange gardien. Hélas ! l'infortunée n'avait plus sa mère !!! »

. . . .

Naturellement, les admirateurs bronzés des *Filles de Bronze*, les habitués des *Nouvelles à la main*, se sont dit : « Pour qu'on nous juge incapables de digérer les gros morceaux, il faut, en effet, que ce soit bien gros et bien indigeste; voyons! » Et ils sont allés bien vite *se compléter* dans le volume. N'est-ce pas quelque peu l'histoire de ces *mamans* pleines de confiance dans la sagesse et l'obéissance de leurs filles, qui leur disent en leur donnant un roman : « Tu liras les douze premières pages ; puis tu passeras les pages 13, 14, 15 et 16. Puis, tu reprendras la page 17; ainsi de suite ? » Elles oublient, ces mères confiantes, que leurs filles sont aussi filles d'Ève. Il est vrai que M. Alexandre Dumas ne croit pas à Ève. A quoi croit-il ?

Ceci m'amène à une objection plus grave. *La Question du divorce* n'est pas un livre ordinaire. C'est, à proprement parler, une lettre arrivée à des proportions colossales, et adressée à M. l'abbé Vidieu, un des ecclésiastiques les plus éminents du clergé de Paris. Il y a là une nuance que je signale à l'esprit si fin de M. Alexandre Dumas. Je me figure aisément un prêtre, un religieux, sortant de sa cellule ou de sa sacristie pour réfuter un laïque, le sermonner, l'admonester, lui dire au besoin des vérités dures. Rien dans de pareilles conditions ne peut être offensant. Son caractère sacré lui en donne le droit ; nous sommes sûrs d'avance de l'honnêteté, de la dignité, de la modération, de la chasteté de son langage. Après tout, il ne combat, chez son adversaire, que des passions, des opinions, des variétés de scepticisme, que l'on peut contredire sans froisser les fibres les plus délicates de la conscience et du cœur. En est-il de même en sens inverse ? Je l'avoue, j'ai plus de peine à me représenter un laïque, un auteur profane, ou, comme il se qualifie lui-même, un homme de théâtre, au sortir d'une répétition où il aura indiqué un effet de scène ou de dialogue à mademoiselle Croizette ou à mademoiselle Sarah Bernhardt, essuyant sa plume dramatique, prenant sa plume théologique, et adressant à un prêtre, qu'il nomme en toutes lettres, quatre cents pages, non seulement sur le divorce, mais de *omni re scibili* et de *quibusdam aliis*, non seulement pour discuter une question discutable, mais pour renverser et détruire de fond en comble tout l'enseignement et toute la tradition de l'Église; les dogmes, les mystères, la Bible, l'Évangile, la Genèse, et même le Dictionnaire de l'Académie, puisque désormais nous saurons que ces mots *patriarche*, ménage *patriarcal*, vie ou mœurs *patriarcales*, signifient exactement leurs contraires, et qu'Abraham était un vieux coureur qui regardait Sarah avec des yeux *Agar*.

Les lettres ! Dans une page vraiment exquise de ses *Posthumes et Revenants*, — page que j'ai déjà citée, — M. Cuvillier-Fleury nous disait : « Il est de règle, presque de morale, qu'une lettre privée, si privée qu'elle soit, a deux maîtres : celui qui la reçoit, celui qui l'a écrite. Il y a là une sorte de propriété indivise avec un double privilège d'inviolabilité. » — Ce que l'éminent académicien dit d'une lettre privée, ne peut-on pas le dire d'une lettre tirée à des milliers d'exemplaires? Voilà M. l'abbé Vidieu forcé, bon gré mal gré, de prendre sa part, sa moitié de cet impitoyable écrit, de posséder PAR INDIVIS un ouvrage qui a dû, j'en suis sûr,

> Faire rougir son front, faire pâlir sa joue;

ou plus simplement l'atteindre, le torturer dans toutes les profondeurs de son âme sacerdotale, comme si une voix puissante ou une rude main insultait sa mère. — « L'Église est une mère ! » a dit M. de Montalembert. Elle l'est bien plus pour ceux qu'une vocation spéciale arrache à leur foyer, détache de leur famille, et dont elle déplace les tendresses filiales. Nous avons deux mères; ils n'en ont qu'une, et c'est celle-là, au moment même où elle est menacée, outragée, persécutée, calomniée par le radicalisme triomphant, c'est celle-là qui, dans le livre de M. Dumas, subit tous les contre-coups de ses attaques contre l'indissolubilité du mariage. C'est contre celle-là qu'il retrempe, qu'il aiguise toutes les vieilles armes tant de fois employées, dérouillées et — Dieu merci! ébréchées — depuis Voltaire jusqu'à M. About. En dehors de tout sentiment religieux, ç'a été pour moi une douloureuse surprise de voir cet esprit si robuste, si énergique, si ennemi du convenu, si digne de réagir contre les idées vulgaires, emboîter le pas derrière les encyclopédistes et leurs disciples, et ne nous faire grâce ni de la Saint-Barthélemy, ni des brûlures, ni de l'inquisition, ni des maîtresses royales, pas même de cette pauvre comtesse du Cayla, qui ne s'attendait guère à se trouver en semblable compagnie. M. Dumas est né, je crois, au moment où mourait Louis XVIII. S'il avait été mieux renseigné, il se serait dit, à propos du père de la Charte :

Épargnons ce monarque!... il n'est pas si coupable!

Et les jésuites ? L'heure est-elle bien choisie pour répéter à leur sujet ce que je croyais abandonné par les esprits d'élite — même libres penseurs — aux beaux parleurs de café, aux tribuns de village, aux *loustics* du journal à un sou ? Est-ce bien M. Dumas, le merveilleux réactionnaire de 1871, le talent habillé à la mode de demain, le spirituel parrain de GAMBETTA-GAUDISSART, est-ce bien lui qui, en février 1880, se fait le complice de M. Jules Ferry et de l'article 7, en écrivant ceci :

« Tout le monde ne saurait pas que Pallavicini était un jésuite, qu'on le devinerait à cette étrange manière de défendre l'Église concussionnaire et simoniaque. »

Et ceci :

« L'ordre des jésuites s'est ainsi constitué, et des hommes d'énergie, de persévérance, d'ambition, de brouillard (?) et d'interstices (?), pour ainsi dire, ont mis au service à la fois de l'Église et de ceux qui voudraient rester dans son giron cette morale célèbre que l'œil perçant de Pascal a trouée, que son génie a dévoilée, et qui les a fait chasser peu à peu et tour à tour de tous les pays où ils l'avaient répandue, mais sans jamais pouvoir la détruire, parce qu'elle avait, comme certains insectes, laissé des œufs partout. »

Ces œufs me semblent un peu couvés. Ah! ce n'est pas ainsi que parlait M. de Sacy, le janséniste de race, le janséniste *quand même*, dans son admirable préface des *Lettres provinciales* : « Pascal, s'il revenait au monde, referait-il *les Provinciales* ?... Je suis convaincu que non. Car, je vous en prie, quels auxiliaires aurait-il ? En quelle compagnie se trouverait-il ? N'est-il pas clair qu'à l'heure actuelle, sous le nom des jésuites, c'est l'Église catholique tout entière qu'on attaque, derrière l'Église catholique le christianisme même, et avec le christianisme toute foi en Dieu, toute croyance en l'immortalité de l'âme, c'est-à-dire le principe de tout droit et de toute justice?... » Je m'arrête ; je résiste à l'envie de tout citer. Comme on aspire un autre air! Comme on se sent dans une autre atmosphère ! Et pourtant, cette page paraissait dans le *Journal des Débats*, en 1877, un mois après le 16 mai, à cent lieues de l'article 7, au moment où les jésuites n'étaient ni calomniés ni menacés. — C'est que M. de Sacy était, avant tout et par-dessus tout, chrétien, et, après avoir lu avec une douleur profonde les quatre cents pages de *la Question du Divorce*, nous sommes bien forcés de reconnaître que M. Dumas ne l'est pas.

Il ne l'est pas, et il y a même, dans son livre, des passages où l'on dirait qu'un sentiment de haine, un entraînement de passion, lui fait oublier à la fois le respect dont il ne voulait pas se départir, le caractère de son adversaire et l'horreur que devraient inspirer à une intelligence aussi fortement trempée ces lieux communs, ces *rengaînes* usées et rebattues, qui faisaient dire à Sainte-Beuve : « Je pardonne cette doctrine absolue (de Joseph de Maistre) à un homme nerveux, agacé par la lecture de Dulaure. » Tout y passe, et, s'il n'est pas prouvé que les jésuites aient aiguisé le poignard de Ravaillac, il s'en faut de bien peu !

Non, il n'est pas chrétien. — « Je n'en crois pas un mot ! » dit-il quelque part, et je m'étonne que M. Dumas, doué d'une sagacité merveilleuse, n'ait pas compris qu'il n'en fallait pas davantage pour invalider toute sa thèse. Que s'agissait-il de prouver ? Que le divorce, réclamé par l'opinion, par la morale, par la conscience publique, le divorce, nécessité sociale, n'était pas incompatible avec la tradition chrétienne, et pouvait même se réconcilier avec l'Église. Mais, du moment que vous déclarez ne croire ni à l'ancien ni au nouveau Testament, ni à la Révélation, ni à la divinité de Jésus-Christ, ni à la virginité de sa mère, ni aux mystères, ni aux sacrements, du moment que vous ne ménagez pas même la Bible, si chère à votre ami Luther et à ses disciples, et que, pour mieux défendre votre client, pour mieux accabler vos contradicteurs, vous en arrivez à des citations telles, qu'elles obligent votre pudeur à parler latin, tout est dit;

vous conservez votre incomparable talent (le mot est de M. l'abbé Vidieu); mais vous perdez toute votre autorité dans une polémique contre un prêtre catholique, et vous la perdriez aussi, je le crains, dans une discussion avec un pasteur protestant ou un rabbin juif; car j'aime à penser qu'ils ne sont pas tout à fait de votre avis, au moins sur les patriarches. Placée sur cette table rase, la question du divorce se simplifie. Le divorce ! mais c'est encore trop beau, trop religieux pour une société sans autre religion qu'une froide science, inaccessible aux âmes simples et tout au plus entremêlée de quelques vagues aspirations vers l'inconnu et l'infini. Le divorce a quelque chose à rompre, des griefs à alléguer. Il suppose un sacrement quelconque, sinon indissoluble, du moins rattaché à tout un ordre d'idées et de pratiques religieuses en même temps qu'à un code, à une législation civile. Mais, dans une société foncièrement incrédule, à quoi bon le divorce ? Pourquoi rompre ce qui n'existe pas ? pourquoi s'embarrasser de liens fragiles, illusoires, qui ne représentent ni une croyance sur la terre, ni une espérance dans le ciel ? La promiscuité serait bien préférable. L'amour libre n'a besoin ni du curé ni du maire ; les enfants, au lieu d'avoir à choisir entre leur père et le mari de leur *maman*, seraient à tout le monde. C'est plus simple, plus court, plus net, plus *carré;* le régime de la communauté ramené à son véritable sens !

Je me trompe pourtant, et M. Dumas n'entend pas

écrire pour des athées; il ne supprime pas la religion, il la transforme et la remplace. — « Je n'ai, dit-il, personnellement rien à craindre, ni à espérer de l'Église catholique. Ses promesses ne m'attirent pas plus que ses menaces ne m'épouvantent... Je n'ai pas besoin de guide pour trouver la source qui descend du Sinaï et du Calvaire, de sommets si hauts et si lumineux qu'elle semble, en effet, couler du ciel même. » Suit une page d'un fort beau style, mais à laquelle M. l'abbé Vidieu aurait le droit de répliquer ce que son contradicteur a eu le courage de lui répondre, d'après *Hamlet :* « Des mots! des mots! des mots! » — M. Dumas ajoute :

« Sachez-le, monsieur l'abbé, nombre d'âmes vont ainsi s'abreuver directement à cette source, et ce sont celles-là que vous traitez d'hérétiques et que vous menacez de l'éternelle damnation, parce que vous ne les trouvez pas inscrites sur les registres de la fabrique romaine. Ce sont ces âmes-là qui, traitant sans intermédiaire avec le principe véritablement éternel et immuable des choses (?), en appellent à la loi civile contre la domination, contre l'intolérance, contre les abus et les ruses, non pas de la morale religieuse, mais des formules ecclésiastiques; ce sont ces âmes-là qui veulent être seules les maris de leurs femmes, seules les pères de leurs filles, et qui, quelle que soit l'autorité ou plutôt l'ancienneté des livres qui le consacrent, repoussent ce mystique ménage à trois du mari, de la femme et du prêtre, constituant ce qu'on pourrait appeler l'adultère spirituel. »

Je leur souhaite, à ces belles âmes, que l'extinction de ce mystique ménage à trois les protège contre un autre genre de ménage à trois, célébré par Paul de Kock et par M. Labiche. Je leur souhaite que l'absence de cet adultère spirituel les préserve d'un adultère beaucoup plus bête. Mais, en vérité, je voudrais bien les connaître, ces âmes qui partent en train direct pour le Sinaï et pour le Calvaire, et qui s'abreuvent à la source invisible. Où dois-je les chercher? Dans les bureaux du *XIXe Siècle*, de *la République française*, du *Voltaire* ou du *Rappel?* A Belleville ou au faubourg Saint-Antoine? Sur les boulevards, à l'heure de l'absinthe? A la Bourse, parmi les adorateurs du Veau d'or? Au conseil municipal de Paris? A la chambre des députés, parmi les partisans de M. Gambetta ou de M. Clémenceau? Au Sénat, parmi les électeurs du docteur Broca? Au foyer de l'Opéra? Au Jockey-Club? Au théâtre, les soirs de première représentation? Le mardi gras, à la descente de la Courtille? Dans les cabinets particuliers de Bignon ou du café Anglais? A l'Institut? Parmi les paroissiens de M. Hyacinthe Loyson? Dans les ateliers? Dans les fabriques autres que celles des marguilliers? Aux bals de l'Élysée? Aux réceptions de la Présidence? Au bois de Boulogne, le jour du Grand Prix? Dans les estaminets de province? Dans le cortège des enterrements civils? Aux soirées de madame Edmond Adam? Dans la noblesse, chez le duc de

Sept-Monts? Dans la bourgeoisie, chez M. Prudhomme? Au village, chez Jacques Bonhomme? Lorsque j'entre, un jour de fête, à Saint-Sulpice ou à Notre-Dame, je vois, je devine des âmes qui s'abreuvent aux sources divines, qui vont au Calvaire et au Sinaï par le vrai chemin qui mène au Sinaï et au Calvaire. Mais celles dont vous parlez, encore une fois, où sont-elles? Si elles existent, montrez-moi leurs œuvres! montrez-moi les rivales qu'elles donnent aux sœurs de Saint-Vincent de Paul, aux petites sœurs des pauvres! montrez-moi les émules qu'elles opposent à ces Frères de l'école chrétienne, à ces sublimes *ambulanciers* auxquels rendaient hommage les médecins les moins catholiques, et qui, les pieds dans la neige, sous le feu des Prussiens, allaient ensevelir les morts et secourir les blessés? Où étaient-elles, ces âmes, tandis que Charette, Sonis, Bouillé, Cazenove de Pradine, Vertamont et les zouaves pontificaux affrontaient la mort pour sauver l'honneur de la France? Ah! poète! poète! habitué de fictions, qui croyez poursuivre la vérité! affamé de réalités, qui vous nourrissez de chimères! ce n'est pas votre savoir qui raisonne, ce n'est pas votre raison qui combat; c'est votre imagination qui continue dans le domaine religieux ces créations si saisissantes dans le monde dramatique. Au lieu de vous quereller, laissez-moi vous raconter une petite histoire!

Après la publication des *Paroles d'un Croyant*, il y eut un temps d'arrêt pendant lequel M. de Lamennais ne

voulait pas qu'il fût dit qu'il avait cessé d'être chrétien.
Les ouvriers des diverses imprimeries parisiennes, émerveillés de son livre, allèrent en corps le féliciter avec tout
l'appareil d'une manifestation. L'abbé leur fit un discours,
où il leur affirmait que, s'il s'était séparé de la cour de
Rome, c'était pour être plus près de l'Évangile, du Sinaï
et du Calvaire; qu'il restait toujours prêtre ; qu'il les
suppliait de ne pas faire de leur hommage une attaque
contre la religion dont il demeurait le ministre. Il y eut
un silence; après quoi le plus spirituel de la troupe lui
répondit ce simple mot :

— FARCEUR!!!.....

II

Plus je relis ce livre si affligeant pour les vrais amis de
M. Dumas, moins je m'en explique le fond et surtout la
forme. Encore une fois, il est adressé à un prêtre, à un
prêtre éminent, militant, entouré d'estime, de sympathie
et de respect. Pour qu'il fût explicable, — hélas ! et pardonnable, — il eût fallu que l'auteur — et certes il avait
assez d'esprit pour cela ! — trouvât moyen de défendre,
de réhabiliter, de glorifier son cher divorce sans blesser
l'abbé Vidieu dans des convictions autrement chères,
dans des sentiments autrement sacrés. A tout prendre,

le divorce est moins clairement condamné par l'Église que le suicide et le duel ; et pourtant, qui ne se sentirait, même parmi les plus fervents catholiques, plein d'indulgence et de pitié pour l'homme qui échappe dans la mort au désespoir ou à la honte? Qui oserait blâmer celui qui sous le coup d'un outrage, demande à son épée de sauvegarder son honneur ou de le venger?

C'est dans ce sens, à titre de mal nécessaire, justifié par des circonstances exceptionnelles, que M. Dumas devait plaider la cause du divorce, du moment qu'il choisissait son interlocuteur dans les rangs du clergé. Or qu'est-ce que son livre, si nous le résumons en dehors de son style et de ses grands airs scientifiques ou érudits? Il n'est que rude, cassant, dur, ironique, violent par endroits, et presque cruel. Traduisons-le en langue de gamin de Paris, de rapin d'atelier ou de libre penseur de bas étage : « L'abbé, cessez de nous obséder de vos pieuses sornettes ! Je suis bien bon de suer sang et eau pour vous prouver que l'Église, le catholicisme, le christianisme, ont admis et peuvent admettre le divorce. Au fond, que m'importe, puisque *Je ne crois pas un mot* de ce qu'enseignent le christianisme, le catholicisme et l'Église? La Bible et l'Évangile sont des *blagues*; si vous y trouvez des textes contraires au divorce, tant pis ou tant mieux ! Ce sera une *blague* de plus ! »

Je parlais, l'autre jour, de ces fictions qui forment l'hygiène intellectuelle de M. Alexandre Dumas, et qui le poursuivent encore jusque dans le sanctuaire des vérités. Eh bien, sortons du sanctuaire où notre incompétence gêne notre polémique; au lieu de fictions, amusons-nous un moment à des conjectures. Je suppose que M. Dumas, républicain convaincu — pure hypothèse, vous le voyez ! — écrive une brochure pour rallier à la République un légitimiste tel que M. de Larcy, un orléaniste tel que M. Bocher, ou un bonapartiste tel que M. Rouher. Pour les persuader et les convertir, leur dira-t-il tout ce qui peut particulièrement les froisser dans leurs croyances, dans leurs affections, dans leurs souvenirs? Parlera-t-il à l'un de la terreur blanche, et du marquis de Bonaparte, général des armées du *Roy*? A l'autre, de la comédie de quinze ans et de l'espagnolette de Saint-Leu? Au troisième, de la mort du duc d'Enghien et de la captivité du Pape? Et cependant, qu'est-ce que la politique, comparée à la religion? Qu'est-ce que l'opinion, comparée à la foi? Qu'est-ce que la souffrance d'un laïque taquiné dans son culte pour son prince, si l'on songe au supplice d'un prêtre attaqué, meurtri, torturé, tout le long de quatre cents pages, dans son adoration pour son Dieu? Descendons encore plusieurs échelons, ce qui me permet d'entrer en scène. Supposons que je me croie un homme de génie, et que M. Dumas me demande un article pour un jeune débutant qu'il protège. S'il m'écrit : « Ce jeune homme me semble plein de talent; je désire que vous disiez de lui tout le bien que j'en pense; mais, préalablement, laissez-moi vous déclarer que vous êtes un imbécile ! » — Serai-je bien enclin à être de son avis ?

Ce qui m'agace, c'est de songer qu'Alexandre Dumas, heureux entre tous, avait un excellent moyen, un moyen *bien à lui,* de prendre parti pour le divorce et de s'assurer, au moins de neuf heures du soir à minuit, autant de prosélytes qu'il aurait de spectateurs. C'était de donner un pendant à *Madame Caverley,* d'Émile Augier. Là, il était dans son élément, *at home,* avec tous les privilèges et toutes les libertés du *chez soi;* bien sûr que personne ne sortirait des sacristies de Saint-Roch ou de Saint-Eustache pour combattre ses arguments et troubler son triomphe. C'était si facile... pour lui ! Remarquez que le divorce et le drame sont frères, en ce sens qu'ils ne vivent et ne peuvent vivre que d'exceptions. Si l'exception n'existait pas, le théâtre l'aurait inventée, et il aurait bien fait; car, sans elle, il périrait d'inanition. Sans monter jusqu'à Victor Hugo, le grand-prêtre de l'antithèse, y a-t-il beaucoup de *belles petites* qui ressemblent à Marguerite Gautier? beaucoup de mères qui partagent les idées de madame Aubray? beaucoup de *vierges du mal* comparables à *l'Étrangère?* Connaissez-vous des fils naturels qui payent les dettes de leur père et en soient payés, comme dans *les Fourchambault,* par un soufflet du fils légitime? des amants assassins, comme Antony? des *loups de mer,* époux aussi débonnaires que le contre-amiral de *Monsieur Alphonse?* de mauvais drôles, comme Giboyer, *léchant la boue* pour que leur fils arrive au but sans crotter ses bottes vernies? des diplomates, tels que d'Alvimare, d'*Angèle*, séduisant une chaste jeune fille à l'aide de coups de pied sous la table? Ainsi de suite. C'est cette habitude de chanter, d'imaginer et de dramatiser des exceptions, qui abuse M. Dumas; c'est ce mirage théâtral qui l'égare, lorsqu'il cesse d'être auteur dramatique pour faire de la polémique théologique, philosophique et sociale. A mesure que son horizon s'agrandit, son point de vue et ses procédés restent les mêmes, et il perd cette sûreté de coup d'œil que l'on a tant de fois signalée.

Est-ce tout ? Pas encore : en dehors de toute dissidence religieuse, un de mes griefs contre ce livre sur *la Question du divorce*, c'est le temps qu'il a pris; c'est le nombre incalculable d'heures que le brillant écrivain a dépensées pour se mettre en mesure de combattre et de battre ses adversaires, et qui lui auraient suffi pour écrire deux ou trois pièces charmantes. Que de lectures, grand Dieu ! que d'excursions laborieuses à travers les sables de l'Arabie, les montagnes de la Judée, les cryptes de l'Égypte, les chartes du moyen âge, les archives du Vatican, les procès-verbaux des conciles, les capitulaires, les bulles, les décrets, la poussière des vieux couvents et des vieilles bibliothèques, le code pénal de l'adultère chez toutes les nations antiques et modernes, barbares et civilisées, connues et inconnues ! que de documents entassés ! quel faisceau d'armes défensives et surtout offensives ! que de latin, de ce latin bien meilleur à perdre qu'à traduire ! Franchement, au lieu de savoir que, « dans le canton de Guaxtotillans, la femme est coupée en morceaux, — sous prétexte qu'elle est coupable, — en présence du cacique, et mangée séance tenante par les témoins, pour la punir d'avoir été trop tendre », — ou que, chez les Yzépagues, on coupe le nez et les oreilles aux adultères, j'aimerais bien mieux faire connaissance avec un frère d'Olivier de Jalin ou une sœur de Diane de Lys. N'y aurait-il, dans les quatre cents pages de *la Question du divorce*, que des merveilles de style, des prodiges de science, des trésors de renseignements, des chefs-d'œuvre de chasteté, des témoignages de respect et de reconnaissance pour l'Église, je dirais encore à M. Dumas : «Non ! votre place n'est pas là ! ce n'est pas là votre tâche, votre vocation, votre cadre, votre talent, votre aptitude, votre spécialité, votre gloire ! » — Mais je le dirais désormais sans espoir de le persuader. Le pli est pris, et ne se déprendra plus. Et cependant, si M. Dumas doué de facultés d'observation si rares, voulait se les appliquer à lui-même, — que dis-je ! s'il voulait remonter en idée aux débuts de sa brillante carrière, comment pourrait-il refuser à l'évidence ? C'est à trente et un ans qu'il a fait jouer *le Demi-Monde*, et, depuis lors, il n'a rien fait de meilleur, ni d'aussi bon. Son théâtre, son talent, ses succès, ont été constamment stationnaires ou rétrogrades; sans compter une soirée néfaste : *la Femme de Claude.*

Pourquoi ? Assurément, il n'y a pas de déperdition intellectuelle ou physique; il n'y a pas de décadence explicable par un défaut d'équilibre dans une vie mal réglée; non! Le régime est toujours aussi sage, le corps aussi sain, l'esprit aussi étincelant, la réplique aussi prompte, le pied aussi sûr, l'œil aussi vif, et l'heureux écrivain n'avait aucune raison pour être, comme le fut un charmant poète, un jeune homme d'un bien beau passé. Qu'y a-t-il donc? Il y a... le fléau, l'oïdium, le phylloxera, ou, pour parler comme le docteur de *l'Étrangère*, il y a le vibrion; LA THÈSE, puisqu'il faut l'appeler par son nom! LA THÈSE, qui a commencé à poindre dans quelques tirades de *la Question d'argent*, qui s'est timidement glissée à travers les belles scènes du *Fils naturel* et du *Père prodigue*, qui a compromis *l'Ami des femmes*, habillé en diaconesse la noble et touchante figure de madame Aubray, alourdi le succès de *la Princesse Georges*, et finalement écrasé de son poids *la Femme de Claude!* La thèse a non pas détruit, non pas même gâté, mais paralysé, gêné, embarrassé, encombré un des plus admirables tempéraments dramatiques que le théâtre ait pu réclamer comme siens. Sur la scène, ce n'était qu'une lutte, un antagonisme, où l'instinct du théâtre a été souvent le plus fort. Ailleurs, dans la discussion, dans le discours, dans les préfaces beaucoup trop vantées, dans l'*Homme-Femme* surtout, et, aujourd'hui, dans la *Question du divorce*, la thèse a tout absorbé, et il est évident que, même dans ses pièces, s'il en fait encore, M. Dumas finira par verser où il penche. Il a eu, lui (*Tu quoque, mi fili !* lui dirait le grand Alexandre !), il a eu la faiblesse ou le courage de citer quatre vers de *Tartufe*, comme les aurait cités le moins original des commis voyageurs ou des rédacteurs du *Siècle*. Puisse sa perfide amie la thèse ne jamais lui en dire un cinquième, en plein Théâtre-Français :

La maison est à moi, c'est à vous d'en sortir.

L'erreur, la grande erreur de M. Dumas et des partisans du divorce est de supposer qu'il réparera ce qui est irréparable, refera des destinées manquées, résoudra, au profit des intéressés, les situations sans issue, délivrera des captifs incapables d'abuser de leur liberté, et leur restituera intégralement tout ce que le mariage leur a pris. On citait récemment un joli mot d'Alfred de Musset, à qui je faisais allusion tout à l'heure : « Il y a eu un moment dans ma vie où, si le divorce avait existé, j'aurais épousé une femme dont j'étais fou ; — (vous devinez laquelle, n'est-ce pas ?) — six mois après, je me serais brûlé la cervelle ! » — Il y aurait donc des circonstances où le divorce amènerait des dénouements tragiques au lieu de les supprimer ? Souvenez-vous des grands épisodes romanesques qui ont fait partie, depuis cinquante ans, de la légende mondaine ; rappelez-vous ces *fugues* (la musique ici n'est pas de trop), ces brusques départs pour les pays enchantés où les citronniers fleurissent, où font leur nid les amours libres et immortelles ; ces coups d'État de l'adultère *sanctifié* par la passion ; par la passion si sûre d'elle-même, que les limites ordinaires de la vie lui semblaient à peine suffire à sa durée. Que serait-il advenu, si les héros de ces aventures, déliés d'un côté, avaient pu se *relier* de l'autre ? Nous aurions assisté, tantôt à des mélodrames de l'Ambigu, tantôt à des bouffonneries du Palais-Royal. Les antipathies, les animosités conjugales, sont des idylles, des madrigaux, des *duos* du jardin de Marguerite, comparées à ces haines terribles, écloses du jour au lendemain dans les âmes superbes qui ont placé leur idéal en dehors des devoirs et des joies de la vie ordinaire. Il reste à l'épouse incomprise ou trahie une ressource ; elle peut se dire que son libre arbitre n'est pour rien dans ces liens qui la froissent, qu'elle n'a pas été consultée, qu'on ne lui a pas laissé le temps de connaître celui dont elle porte le nom. Mais la femme émancipée par un adultère que légaliserait le divorce et dont il ferait un second mariage, est exposée à un péril plus redoutable, à une humiliation plus poignante. Ce qu'elle avait pris pour de l'amour n'était que de l'orgueil, et c'est dans son orgueil qu'elle est frappée. Elle subit la peine du talion. Ce n'est plus le choix de ses parents qui la condamne à souffrir, c'est le sien. Le code, le sacrement, l'écharpe du maire, la faculté de vivre ensemble au grand soleil et de ne plus se quitter, le réalisme des petits détails multipliés et enlaidis par le contact journalier, les bouffées de mauvaise humeur, le sans gêne des défauts qui se dissimulaient dans les entrevues rapides et clandestines, tout cela remplace pour elle la saveur du fruit défendu par cet arrière-goût de cendre qui surprend les voyageurs mordant aux oranges du lac Asphaltite. L'homme qu'elle avait divinisé tombe à ses yeux plus bas que celui qu'elle a dédaigné. C'est elle dont l'aveuglement et la superbe avaient créé la supériorité de cet homme; elle ne se pardonne pas cette création chimérique qui l'a égarée et qui la châtie. Désabusée de cette idole devenue son remords, son supplice et son bourreau, elle lui en veut, moins de sa chute que de son erreur, moins de l'avoir entraînée hors du droit chemin que de l'avoir amenée à se laisser fasciner et séduire par une caricature de héros de roman. Or, comme ce désenchantement ne manque jamais d'être réciproque, ce héros d'argile ne néglige rien pour exagérer et exacerber le contraste entre ce qu'elle avait rêvé et ce qu'elle possède, pour que le poignard se retourne dans la plaie, pour que chaque coup d'épingle devienne une torture. Maintenant, laissez à ces coupables — que rien ne pourra refaire innocents — le droit de se séparer en leur rendant le mariage impossible; certes, leur situation ne sera pas enviable, et l'on peut tout craindre pour cette femme déclassée qu'un premier mécompte ne préservera pas d'une seconde expérience; mais enfin, tout est relatif. Mariez-les dans la lune de miel de l'adultère, dans le premier moment d'enthousiasme pour le bonheur qu'ils ont entrevu, de colère contre le joug qu'ils ont brisé; ce sera le bagne, ce sera l'enfer!

Mais n'allons pas si loin, et soyons moins sinistres!

Tenons-nous-en à ce qu'on pourra appeler la prose, le pot-au-feu, la menue monnaie du divorce; — les ménages mal assortis, les aspérités de caractère, les différences de goûts, d'éducation, d'idées, d'habitudes, toutes les variétés des *Femmes qui font des scènes* (ce livre charmant de Monselet), et des maris qui font des *traits*. Gaston est désagréable; Félicie est acariâtre; ils ne sont pas heureux, soit! Croyez-vous qu'en leur accordant le divorce, vous ferez de Gaston un type de perfection, de Félicie un ange de douceur? Non, ils resteront tels qu'ils sont, et, s'ils profitent de la loi qui leur permet de prendre leur revanche en de secondes noces, cette revanche ne sera qu'une récidive; il y aura deux mauvais ménages au lieu d'un. Si nous nous élevons, en morale, au-dessus du strict nécessaire, quelle admirable palme vous enlevez aux luttes et aux victoires de la conscience humaine? Oui, voilà un homme et une femme qui se sont trompés; ils n'étaient pas faits l'un pour l'autre. Ils doivent renoncer au bonheur romanesque, aux tendresses exaltées, aux ineffables délices de deux âmes qui n'en font qu'une. Oui, mais le mari a du cœur et de l'honneur; la femme est vertueuse et pieuse. L'amour est absent; mais il y a l'austère attrait du devoir, la mystérieuse jouissance du sacrifice. Si le divorce était là, au seuil de cette chambre nuptiale, s'offrant comme une solution ou une délivrance, qui sait? Peut-être la tentation serait-elle plus forte que la résistance; on ne prendrait plus la peine de se surveiller, de se corriger, de se vaincre. On perdrait ce qu'il y a de plus beau dans les âmes droites, ce qui manque le plus aux âmes républicaines : la faculté de s'améliorer en négligeant ses droits au profit de ses devoirs. Le divorce interdit, la porte fermée, les époux n'ont plus à se débattre et à compter qu'avec eux-mêmes; leur bonne foi, leur bonne volonté, la sincérité de leurs efforts, mérite et obtient une récompense. La religion leur vient en aide, cette religion que méconnaissent les apologistes du divorce ! Chaque jour marque un progrès, émousse une aspérité, adoucit une amertume, cicatrise une égratignure, guérit une cicatrice. Le verjus n'est plus que de la mauve; la mauve se change en orgeat, l'orgeat peut devenir du miel; le miel de cette lune qui s'était éclipsée d'abord. L'intime et profonde satisfaction du devoir accompli accélère, facilite, illumine, complète cette œuvre balsamique; ILS n'ont pas été Roméo et Juliette; ils seront peut-être Philémon et Baucis; ce qui les maintiendra dans le domaine de notre cher Gounod, et ne peut, par conséquent, nuire à la bonne harmonie.

Et remarquez que je ne dis rien de la question qui domine tout : LES ENFANTS !!!

M. Alexandre Dumas nous dit — et ce n'est pas la partie la moins paradoxale de son livre : « Il n'y a pas que les courtisanes, les princes, les rois, les grands seigneurs et les millionnaires qui aient à souffrir de l'indissolubilité du mariage... Il ne faut pas oublier les pauvres gens, les ouvriers, les prolétaires, pour qui la liberté est souvent le premier de leurs instruments de travail... »

Assurément, il ne faut pas les oublier; c'est à eux, au contraire, que l'on doit songer d'abord, quand on propose une loi nouvelle, et c'est justement en leur nom, c'est justement en ce qui les touche que nous pouvons affirmer l'inutilité, l'*inopportunisme* du divorce. Le divorce aux pauvres gens ! Mais c'est comme si on leur offrait un camélia en guise de légume, un vase de vieux sèvres pour faire cuire leur soupe, un jonc à pomme d'or pour cultiver leur champ, un habit de Blain pour faucher leur pré; ou, mieux encore, comme si on donnait à leur ménagère un coupé d'Ehrler pour aller au marché, sans lui donner le cheval ! — « Le divorce, mon bon monsieur ! que voulez-vous que j'en fasse ? » Dans sa réplique à M. Dumas, Saint-Genest a sur-

tout traité la question au point de vue de l'ouvrier
des villes. Que dirais-je du peuple des campagnes ? Voilà
plus d'un demi-siècle que je vis au milieu des populations
rurales; j'ai été sept ou huit ans maire de ma commune,
et, quand je ne l'étais pas, cela revenait exactement au
même. Je connais par leurs noms, prénoms et sobriquets
— comme Bonaparte les grognards de sa vieille garde
— tous les habitants de mon village. Tous ne sont pas
des saints; ils cultivent la carotte ailleurs que dans leurs
jardins; j'en ai vu plusieurs passer du blanc au rouge.
Ils n'auraient pas besoin de beaucoup de leçons pour
préférer une poularde truffée à leur gousse d'ail. Il y en
a qui comprendraient très aisément une loi agraire, un
impôt sur les riches, un moyen légal de se faire baptiser,
marier et enterrer *gratis*. Pour un écu de cinq francs ou
dix épis de blé, ils sont gens à éterniser des brouilles et
des haines de famille. Mais le divorce ? non ! ce n'est pas
dans leurs cordes ; ce luxe n'est ni à leur usage, ni à
leur portée. Ils ne le connaissent pas même par ouï-dire;
ils n'y songent jamais, et, s'ils y songeaient, ce serait
pour compter aussitôt sur leurs doigts ce que leur coûte-
raient deux domiciles au lieu d'un, les avoués, les avocats, le papier timbré et les frais de procédure. Savoir si
les goûts et les sentiments de Suzon sont en parfaite harmonie avec ceux d'Antoine, ou s'il existe des affinités
électives entre Simon et Catherine ? Allons donc ! il s'a-
git bien de cela ! Il s'agit de savoir si les vers à soie fe-

ront leur cocon, si la gelée blanche épargnera la vigne, si l'on aura de la bise en février et de la pluie en avril, si l'on n'a pas à redouter la grêle, si le mari pourra payer sa rente, si la femme pourra s'acheter un jupon, si le pain est cher, si le vin est abordable. En cas de querelle de ménage, un gros juron, un coup de poing, et puis l'on va ensemble au travail. Je me trompe pourtant : dans cet espace de cinquante ans, une femme s'est rencontrée, — qui n'avait pas lu Bossuet, mais qui me déclara qu'elle avait pris son mari en grippe, et qu'elle ne voulait plus habiter avec lui. Le lendemain, je la fis placer à Mont-de-Vergue, qui est le Charenton vauclusien. Elle y est encore !

Oui, le divorce est un objet de luxe, de raffinement, le superflu d'une civilisation avancée, avariée, maladive, pervertie, et ce n'est pas un des moindres contresens de notre époque, de le voir remettre sur le tapis après chacune de nos révolutions de plus en plus démocratiques et populaires. Un grand empereur, à qui son second mariage ne porta pas bonheur, a appelé, dit-on, le divorce le sacrement de l'adultère, et le propos a été mille fois répété ; je l'appellerais plutôt le sacrement de la richesse, de l'oisiveté, d'une aristocratie qui n'est pas la bonne ; cosmopolite, toute en surface, apocryphe, s'appuyant sur l'alliance des parchemins avec l'argent, sobre de bons exemples, fertile en scandales, telle enfin qu'elle fait dire à l'observateur désintéressé : « Et vous vous étonnez du règne présent de Gambetta, du règne prochain de Clémenceau, du règne futur de Rochefort!!! »

Voilà mon sentiment plutôt que mon opinion; je ne sais pas, je ne raisonne pas, je ne juge pas; mais il me semble que, dans cette question délicate, mon sentiment intime, mon instinctive répugnance, ne peuvent pas me tromper. Quant au brillant écrivain qui croit se montrer plus sérieux en abandonnant le théâtre de ses véritables succès, il connaît mes vives sympathies pour son talent et pour sa personne. Dans ma vie littéraire, qui n'a pas été précisément semée de roses, — hélas ! ni de LIS ! — j'ai regardé comme une vraie bonne fortune ce fauteuil n° 17 du Gymnase où, dans un temps meilleur, j'ai pu applaudir les meilleures pièces de M. Alexandre Dumas. Je garde fidèlement le souvenir de la délicieuse semaine que nous avons passée ensemble, et où j'ai joui de son incomparable causerie, chez un éminent poète, dans une maison hospitalière et charmante, où rien, assurément, ne faisait songer au Divorce. Ce poète que nous avons perdu, ce bon et loyal Joseph Autran que nous pleurons encore, était pour M. Dumas et pour moi le modèle du véritable ami. Eh bien, tout pourrait se réparer encore, si M. Dumas préférait à ses flatteurs, qui peut-être ne l'aiment guère, ses amis qui ne le flattent pas.

XV

PEINTRES
ET STATUAIRES ROMANTIQUES[1]

29 février 1880.

Je ne m'en défends pas! je me sens de plus en plus entraîné à remplacer peu à peu la critique proprement dite par le souvenir personnel. J'attribuais cette tendance au mélancolique plaisir qu'éprouve la vieillesse à reprendre possession du passé, au lieu de discuter des questions présentes qu'elle ne verra pas résoudre. C'est bien cela, mais il y a aussi autre chose. Il y a la preuve permanente, évidente, impitoyable, de l'inutilité, de l'inanité, de l'impuissance de la critique; le dégoût d'une lutte dont le dénouement est aussi prévu que la défaite des Autrichiens et des Russes dans le répertoire militaire de l'ancien Cirque

1. Par M. Ernest Chesneau.

Olympique. A quoi bon? à quoi bon supplier l'élite de ne pas se laisser submerger par la multitude? à quoi bon avoir raison, lorsque ceux-là mêmes qui sont de notre avis ne négligent rien pour laisser croire qu'ils nous donnent tort? à quoi bon accumuler des arguments qui deviennent autant de *réclames* au profit de nos adversaires? Si le public de 1880 préfère M. Margue à Berryer, le mot de Cambronne au *Qu'il mourût!* la chaise percée, l'égout collecteur et le *lupanar* au salon de bonne compagnie, qu'y faire? Il n'est pas plus facile d'atténuer les effets du suffrage universel en littérature qu'en politique, pas plus possible de dire à la foule : « N'achetez pas ce livre; il est grossier, sale, ignoble, hideux! » que de lui dire : « Ne nommez pas cet homme; il est taré, abject, vil, lâche, méchant, malfaisant, grotesque! »
— La loi du nombre est aussi puissante chez les libraires qu'au Parlement, aussi décisive en éditions qu'en élections.

Voici, par exemple, une œuvre immonde sur laquelle tout le monde est d'accord, les rédacteurs de *l'Événement* comme ceux de *la Gazette*. Ce n'est pas un roman, c'est une ordure qui salit à la fois la République des lettres et les lettres de la République. Vous vous êtes arrêté au cinquième feuilleton, par respect pour vous-même, et parce que la lecture se changeait en nausée. C'est aussi ennuyeux que malpropre, aussi fastidieux que révoltant. Vous vous dites : « Oh! pour cette fois, justice est faite! La morale, le goût, la décence, le bon sens, l'esprit français, la conscience publique, vont avoir leur revanche ! » — Allons donc ! on arrive et l'on vous réplique : « C'est une fièvre, c'est un délire ! Cinquante, soixante éditions du premier coup, avant qu'un seul exemplaire soit sorti de chez l'éditeur ! Une *queue* à la porte de Charpentier, comme s'il s'agissait d'une *première* de Dumas ou d'Émile Augier ! Des commis de librairie qui ne se sont pas couchés, pour offrir demain matin, derrière leur vitrine, la primeur du volume jaune ! Des demandes affluant de partout, du Groënland, pays des ours blancs; de Java, pays des panthères; de Chio, pays du cacao; de Barcelonnette, pays des marmottes; d'Ostende, patrie des huîtres; du Caire, patrie des crocodiles; du Kentucky, patrie des perroquets; de Batavia, pays des poisons; de Chicago, pays des singes; de Calcutta, pays des bénéfices *incalcuttables*; de Manille, patrie de la nicotine; de Thèbes, patrie des Béotiens; de Montmorency, patrie des ânes, — sans compter les incommensurables patries des moutons de Panurge ! Total, 60,000 exemplaires du moins exemplaire des livres ! Dans quinze jours, 120,000; dans six mois, un million !

Eh bien, je me résigne, dussiez-vous me trouver aussi concessionnaire qu'un sénateur du centre gauche. L'adversité rend très humble ou très fier. Je me résigne, comme je me résignais, le 14 avril 1832, à voir passer sous ma fenêtre, rue de Vaugirard, d'immenses tapissières drapées de noir, chargées de suppléer les corbillards insuffisants et contenant, par centaines, des victimes du choléra, dont cette lugubre journée marqua le point culminant. C'est une épidémie, une contagion, un *vomito negro*, une peste noire, apportée dans les ballots du radicalisme après avoir esquivé le Lazareth. C'est la *Mal'aria* d'Hébert, transplantée des Marais-Pontins au n° 13 de la rue de Grenelle. Zola, soit! on devait s'y attendre. Jamais ouvrage ne fut lancé avec tant de tapage. Il était affiché avant d'être compromis. Il paraît avéré que M. Zola a fait preuve de beaucoup de talent dans d'autres livres. Il est *une force*, c'est lui-même qui l'a dit avec la modestie qui le caractérise ; il est du moins un fort de la halle littéraire. Il a de la poigne, deux poignes, l'une pour tenir sa plume, l'autre pour battre de la grosse caisse. Mais j'ouvre un journal, et je lis à la page des annonces : « *La Grande Iza*, 52ᵉ édition; — *la Belle Grêlée*, 47ᵉ édition ! » — Vous voyez bien que la critique est impossible, et que l'heure a sonné, non seulement de me réfugier dans mes souvenirs, mais de m'y claquemurer.

J'y serai en bonne compagnie avec M. Ernest Chesneau et son charmant volume, si élégamment édité par MM. Charavay frères : *Peintres et Statuaires romantiques*. Le moment ne saurait être mieux choisi pour remettre en honneur ce mot *Romantisme*, qui semblait tomber en désuétude et qui est au naturalisme ce que M. de Martignac est à M. Engelhard, ce qu'Eugène Delacroix est à Courbet, ce que madame Malibran est à Thérésa, ce que Delphine Gay est à mademoiselle Hubertine Auclerc, ce qu'un lac est à un bourbier, ce que Lamartine est à M. Clovis Hugues, ce qu'une prière est à un juron, un lis à une ortie, le thym à l'*assa fœtida*, l'hermine au putois, la vierge à la fille, le hanap à la cruche, le cimier à la casquette, le marbre à l'argile, le cygne au canard, le mont Blanc à la taupinière, l'abeille à la mouche, le chambertin à l'*eau d'aff*, le baume au vitriol. Puisque a nouvelle école injurie le *Romantisme*, puisqu'elle l'accuse d'avoir retardé de cinquante ans l'élan de l'esprit moderne vers les beautés naturalistes, c'est à nous, rares et derniers survivants de cette époque, de remettre en lumière cette glorieuse génération de 1830, qui, même en s'égarant ou en s'exagérant, même sans tenir tout ce qu'elle avait promis, n'en a pas moins marqué de son sceau une des plus belles phases de notre histoire littéraire.

Parmi les artistes qui figurent dans la galerie de M. Ernest Chesneau, il en est de tellement illustres que leur célébrité même me les dérobe. Après avoir été souvent méconnus ou contestés de leur vivant et surtout à leurs débuts, ils sont entrés dans le domaine de l'admiration universelle. D'ailleurs, ce que je voudrais, c'est ajouter, dans ces quelques pages, mes anecdotes, mes réminiscences personnelles aux intéressants récits de M. Chesneau. Je n'ai jamais rencontré MM. Ingres, Théodore Rousseau, Louis Boulanger, Millet, Klagmann, Antonin Moyne, Octave Tassaërt. Je n'ai vu qu'une fois, dans l'atelier d'Hippolyte Flandrin, notre excellent et admirable Corot. J'avais maintes fois aperçu, dans le quartier du Luxembourg, ce pauvre Poterlet, dont la claudication était aussi remarquable que le talent, — mais sans jamais lui parler. Quant à Eugène Delacroix, le vrai grand homme de ce groupe, sa causerie m'a souvent charmé dans une maison amie. Je ne me lassais pas de l'écouter, tout en m'étonnant quelque peu du piquant contraste de sa peinture flamboyante avec la sagesse et l'austérité de ses idées esthétiques et littéraires. Mais je ne pourrais en dire que ce que tout le monde sait. Trois noms, de valeur inégale, m'ont principalement attiré, parce qu'ils tiennent une place dans mes souvenirs: Eugène Devéria, Auguste Préault et Gustave Bigand.

Pendant mes dernières années de collège, — entre les *Odes et Ballades* et *Hernani*, — je me croisais, presque tous les matins, dans la grande allée de l'Observatoire, avec un jeune homme dont l'énergique et virile beauté pouvait aussi s'appeler *une actualité;* avez-vous remarqué que chaque époque, chaque date plus ou moins mémorable, produit des physionomies caractéristiques, en parfaite harmonie avec les idées, les goûts, les modes, les passions et les épisodes du moment? Nous définissions ainsi celle de ce jeune passant : « Une *admirable tête moyen âge.* » — Je dois ajouter qu'aucun accessoire n'y manquait; barbe et moustache *Bernard de Mergy*, feutre à larges bords, col rabattu, jaquette de velours noir taillée en pourpoint. S'il n'avait pas de souliers à la poulaine, c'est qu'il n'avait pu en obtenir des bottiers du quartier Latin.

Bientôt nous apprîmes qu'il se nommait Eugène Devéria et qu'il venait d'exposer au Salon (1827), un grand tableau, *la Naissance de Henri IV*, dont le succès foudroyant éclatait comme une traînée de poudre depuis la cour du Louvre jusqu'aux ateliers les plus lointains du boulevard Montparnasse. Tout concourait à ce succès inouï, le mérite de la peinture, le sujet, la jeunesse de l'artiste, l'opportunité d'un tableau dont on aurait pu dire que le besoin s'en faisait généralement sentir. — C'est *la Dame blanche* du Salon, dit Horace Vernet. Comme *la Dame blanche*, alors dans toute sa vogue, il réconciliait tous les partis devant une œuvre d'art. Il y avait là un page portant sur un plateau un flacon de vin de Jurançon, qui rappelait aux royalistes une autre naissance, un autre Henri, d'autres gouttes de vin béarnais sur des lèvres prédestinées. Les romantiques saluaient un nouveau gage de victoire, un argument de plus contre leurs adversaires. Les connaisseurs se demandaient quel ne serait pas l'avenir de ce jeune homme de vingt ans, qui n'était pas seulement un coloriste, et qui, sur le pâle visage de Jeanne d'Albret, avait si bien réussi à fondre l'expression de la souffrance ou de la fatigue physique avec les ineffables joies maternelles?

Dix ans après, presque jour pour jour, j'étais à Avignon, sur le quai du Rhône, attendant l'arrivée du bateau à vapeur. Je vis débarquer un homme encore jeune, en qui il me fut facile de reconnaître Eugène Devéria. Son costume, sa tête, restaient à peu près les mêmes; mais il n'était plus le triomphateur; il était le désabusé. Il avait des parents à Avignon; il s'en était souvenu, et il venait leur faire une visite. En réalité, son premier succès, enivrant, fou, vertigineux, n'avait pas eu de lendemain. Le peintre de la *Naissance de Henri IV* ne s'était plus retrouvé dans les ouvrages qui suivirent ce merveilleux début. Le public passait indifférent devant ses toiles; les bons petits camarades n'étaient pas fâchés d'une décadence qui leur laissait le champ libre. Les commandes n'arrivaient pas. Bref, Paris, l'oublieux Paris ne subvenait plus au budget de l'artiste et il voulait essayer de la province. Je ne tardai pas à me lier avec lui. Il était bon, aimable, mélancolique et résigné, sauf lorsqu'on lui parlait de son premier tableau. Alors il éclatait en malédictions contre ce tableau de malheur qui avait servi à l'écraser. Volontiers, comme cet iconoclaste qui criait: « Racine est un polisson! » parce qu'un oncle millionnaire dont il attendait l'héritage ne lui avait légué qu'une belle édition de Racine, Eugène Devéria aurait dit : « Henri IV était une canaille ! »

Son guignon le poursuivit dans la cité des Papes. Il fit, pour cinq cents francs, des portraits qui en valaient davantage; mais, comme ils péchaient par la ressemblance, les modèles fronçaient le sourcil et l'impatientaient en donnant des conseils, en exigeant des retouches. Et pourtant, que de charme il y avait encore dans ce talent à demi avorté! Je lui demandai une aquarelle pour une loterie de bienfaisance. Il improvisa un petit chef-d'œuvre d'élégance et de grâce, qui représentait la trop jolie scène du *Mariage de Figaro;* Chérubin entre Suzanne et la Comtesse. Un moment, je pus croire qu'il allait avoir une revanche. Mgr l'archevêque d'Avignon, M. Dupont, depuis lors cardinal-archevêque de Bourges, eut l'idée de profiter de la présence d'un artiste parisien pour faire peindre à la fresque une chapelle de sa métropole. Devéria se mit bravement à la besogne, et, moins d'un an après, nous fûmes admis à voir son œuvre quasi monumentale, où il avait retracé les principales scènes de la vie de la sainte Vierge. Sauf le caractère religieux qui leur manquait, ces peintures étaient exquises. Des groupes d'anges délicieux, un rare bonheur d'ajustement, de composition, d'expression, rachetaient un défaut que l'on retrouve, hélas! chez presque tous nos peintres modernes. Mais Devéria s'était-il trop pressé? avait-il négligé d'apprendre les procédés matériels et les *en-dessous* nécessaires de la peinture murale? ou bien fallait-il croire que l'humidité rongeait les murailles de cette poétique église de Notre-Dame-des-Doms, perchée au haut de son rocher et sans cesse battue par le mistral, ce grand *seccatore* comtadin? On s'aperçut bientôt que les couleurs s'altéraient, que les contours s'estompaient, que d'énormes taches s'étendaient peu à peu sur les élégantes figures, que le salpêtre envahissait tout. Le mal fit des progrès rapides, et, aujourd'hui, il ne reste plus qu'une masse confuse qui fait regretter l'austère nudité de la pierre.

M. Ernest Chesneau nous dit que Devéria, retiré à Pau, y vécut en famille et se convertit au protestantisme. Rien de plus vrai; mais les détails de cette *conversion* ne manquent pas d'originalité, et le drame s'y mêle à la comédie. A la suite de son grand travail, l'artiste fut atteint d'une maladie de poitrine qui menaçait de devenir chronique. Une maladie du même genre lui avait, dix ans auparavant, enlevé une sœur dont il ne parlait que les larmes aux yeux; son imagination était vivement frappée. Il loua une petite *villa*, dans la plaine d'Avignon, près du cimetière Saint-Véran. Mais la fatalité ne lâchait pas prise. Survint cette épouvantable et inoubliable inondation du Rhône, — novembre 1840, — qui, de cette plaine fertile, fit un lac immense. Non seulement le fleuve monta jusqu'au premier étage de la maison de Devéria; mais ses eaux furieuses apportèrent sous ses fenêtres des ossements arrachés au cimetière voisin. Les pensées les plus sombres, les pressentiments les plus sinistres, s'ajoutèrent à son malaise et aggravèrent sa maladie. J'allai le voir; il me parla de sa mort prochaine et me parut préoccupé d'idées religieuses. Jusque-là, il avait été catholique par à peu près, à la façon de la plupart des artistes qui ont besoin de Raphaël pour croire à la Madone et de la Madone pour croire à la Vierge. Bientôt j'appris qu'il avait tous les jours des conférences sérieuses avec un chanoine d'Avignon, spirituel, savant, bon prêtre, mais bossu, fantaisiste et très original. Ce chanoine se nommait l'abbé Clair, et il est probable que son enseignement était moins clair que son nom; car, au bout d'un mois de ces entretiens, Devéria se réveilla, un beau matin, protestant dévot, protestant mystique, et il persista jusqu'à la fin. Il partit pour Pau, et je ne le revis plus.

M. Ernest Chesneau ne donne qu'une ligne à Gustave Bigand : « Bigand, qui s'était fait le sosie d'Horace Vernet. » — Pourtant, je sais, d'après ses excellents articles du *Constitutionnel*, qu'il était de mon avis au sujet de ce talent trop dédaigné et trop oublié. J'ai connu Bigand dès 1825. Il fut mon premier maître de dessin, et ce n'est pas là ce qui lui fait le plus d'honneur. Ayant un frère aîné qui devait hériter de sa tante, il se croyait pauvre à perpétuité, et s'y résignait gaiement. C'était alors un jeune homme de vingt-quatre ans, élève de Hersent, doué d'une figure charmante, d'une jolie voix de ténor et d'un aimable esprit, plein de saillie et d'imprévu, avec une légère pointe d'afféterie. Son frère mourut, et voilà Bigand propriétaire d'une quinzaine de mille livres de rente, ce qui, pour lui, équivalait à un million. Il partit pour la classique Italie. Horace Vernet était en ce moment directeur de l'École de Rome, et ce fut l'origine de ces ressemblances fortuites ou voulues d'allures, de physionomie, de costume, qui ne pouvaient malheureusement tourner qu'aux dépens de l'inférieur. Bigand avait une *main* très habile; sa couleur était bonne, sa facilité prodigieuse; mais il ne savait pas composer un tableau. Lors de ses dernières tentatives au Salon, où l'administration des beaux-arts fut si cruelle pour lui, et, ne pouvant pas le refuser à cause de ses médailles, le relégua aux *catacombes*, M. Ernest Chesneau remarqua très justement que ce genre de peinture n'avait d'autre tort que d'être démodé; que, vingt-cinq ans auparavant, il aurait eu beaucoup de succès.

Dans un de ses voyages de Paris à Rome, Bigand passa par Avignon. Nous l'avions recommandé à l'illustre botaniste, M. Requien, directeur de notre musée, aussi bon, aussi aimable, aussi *accueillant* que savant. Son hospitalité fut si cordiale, les sympathies furent si promptes et si vives, que le peintre, à dater de cette époque, devint à demi Avignonnais. Il acquitta largement sa dette, ainsi que l'atteste le catalogue de notre musée. Il lui donna ses meilleurs ouvrages, notamment trois portraits excessivement remarquables, celui de M. Requien de sa mère et du cardinal de Cabassol. Il n'en gardait pas moins sa maison et son domicile politique à Versailles, où il ne lésinait pas davantage avec ses devoirs de citoyen. Il fut successivement capitaine de la garde nationale, adjoint à la mairie, membre du bureau de bienfaisance ; c'est à ce double titre qu'il alla un jour visiter M. de Persigny dans une maison de santé, après l'équipée de Strasbourg ou de Boulogne. Le futur duc du second empire, l'ami du futur empereur Napoléon III, était alors prisonnier, malade, presque sans ressources, dans un état pitoyable; mais il avait la foi ! Les bonnes paroles, les prévenances de Bigand, l'émurent. D'un geste familier, il toucha sa boutonnière, et lui dit d'un ton de prophète : « Comment ! ces j... f... ne vous ont pas encore décoré ?... Patience ! quand nous serons au pouvoir, — (Ici, Bigand ne put retenir un mouvement de stupeur.) oui, bientôt, quand nous serons les maîtres, un de nos premiers soins sera de réparer cette injustice !... »

— « Il est fou ! » se dit Bigand en s'en allant. Oui, il était fou, mais nous sommes dans un siècle où il n'y a que les folies qui réussissent, et la preuve, c'est que la seule chose raisonnable n'a pas encore réussi... Inutile d'ajouter que, si la prophétie se réalisa, la promesse fut oubliée, et Bigand en fut d'autant plus blessé que, de 1835 à 1850, il avait donné cinq ou six tableaux à diverses églises du diocèse de Versailles. Cet oubli, ses légitimes griefs contre l'administration des beaux-arts, l'influence des amis qu'il retrouvait, chaque année, à Avignon, la fuite des années, les mécomptes de la vie, avaient fini par faire de Bigand un royaliste et un catholique; mais il joignait à ces bons sentiments une haine furieuse contre l'Empire. Un jour, en 1869, nous étions ensemble dans la cour de l'hôtel d'*Europe*, sur ce banc où se sont assis tour à tour M. de Mirbel et le duc de Luynes, Horace Vernet et Paul Delaroche, Mérimée et Fauriel, Liszt et Berryer. Tout à coup, Bigand me dit en se frottant les mains :

— Ah! je n'ai pas perdu ma journée... je suis allé ce matin à Tarascon...

— Et vous avez vu Tartarin?

— Il s'agit bien de Tartarin !... J'ai vu à la gare la princesse Mathilde... Je suis peintre... je suis physionomiste; je l'ai bien regardée, et maintenant, je la reconnaîtrai entre mille...

— Et alors?

— Alors, vous comprenez... quand viendra le moment...

Et il compléta sa pensée en faisant le geste d'un homme qui tire un coup de fusil. Notez qu'il était de ceux dont on dit qu'ils ne feraient pas de mal à une mouche ; l'image de ce brave Bigand fusillant la princesse Mathilde me parut si drôle, que j'eus peine à retenir un violent éclat de rire. Hélas! sauf le coup de fusil, lui aussi était prophète. Un an après, tout s'écroula, et l'écroulement dure encore. Le pauvre artiste, presque septuagénaire, revenu à Versailles, fut atteint d'une attaque de paralysie, et j'ai eu le chagrin de n'avoir pu le revoir avant sa mort.

Auguste Préault nous ramène à Paris. Il a inspiré à M. Ernest Chesneau quelques-unes de ses meilleures pages. M. Chesneau a retracé en maître la physionomie bizarre et complexe de ce sculpteur romantique, dont le génie était doublé de trop d'esprit et dont les *mots*, dits, répétés, imprimés, courant de bouche en bouche, circulant des ateliers aux boulevards et du café d'Orsay à la boîte du *Figaro*, firent peut-être tort à sa sculpture. Il y avait en lui du rêveur, du poète, du moraliste, du misanthrope et du gamin de Paris. Étant de ceux de qui le cardinal de Retz a dit qu'ils n'ont pas rempli tout leur mérite, le sentiment de sa valeur, ses mécomptes de statuaire, son penchant naturel, l'expérience de la vie, formaient en lui un ensemble très attrayant où une sensibilité maladive alternait avec une verve railleuse. Il avait l'ironie terrible des mélancoliques, des désenchantés, des hommes supérieurs qui déguisent ou résument dans un bon mot leurs griefs contre la société qui les néglige, contre le gros public qui les ignore, contre l'art qui les a trahis, contre le philistin qui les agace, contre leurs rivaux plus habiles ou plus heureux. Je le voyais au café d'Orsay, dans un groupe digne de lui où figuraient Édouard Grenier, le charmant poète; son frère, dont bien des maîtres signeraient les dessins; notre cher et regretté docteur Émile Chauffard; Hetzel, aussi spirituel que Stahl; quelquefois J.-J. Weiss et Batbie; souvent Léopold de Gaillard, et Victor de Laprade, lors de ses trop rares séjours à Paris. En écoutant Préault, en savourant ce mélange exquis de finesse, de malice et d'amertume, je me figurais un la Rochefoucauld réduit aux conditions de notre époque, revenu des illusions de sa jeunesse, déçu par les beautés en marbre comme la Rochefoucauld l'avait été par les grandes dames. Les *mots* ou plutôt les pensées de Préault valent presque les *Maximes*. M. Ernest Chesneau en a recueilli un certain nombre. J'en choisirai deux qui me fourniront le *mot* de la fin.

« — Le réalisme n'a jamais été que le fumier de l'idéal... »

« — Si, dans les arts, l'extraordinaire devient monotone et ennuyeux, rien n'est si bête que le naturel absolu... »

Réplique immédiate :

Il s'agit de séduire, de fasciner, d'enivrer de délices un gentilhomme, un comte, vertueux et dévot, mari d'une femme charmante. On vient de le promener dans les *détours* du théâtre des Variétés; loges d'actrices, cabinets de toilette, escalier tournant aux marches grasses, coulisses, *portants*, assiettes sales, odeurs de graillon; pêle-mêle de savons, d'aigreurs, de senteurs, de musc; puanteurs de fards, de flacons, de poudres, d'huiles, d'essences, d'éponges, de cuvettes, de *coldcream*, de pattes de lièvres, de chats, de chaufferettes, de bouteilles entamées, de becs de gaz, de fumée, de suie, de vieilles affiches, de figurants, de concierges, de pompiers, etc., etc. Il est séduit aux trois quarts; mais il manque le coup de grâce. Le voici :

« Il eut la curiosité de hasarder encore un regard par un judas resté ouvert; la pièce était vide; il n'y avait, sous le flamboiement du gaz, qu'un pot de chambre oublié!!! » (*Nana*, 654e édition, page 173.)

XVI

CAUSERIE DU SAMEDI SAINT

28 mars 1880.

Je ne m'en défends pas; je suis fier de mon évêque. Ici, vous m'arrêtez pour me dire : « Et nous donc? Croyez-vous donc être le seul ? Dieu merci ! l'épiscopat français a de quoi satisfaire toutes les fiertés de ce genre ! » Assurément ; mais, cette fois, c'est le critique qui parle plutôt que le diocésain. Il y a dans le talent, dans la parole, dans le caractère de M. Besson, évêque de Nîmes, un je ne sais quoi de franc, de viril, de robuste, de vaillant, de saint (avec ou sans T,) qui encourage la louange, parce que la louange, décernée à un tel homme, ne peut être soupçonnée ni d'exagération, ni de complaisance, ni de flatterie. Il semble qu'on lui manquerait de respect, qu'on méconnaîtrait cette forte et loyale nature en le louant sans y apporter une conviction aussi ferme et aussi profonde que les siennes.

Un mot d'abord sur l'éloquence ou la littérature épiscopale et sacerdotale, qui offre, de nos jours, des difficultés singulières. Au xviie siècle, on peut dire, sans paradoxe, que cette éloquence chrétienne, cette littérature sacrée donne le ton, mène le chœur des écrivains illustres. Elle les domine alors même qu'ils ont l'air de s'éloigner d'elle ; elle se les assimile, alors même que, pour moins lui ressembler, ils se font absolument profanes. Ce ne sont ni les mêmes sujets, ni les mêmes cadres, ni les mêmes idées ; c'est la même atmosphère, le même génie, le même groupe, la même langue. Les désaccords apparents cachent une communauté d'origine. Bossuet et Bourdaloue pourront foudroyer Molière. Fénelon gémira, si le bonhomme la Fontaine pousse sa bonhomie jusqu'à des excès de licence, et ne met pas de différence entre une fable et un conte. Madame de Sévigné gardera sa physionomie originale, enjouée et charmante entre les âcres *Maximes* de la Rochefoucauld et les pages quelque peu désabusées ou pessimistes de la Bruyère. Regardez bien, regardez au fond. Il en est de ces contrastes, de ces différends, de ces antagonismes, comme de ces procès de famille qui peuvent être envenimés par les avocats, mais qui n'empêchent pas les plaideurs d'être frères ou cousins germains. L'*Histoire universelle,* les *Oraisons funèbres, Polyeucte, Télémaque,* les *Pensées* de Pascal, *Athalie,* la littérature de Port-Royal, *Phèdre* même et *le Misanthrope,* sont de la même provenance, et, pour ainsi dire, de la même *couvée* de grands hommes. Qui oserait en dire autant du *Théâtre* d'Émile Augier ou d'Alexandre Dumas, des œuvres de Victor Hugo ou de Théophile Gautier, mis en regard des *Conférences* du Père Lacordaire ou des *Moines d'Occident ?*

Au xviiie siècle, il n'y eut ni contraste, ni conflit d'aucune sorte, par la triste raison que l'esprit philosophique, voltairien ou athée s'empara de toutes les positions littéraires, que la chaire chrétienne resta muette, qu'il n'y eut, en présence des ennemis déclarés du christianisme, que des indifférents et des neutres plus ou moins respectueux. Quelques rares exceptions, quelques protestations timides, dépassant à peine le seuil des salons et des académies ; un vers de Gilbert, une *lettre* du Père Guénée, une pensée de Vauvenargues, rien de plus. La littérature sacrée disparut un moment dans ce gouffre d'impiété qui allait s'ouvrir sur d'autres abîmes.

Aujourd'hui, les situations sont très nettes. La Religion, le Sacerdoce, l'Épiscopat ont leurs orateurs et leurs écrivains qui ne le cèdent à personne. Nous avons eu, nous aussi, notre Renaissance, pendant que la Révolution ravivée, renouvelée, acharnée, et finalement estampillée et patentée, avec garantie du gouvernement, appliquait partout, en attendant pire, ses corrosifs et ses dissolvants. En dehors de toute croyance et de tout dogme, rayez de notre histoire littéraire, depuis soixante ans, le Lamennais de l'*Essai sur l'indifférence*, le vicomte de Bonald, Ozanam, Gerbet, le Père Lacordaire, le Père de Ravignan, Montalembert, le Père Félix, Louis Veuillot, Auguste Nicolas, Mgr Dupanloup, le duc de Broglie, l'évêque de Poitiers, M. de Falloux, le groupe du *Correspondant*, Augustin Cochin, M. de Carné, M. de Champagny, vous ferez un vide considérable que ne réussiront pas à combler les chefs-d'œuvre des nouvelles couches. Seulement, si les positions sont reconquises, les conditions sont différentes. La société moderne, la société actuelle, s'est tellement sécularisée, *laïcisée* (oh! le vilain mot!), démocratisée, — j'allais dire *canaillisée*, — que le sacré et le profane ne peuvent plus parler la même langue. Ce ne sont plus deux frères, entraînés parfois à se traiter en frères ennemis, mais conservant, jusque dans leurs inimitiés, des traits de ressemblance. Ce sont deux armées qui ne peuvent plus, hélas! se rapprocher que pour se combattre, et je me hâte d'ajouter avec un légitime orgueil que ce n'est pas nous qui sommes les Prussiens.

Eh bien, ce que je ne me lasse pas d'admirer chez Mgr l'évêque de Nimes, c'est qu'il échappe avec une égale fermeté et un égal bonheur au double péril que cette situation nouvelle crée à la littérature sacerdotale trop s'enfermer dans le sanctuaire ; rester trop exclusivement évêque, à l'usage des fidèles groupés sous une chaire pour entendre la lecture d'un mandement ; laisser entrevoir, dès la première page, la permission ou la prohibition des œufs et du beurre ; entremêler ses phrases de si nombreuses citations de l'Écriture sainte, que notre frivolité mondaine en arrive à ne plus savoir ce qui, dans cette pieuse mosaïque, revient au roi David, au prophète Isaïe, à l'apôtre saint Paul ou à leur éloquent interprète ; — ou bien, inconvénient plus grave, essayer de supprimer les distances, *moderniser* son style, faire, comme nous disions en 1835, du romantisme catholique, complètement contraire à ce que le grand siècle appelait *la tristesse chrétienne ;* oublier que les vérités immortelles ne doivent jamais se ressentir des fugitives vicissitudes du goût, du langage et de la mode, et qu'il suffit d'un mot équivoque ou risqué pour trouer tout un tissu de raisonnements et de preuves. Lorsque j'entendais des prédicateurs que je ne veux pas nommer hasardant une phrase, une expression du vocabulaire de Michelet, d'Ernest Renan ou d'Edgar Quinet, je songeais à ces emprunts usuraires qui réjouissent le créancier et ruinent le débiteur.

Avec Mgr Besson, orateur ou écrivain, rien de pareil n'est à craindre. Il se tient aussi loin de la routine épiscopale que du néologisme laïque. C'est la grande et belle tradition, sans ombre d'imitation servile, et si parfois, en le lisant ou en l'écoutant, on est tenté de dire : « C'est du Bossuet! » c'est qu'il nous en donne l'illusion, jamais le pastiche ou la copie. Mieux que personne, il prouve ce qu'il y a d'insensé à prétendre que des hommes éminents, sans cesse rapprochés des hautes cimes par leurs aspirations et leurs études, abreuvés aux sources divines, nourris de la moelle des lions, du suc et de la sève des plus beaux génies qui aient éclairé le monde, puissent avoir un style littérairement inférieur à celui de nos écrivains profanes, débilités par le doute, habitués des nuages ou des bas-fonds, forcés par état ou par goût à frelater leur vin et leur encre, et ne sortant de leur cabinet de travail que pour s'étourdir au bruit de nos querelles, pour prendre leur part des passions, des misères, souvent des bassesses humaines.

Le répertoire de Mgr l'évêque de Nîmes est déjà bien riche, et non moins varié que riche. Je suis donc obligé de choisir ; mais, après avoir remarqué que partout, dans ses œuvres pastorales comme dans ses conférences prêchées à Besançon, dans ses *Béatitudes de la vie chrétienne* comme dans ses *Panégyriques* et *Oraisons funèbres*, il garde sa physionomie, sa *personnalité*, cette imperturbable perfection de doctrine, cette langue sobre, pure, fière, simplement grandiose, et, en même temps, cette corde profondément *humaine*, ce charme austère, fortifiant, salubre, cette faculté d'intervention dans la vie moderne, dans le domaine de nos douleurs, de nos faiblesses et de nos joies, qui font d'avance de Mgr Besson un *classique* de la chaire et de la littérature chrétienne. A une autre époque, j'aurais cru caractériser l'ensemble de ces ouvrages en disant qu'ils placent leur auteur à égale distance ou plutôt à égal voisinage de sa cathédrale et de l'Académie française. Aujourd'hui, l'Académie nomme des vaudevillistes. Je souhaite qu'elle trouve dans cette nouvelle veine plus de dignité, de renouveau, de vitalité et de gloire. En attendant, changeons notre phrase, et disons : « Aussi près de son église métropolitaine que du meilleur rayon de nos bibliothèques ! »

Un récent épisode, la mort de Mgr Dubreil, archevêque d'Avignon, magnifiquement loué par Mgr Besson, semble donner à mon article de semaine sainte un surcroit d'*à-propos ;* mais je n'en abuserai pas ; je dois me souvenir que je n'écris pas seulement pour ma province, et que le défunt archevêque, homme excellent, prêtre et prélat sans reproche sinon tout à fait sans peur, admirablement charitable, très bon administrateur, poète à ses heures, lauréat de jeux floraux avec toute sorte d'églantines et même de soucis, n'était pourtant pas de ceux qui laissent après eux une trace lumineuse, et dont la biographie se rattache à l'histoire générale de leur Église, de leur époque et de leur pays. Son oraison funèbre, prononcée le 9 mars, par l'évêque de Nîmes, est une œuvre de maître, un modèle de cet art qui n'a rien de commun avec l'artifice, que l'on offenserait en le traitant d'habileté, et qui consiste, non pas, grand Dieu! à mentir, non pas même à exagérer le bien, mais à habiller merveilleusement la Vérité, dont le costume légendaire ne pouvait décemment figurer dans une église ; à déjouer les esprits chagrins, les frondeurs et les mauvais plaisants en montrant tout ce qu'un pareil sujet pouvait, à leur insu, renfermer de ressources. Que de belles pages je pourrais citer, si je ne craignais de dépasser les étroites limites d'un feuilleton ! Je me bornerai à transcrire ces quelques lignes : « Il entendit à sept ans le canon de la bataille de Toulouse, et le vain bruit d'une victoire inutile laissa, dans son âme trop charmée peut-être, un écho, toujours sympathique et retentissant, de la grande épopée qui venait de finir pour le bonheur de la France et le repos de l'univers. »

Je suis plus à l'aise avec notre cher et inoubliable Reboul, dont la gloire poétique ne pourrait décroître sans fournir un argument de plus contre cette épouvantable fin de siècle, décidée à prendre le contre-pied du vers de Lamartine :

La gloire ne peut être où la vertu n'est pas!

C'est le 17 mai 1876 que fut inaugurée sa statue. Mr Besson, en prononçant son oraison funèbre bien peu de temps après son arrivée à Nîmes, achevait de s'acclimater à l'air, à l'esprit de son diocèse, dont les ardeurs et les vivacités méridionales auraient pu parfois le désorienter. Dire qu'il fut au niveau de sa tâche, que les monuments contemporains d'Antonin et de Marc-Aurèle tressaillirent, qu'il rendit à sa cathédrale la voix d'un Fléchier plus jeune et plus simple, ce ne serait pas assez. Le lecteur le plus enthousiaste de Jean Reboul, le compatriote le mieux familiarisé avec cette incomparable figure de poète, d'ouvrier, de chrétien et de royaliste, ne l'aurait pas mieux compris, mieux admiré, mieux loué, mieux fait revivre, n'aurait pas passé plus près de cette âme qui était presque du génie, de ce cœur d'or, de ces inspirations si sincères, si hautes et si pures, qu'elles semblaient apportées à l'humble boulanger par les anges du ciel avec son pain de chaque jour. Pain sans levain! car s'il en mit dans son four, il n'y en eut jamais un atome dans cette nature exquise, faite pour croire, pour chanter, pour prier et pour aimer!

Ici, il faudrait tout citer. Comme on pourrait supposer, d'après cet article même, que le beau talent de Mgr Besson a plus de force que de grâce et de tendresse, je vais essayer de prouver le contraire à propos de cette adorable pièce de *l'Ange et l'Enfant*, dont on ne se lassera jamais : — « Quand l'enfant, nous dit-il, s'est endormi du sommeil de la mort, que deviendra la mère qui le pleure?. Il lui reste à se voiler la face, et à nous, il ne reste plus qu'à nous retirer, les yeux baissés en répétant ce que l'Écriture a dit de Rachel : « Elle a refusé d'être consolée, » parce que son enfant n'est plus; *et noluit consolari, quia* » *non sunt.* » Eh bien, Reboul a entrepris de consoler la douleur inconsolable des mères, et de leur persuader l'espérance dans ce moment terrible où leurs entrailles refusent de la comprendre. Ce n'est plus un moment terrible, c'est un moment presque délicieux. Non, il n'y a point de mère qui ne consente à laisser un ange s'approcher du berceau de son fils pour

> ... Contempler son image
> Comme dans l'onde d'un ruisseau...

Il n'y a point de mère qui ne consente à entendre ces paroles :

> Charmant enfant qui me ressemble,
> Disait-il, oh! viens avec moi;
> Viens! nous serons heureux ensemble;
> La terre est indigne de toi!... »

Il n'y a point de mère qui ne relève sa tête pour suivre l'ange aux blanches ailes qui emporte l'âme, quand même il lui faut regarder le corps inanimé, quand même le médecin, le prêtre, l'ami, viennent lui dire, en lui serrant la main :

« Pauvre mère! Ton fils est mort!... »

Analyser avec cette exquise délicatesse, entrer si avant dans l'aspiration du poète et dans le cœur des mères chrétiennes, c'est avoir sa part de cette inspiration même et des plus intimes sentiments de ce cœur; c'est créer un second poème en marge du chef-d'œuvre de Reboul; c'est rivaliser avec les arts qui ont tenu à honneur d'entourer de leurs hommages l'enfant, qui est déjà un ange, l'ange, qu'on ne distingue plus de l'enfant, la mère, qui ne sait plus si elle doit pleurer ou sourire, — *dacruoën gelasasa*, — devant ce cercueil terrestre, devenu un berceau divin [1].

Dans une autre ordre d'idées et de souvenirs, comment lire sans une émotion profonde et un surcroît de fidélité royaliste les lignes suivantes : « Des amis révélèrent ce que sa délicatesse avait caché, et il lui fallut accepter du prince ce qu'il aurait refusé de tout le monde. Ne craignez rien pour ces deux grands cœurs; le bienfaiteur semble recevoir ce qu'il donne, tant il met de bonne grâce à l'offrir ; mais l'obligé se sent plus obligé encore, tant il met de modestie à baiser, avec l'expression d'une respectueuse et profonde reconnaissance, les mains augustes et vénérables d'où le bienfait est descendu sur lui! »

Que de perles bénies, que de fleurs rares, dont aucune n'est de rhétorique, je trouverais encore dans le pané-

---

1. M. Jules Goudareau, gendre et neveu de M. Blanchard, l'excellent maire de Nîmes, a composé sur les paroles de *l'Ange et l'Enfant,* une musique charmante, une mélodie exquise, tout à fait digne du texte.

gyrique du vénérable de la Salle, dans l'oraison funèbre des mobiles de la Haute-Saône, du cardinal Mathieu, archevêque de Besançon ; de M$^\text{gr}$ Plantier, évêque de Nîmes, prédécesseur de M$^\text{gr}$ Besson ! Mais, quoique rien, absolument rien, dans la mâle éloquence de mon évêque, ne rappelle le cérémonial et la formalité, les écrits et les discours ont le très heureux inconvénient d'exister pour tout le monde. Or il y a dans l'intimité quelque chose de si doux, un tel attrait dans le demi-jour, un charme si piquant dans le plaisir de connaître ce que le grand public ignore, que toutes mes prédilections étaient acquises d'avance à un petit volume dont la possession est presque un privilège, que je dois à la confiance de M$^\text{gr}$ Besson, et qui est intitulé : *M. de Montalembert en Franche-Comté.* — Montalembert intime! Quelle aubaine! Et dans quel cadre! Et avec quel interprète! Et au milieu de quel admirable groupe de compatriotes adoptifs, de disciples, de partenaires, de correspondants, (au pluriel) d'admirateurs, d'amis, de collaborateurs, de compagnons de voyage, d'hôtes, de parents, de confidents, d'électeurs! Certes, les biographes, les panégyristes n'ont pas manqué à cette illustre mémoire. La plupart étaient dignes de retracer, soit dans l'ensemble, soit dans le détail, la vie, les œuvres, les crises, les luttes, les victoires, les épreuves de l'immortel défenseur des intérêts catholiques et des libertés de l'Église. Pourtant je n'ai rien lu qui me pénétrât plus profondément que ce livre, écrit, pour ainsi dire, sous la dictée de M. de Montalembert, entremêlé de ses lettres, animé de son souffle, plein de son âme, où il nous apparaît tour à tour heureux, enjoué, *bon enfant*, triste, inquiet, assombri, malade, aigri peut-être, et jeté un moment hors de sa voie par un paroxysme de douleur morale et physique, mais toujours vrai, toujours vivant, vaillant, militant, fidèle aux conditions de sa martiale origine et de son énergique nature, en parfait accord avec cette Franche-Comté qu'il aime, avec cette élite qu'il inspire, avec son interlocuteur, son *éditeur*, alors supérieur du collège Saint-François-Xavier, aujourd'hui évêque de Nîmes.

Si l'amitié d'un grand homme est un bienfait des dieux, n'est-il pas encore plus exact de dire que l'amitié d'un homme tel que Montalembert, son estime profonde, ses inaltérables sympathies, le soin qu'il prend de traiter *l'abbé Besson* d'égal à égal et de le mettre de moitié dans toutes ses pensées, suffiraient à classer mon évêque, sans que mes éloges et mes hommages puissent rien y ajouter ! Dans le modeste supérieur d'un collège ou d'un séminaire de province, Montalembert avait reconnu un ouvrier de son œuvre, un esprit de sa trempe, une âme capable de le comprendre et de répondre de lui auprès de deux sortes de récalcitrants; en habit brodé, aussi mal conseillés que leur maître sur ce point et sur beaucoup d'autres, sans compter les points noirs; et en soutane, de braves prêtres, si empressés de payer leur dette à César que lorsqu'ils avaient à rendre ce qui était à Dieu, il ne leur restait plus de monnaie.

Mgr Besson, en tête de ce volume, se qualifie humblement de *metteur en pages ;* il est bien plus et bien mieux que cela ; il est le trait d'union entre son illustre ami et ce diocèse de Besançon qui devint pour le grand orateur catholique une seconde patrie, une patrie d'élection, jusqu'aux heures néfastes où il fut forcé de dire comme Tancrède : *O patria ! o dolce ingrata patria !* Eh ! bien, cette assimilation de M. de Montalembert avec la Franche-Comté, voilà le caractère et l'attrait particulier de ce livre. A Paris, dans l'atmosphère factice des salons ou dans le tumulte de la vie publique, nous n'avions pas le temps de savoir si l'auteur des *Moines d'Occident* était aimable ; ici, il est charmant, gracieux, expansif, familier, avec un tact et une mesure qui font de la familiarité une noblesse de plus ; il écrit à des hommes plus remarquables que remarqués des lettres délicieuses ; il excelle à rendre imperceptible la distance entre le grand homme de Paris et les grands hommes de province. Dans ses lettres, dans son langage, dans sa physionomie rassérénée par l'air pur des montagnes, les balsamiques influences de la vie au grand soleil et l'odeur saine des essences résineuses, on retrouve quelque chose de l'enjouement, du badinage, de l'honnête et cordiale joie du comte Joseph de Maistre, lorsqu'il cessait d'être prophète pour redevenir père de famille. Chaque page de ce livre béni a eu pour moi une surprise, une découverte, — je dirai presque un point de vue en songeant à ces beaux paysages des bords du Doubs, du *Tyrol français* (le mot est de M. de Montalembert), qu'il effleure de sa plume, qu'il décrit en se jouant, et qui se font visibles pour embellir ces aimables scènes d'intimité et de famille, pour encadrer les noms illustres, les figures bienfaisantes et chrétiennes des Mérode, des Grammont, des Crillon, et pour expliquer l'heureuse détente de cette intelligence si active, si ardente et si passionnée. J'y ai même découvert une parente par alliance, que je n'avais pas l'honneur de connaître et dont je m'enorgueillis un peu tard, mademoiselle de Saint-Juan, nièce du marquis de Bouclans et auteur d'ouvrages religieux, très populaires dans le diocèse de Besançon. M. de Montalembert les lit avec une attention sympathique, la félicite, fait ses réserves, le tout avec une grâce, un naturel, une bonne humeur qui rappellent le grand siècle ; il la nomme gaiement son *avocate*, sa chère électrice, et c'est un titre de plus pour cette fervente et spirituelle catholique, qui reste fidèle, *quand même, malgré tout*, au candidat repoussé par les puissances de ce monde et les Pères de l'Église du second Empire. S'aveuglait-elle ? Son admiration pour l'homme la rendait-elle trop complaisante pour le libéral ? Non, mille fois non, et je n'en voudrais pour preuve que ces trois lignes extraites d'une lettre écrite à M. l'abbé Besson à propos du *Syllabus* :

« Quant aux jeunes gens que mon exemple aurait pu autrefois séduire et qui se troublent peut-être devant l'Encyclique, donnez-leur deux conseils ; d'abord d'être meilleurs chrétiens que je ne l'ai été, et ensuite de ne se mêler jamais de théologie. »

Celui qui a écrit ces lignes touchantes au plus fort de la crise dont s'émurent ses amis, à l'heure où ses rancunes contre l'Empire auraient pu rejaillir jusqu'au Vatican, doit demeurer pour nous ce qu'il fut toujours, avant et après sa rupture avec Lamennais ; un admirable, un invulnérable catholique, et c'est ainsi que l'entend Mgr Besson. S'il s'est trompé une fois, c'est que la nature humaine, même chez les meilleurs, n'est pas infaillible, et que, à la veille de sa mort, il paya sa rançon aux faiblesses et aux agitations de la vie. M. Vitet aussi, sur un autre terrain, s'est trompé, et d'une façon déplorable, lorsqu'il a écrit que la chute de l'Empire nous dédommageait des désastres de la guerre. Il n'en reste pas moins un des esprits les plus sages, les plus lumineux, les plus français et les plus chrétiens qui aient honoré notre temps et notre pays. Ce n'est pas sans dessein que je rapproche le nom de M. Vitet de ceux de Montalembert et de Mgr Besson. Son suffrage est cent fois plus précieux que le mien, et le voici. Il est adressé à

Édouard Grenier, le charmant poète dont je vous parlais l'autre jour :

« J'ai jeté les yeux sur ce récit *comtois*, seulement pour pouvoir vous dire que j'en avais lu quelque chose; mais pas du tout ! Il m'a pris, et si bien pris, qu'il ne m'a pas lâché jusqu'à ce que je sois arrivé à la dernière page... Le récit de M. l'abbé Besson ne m'apprenait rien de nouveau sur l'homme incomparable que nous avons perdu... mais ces détails franc-comtois éclairent cette noble figure d'une lumière vraiment particulière, et lui prêtent *des charmes que je ne lui connaissais pas*. Tout ce petit intérieur d'élite où M. l'abbé Besson joue un si noble rôle et mademoiselle de Saint-Juan un si charmant personnage, tout cela fait un tableau hollandais exquis, d'une excellente harmonie, d'une touche fine et délicate... »

Je disais un jour à M. Vitet qu'il me faisait croire à l'infaillibilité... en matière d'art et de littérature. S'il vivait encore, je lui demanderais ce qu'il pense de mon évêque, et sa réponse serait mon meilleur hommage.

XVII

A COTÉ DU BONHEUR

———

Mars 1880.

Connaissez-vous un titre plus vrai, plus mélancolique, plus engageant et plus *humain* que celui-là : *A côté du bonheur?* Il s'accorde admirablement avec les trois aspects d'une même idée: le désir d'être heureux, la certitude de ne pas l'être, la manie d'en poursuivre la conjecture ou le rêve, n'en n'ayant pas la réalité. C'est à la fois notre grandeur et notre misère d'aspirer sans cesse au bonheur, et de le placer ailleurs que dans le mélange de biens et de maux que nous possédons ou qui nous possède. Au déclin ou à la fin de la vie, lorsque nous reportons nos regards en arrière, nous nous arrêtons souvent à une date, à un nom, à une ombre, et nous nous disons avec une vague tristesse : « Il était là, le bonheur, et je n'ai su ni le voir, ni le mériter, ni le choisir ! » Nous oublions que le charme de cette vision réside surtout dans la faculté qu'elle nous laisse de l'embellir à notre guise, d'en élaguer tout ce qui l'aurait troublée, de substituer notre imagination à notre expérience. Nous oublions que ce doux songe, s'il avait pris corps, n'aurait probablement pas échappé aux conditions de l'existence, aux infirmités de notre débile nature. Nous aurions mieux fait de nous dire : « Si nous avons *manqué* notre bonheur, c'est qu'il n'est pas de ce monde, et c'est plus haut qu'il faut le chercher. »

— « Le bonheur était là ! » dit la pauvre Marianna à la dernière page du beau roman de Jules Sandeau. — « Le bonheur était là ! » répète Georges de Fleynac, le héros du roman anonyme, que je viens de lire avec une vive émotion et une profonde sympathie. De qui est-il, ce roman ? Je l'ignore, je ne veux pas le savoir, mais je crois le deviner. Il est plein d'exquises délicatesses, qui révèlent une femme; j'ajouterais : une grande dame, — si le mot ne m'avait été pris par Buridan. Elle ne s'inquiète pas de nos querelles d'école, de la question de savoir si le naturalisme est la perfection, la quintessence du naturel; un instinct supérieur lui apprend qu'un sentiment vrai, une scène pathétique, une page d'observation juste et fine, une intervention discrète du romanesque dans le réel, sont mille fois préférables à ces partis pris de vérité *quand même*, où beaucoup de grossièreté s'entremêle de beaucoup de prétention, à ces photographies qui, sous prétexte de tout reproduire, enlaidissent tout. Quoi qu'on dise ou qu'on fasse, l'art démocratique réaliste ou naturaliste — c'est le même tas sous des étiquettes différentes — a tous les caractères du parvenu. Ses descriptions démesurées où s'absorbe l'intérêt du récit, ses empâtements et ses excès de palette où disparaissent les lignes et les contours des figures, c'est le gros luxe du parvenu, du nouvel enrichi, qui fait bâtir un palais somptueux, sans avoir à y mettre une idée, un mot spirituel, un *cachet* de véritable élégance, une marque de bon goût, une tradition ou un portrait de famille, un convive de bonne compagnie. Il entasse meubles, curiosités, *préciosités* et bibelots, et il ne réussit qu'à faire concurrence aux magasins de bric-à-brac de la rue de la Paix ou de la rue Royale. Les yeux peuvent être éblouis, l'âme est absente ; comment y serait-elle ? Le propriétaire n'est pas sûr d'en avoir une.

Je dirai volontiers qu'il y a plus d'âme que de corps dans *A côté du bonheur*, et c'est ce qui en fait le charme. Un autre de ses mérites, c'est sa simplicité, qui permet au critique de l'analyser sans craindre de s'embrouiller, et au lecteur de ne jamais en perdre de vue l'horizon, qui se confond avec le ciel. Georges de Reynac a été élevé avec Sténie de Santis, dont les parents étaient voisins de campagne de son père. M. et madame de Santis ne font pas bon ménage; leurs goûts sont absolument différents; le mari sérieux et studieux, la femme jolie, frivole, mondaine, avide d'hommages, de succès et de plaisirs; vous savez ce qui arrive en pareil cas, et il a fallu toute la légèreté de main de l'auteur anonyme pour nous faire glisser sur ce contraste et ses fâcheuses conséquences, traduisibles en deux syllabes par Molière, Paul de Kock, M. Zola et M. Barbey d'Aurevilly. Sténie, fille unique de ces époux mal assortis, n'a pas été entre eux un lien suffisant. Elle froisse leur amour-propre par une laideur qui l'a fait surnommer *Mouni, petit singe*, dans le patois basque. — Nous autres Provençaux, nous dirions *Mounine*. — L'âge de disgrâce se prolonge chez elle, de façon à retarder indéfiniment cette transformation de la seizième année, qui parfois — pas bien souvent — change le fagot d'épines en corbeille de fleurs, la chouette en cygne et la guenon en gazelle. La pauvre Sténie, que sa mère appelle un petit monstre, a conscience du sentiment qu'elle inspire; l'indifférence de ses parents qui ne lui pardonnent pas d'être laide, lui fait froid dans l'âme et dans le cœur. Elle aggrave sa laideur par un mélange de sauvagerie, de timidité, de mutisme, de gaucherie, et peu s'en faut qu'on ne croie son intelligence aussi disgraciée que sa figure.

Dans cet abandon, dans cette détresse, Sténie n'a qu'un ami, le comte de Fleynac, père de Georges. Il s'intéresse à cette enfant, déshéritée de toutes les joies et de toutes les affections de son âge. Il devine, il découvre peu à peu tout ce que cette nature somnolente, tardive, refoulée par les dédains du dehors, repliée sur elle-même, cache de mystérieux trésors. Sa pitié devient de la sympathie, presque une tendresse paternelle, et il n'a pas affaire à une ingrate. Sténie s'attache à lui avec cette ardeur dont elle n'a pas encore trouvé l'emploi ; elle lui prodigue tout l'arriéré, tout le *trop plein* de ces facultés aimantes qui se développent librement à ses côtés, et qui, plus près d'elle, ont été méconnues et repoussées. Il y a quelque chose de bien touchant dans ce prologue, dans la peinture de ce sentiment que l'on pourrait appeler préparatoire ; car vous devinez que le cœur de Sténie, une fois ouvert, réchauffé, familiarisé, acclimaté à ce contact balsamique, a bien peu de chemin à parcourir pour passer d'une génération à l'autre, et faire profiter Georges de sa tendre reconnaissance pour M. de Fleynac. Oh ! comme elle l'aimerait ! comme elle le rendrait heureux ! M. de Fleynac y songe. Chaque jour rend plus visible à ses yeux cette métamorphose de la petite fille simiesque en jeune fille angélique. Ce mariage serait son plus cher désir, la consolation de son veuvage. Mais, hélas ! pour Georges, Sténie est toujours la *mouni* ou la *mounine* de ses mois de vacances au château de la Belourde. Madame de Santis est morte en chrétienne réconciliée et repentie. Ce retour, dû à l'influence de sa fille si peu aimée, a ouvert les yeux de M. de Santis sur les mérites et les grâces de Sténie. Il n'était que distrait, absorbé par ses études scientifiques ; il devient attentif, il s'occupe passionnément de l'éducation de Sténie, et la voilà entre ses deux pères, alternant entre le château de Roques et la Belourde, faisant doucement sa provision de bonheur avec l'espoir secret de la donner sans la perdre, trouvant sa meilleure joie dans les apparitions de Georges, dont la jeunesse, l'élégance, les qualités brillantes illuminent les deux châteaux. Oui, le bonheur est là, sous la main de Georges; il nous apparaît à nous dans des pages vraiment charmantes. Il ne le voit pas; il passe *à côté* ; il part; où va-t-il ?

Ici se placera ma seule objection ou ma seule critique. J'admets parfaitement que Georges ne s'aperçoive pas de la lente transformation de cette nouvelle Philiberte; que l'habitude le rende inaccessible, de *ce côté*, à un sentiment romanesque, qu'il en soit de ce rêve des deux pères comme de ces projets de mariage entre cousins élevés ensemble et trop habitués aux détails réalistes de la camaraderie pour les remplacer par les idéales aspirations de l'amour. Mais ce qui me paraît moins facile à admettre, c'est que Georges, beau, riche, intelligent, élégant, destiné à déployer dans la suite du récit un noble et énergique caractère, que Georges, qui a voyagé, qui a vu le monde, qui a même été diplomate, se laisse *harponner*, pour le bon motif, par une de ces aventurières que nous avons tous rencontrées à Vichy ou à Trouville, à Dieppe ou à Nice, à Baden ou à Monte-Carlo, sans dot, sans position sociale, sans nationalité bien déterminée, pourvues d'une mère dont les grands airs, la beauté d'arrière-saison, les toilettes majestueuses, parfois un mariage morganatique avec un prince allemand du répertoire d'Eugène Sue ou d'Eugène Scribe, donneraient le change aux badauds, si mille symptômes indiscrets ne trahissaient leur gêne, si leurs revenus chimériques ne se résumaient en expédients, et si elles n'avaient généralement, en quittant leur hôtel, une querelle avec l'hôtesse, comme Gil Blas avec son traiteur, sur le chiffre de l'addition. Leur vrai capital, c'est leur fille, et tout l'espoir de celle-ci est de faire un bon mariage, c'est-à-dire une dupe. Elle déploie, pour atteindre ce but, un bizarre mélange de machiavélisme féminin, de hardiesse virile, de naïveté cherchée, de câlinerie féline, de tristesse élégiaque, de gaieté enfantine, de pruderie britannique, de fougue espagnole, de candeur virginale et de renoncement aux biens de ce monde. Elle est tour à tour ingénue, grande coquette, sentimentale, positive, amazone, sincère, fée, sœur grise, muse, souveraine, esclave, séraphique, diabolique, fantaisiste, sérieuse, évaporée, petite fille, petite maman, héroïne de roman et femme de pot-au-feu. Elle entremêle, dans un bouquet magnétique, les tubéreuses et les fleurs d'oranger. Elle a tout juste assez de vertu, de sagesse ou de prudence pour esquiver le demi-monde, décourager les valseurs sans argent, se présenter sans s'offrir, s'offrir sans se compromettre, écarter les amitiés dangereuses, garder un savant équilibre entre la peur d'échouer et l'inconvénient de trop réussir, inquiéter l'amour pour assurer le mariage, supprimer ou ajourner tout ce qui la déclasserait, la ferait tomber au-dessous du pair et lui infligerait la honte d'être cotée au lieu d'être épousée. L'homme qui les épouse, ces créatures équivoques et charmantes, ces cosmopolites du contrat et du douaire, ces chercheuses de maris, ces nomades de l'hymen, ces innocences provisoires, ces surnuméraires de la dignité conjugale, ces plaidoyers ambulants en l'honneur du divorce, n'est pas toujours un imbécile, et tout Paris connaît, depuis cinquante ans, un homme d'infiniment d'idées — de trop d'idées — qui a mis autant d'empressement à épouser une de ces aimables femmes que d'énergie à récuser ses enfants.

Aimables, ai-je dit? Séduisantes! fées! sirènes! C'est justement ce qui manque à Hélène de Laybach, et c'est pourquoi je m'étonne que sa beauté ait suffi à subjuguer un jeune homme aussi distingué, aussi supérieur que Georges aux séductions grossières et vulgaires. Elle est très belle, soit! En pareil cas, les romanciers ne lésinent pas. Mais, depuis le moment où l'auteur nous la présente jusqu'au tragique châtiment de ses folies et de ses fautes, je n'aperçois pas, chez cette belle Hélène, à qui je souhaiterais un autre Ménélas, une ombre, un

atome de cette grâce *plus belle encore que la beauté*, de
ce charme, de cette magie qui expliquent l'énigmatique
puissance des femmes de sa sorte, adorées avant d'être
épousées, recherchées d'abord sans intention bien précise,
puis, par gradations insensibles, à force de tenir
la dragée haute, arrivant aux dragées du sacrement, et
amenant peu à peu leur victime de la déclaration sans
conséquence à la cérémonie sans appel. Sans les prodiges
de cette stratégie préliminaire, comment comprendre
ces capitulations insensées, ces unions disparates, ces lunes
de miel préventives, ces enchantements de la veille,
ces orages du lendemain, ces gages donnés d'avance à
la trahison, aux scènes de ménage, aux tribunaux, aux
équipées de toute espèce, aux séparations et aux scandales ?

Or Hélène de Laybach, dès son entrée en scène, est
si maussade, si désagréable, si mauvaise, si peu engageante,
si hautaine, si cassante, si déplaisante, que l'on
se demande pourquoi elle a laissé toutes ses séductions
à Florence, où Georges l'a rencontrée, et par quel maléfice
elle a pu s'emparer d'un esprit et d'un cœur tels que le
cœur et l'esprit de Georges de Fleynac. Elle ne se donne pas
même la peine d'être hypocrite. Elle ne ménage à son fiancé
ni rebuffades, ni coups d'épingle; elle répond à ses tendresses
par des allures glaciales de reine offensée. Tout
d'abord, on devine qu'il n'est pour elle qu'un *pis aller*,
qu'elle ne l'aime pas, qu'elle lui aurait préféré un duc,

le duc de Sauve — qui peut; — qu'à Florence, elle a dépassé avec ce duc toutes les limites de la *flirtation* slave ou américaine, et que, si elle a fini par se tourner du côté de Georges, c'est parce qu'il est riche et que la couronne ducale de M. de Sauve n'est enrichie d'aucun diamant. Les lecteurs les plus distraits devinent tous ces tristes détails, et ils en veulent à Georges de ne pas les avoir devinés, aperçus, prévus, évités; du moins, s'il eût passé à *côté du bonheur*, il n'aurait pas passé d'un extrême à l'autre.

J'insiste trop longuement sur ce défaut, parce que c'est le seul. Peut-être était-il nécessaire. Il fallait que rien ne manquât à cette partie carrée, à cette double méprise des anges gardiens, trompés par les mauvais anges. Car, tandis que Georges fait naufrage, Sténie de Santis est noyée. Son père, forcé de renoncer au mariage si vivement désiré, la marie à l'aveuglette, au hasard, et ce hasard le sert bien mal. Impossible d'imaginer un être plus nul, plus absurde, plus odieux, plus bête, plus ridicule, plus sot, plus irritant, plus vide, plus inconsciemment nuisible, méchant, pervers et malfaisant que le vicomte Félix d'Ericey; le *vibrion* de *l'Étrangère !* Ici, je ne proteste pas; la pauvre Sténie ne l'a pas choisi; elle n'a pas été consultée; du moment qu'elle n'épouse pas Georges, que Georges ne se doute pas de son amour, et, s'il s'en doutait, serait à mille lieues de le partager, que lui importe? Son sacrifice n'existe que du moins au plus.

Rien, d'ailleurs, ne peut faire pressentir à cette âme si pure, si haute et si droite, le type trop réel, sinon bien commun, du crétin blasonné, armorié, écussonné, sans idées, sans bonté, sans initiative, incapable d'une affection vraie et d'une pensée sérieuse, sévèrement tenu, jusqu'à sa majorité, par des parents imprévoyants, rongeant son frein, retenant sa gourme, mâchant dans le vide et considérant d'avance le mariage, non pas comme un lien sacré, un engagement contracté sous le regard de Dieu, l'échange de deux cœurs qui se donnent l'un à l'autre pour mieux se confondre, non pas comme le seuil du foyer domestique et des joies de la famille, mais comme un émancipateur complaisant qui délie au lieu d'obliger. Félix, malgré son nom, ne sait pas connaître les causes des malheurs qu'il va s'attirer et distribuer autour de lui. Il ne sait pas mettre un peu d'esprit dans ses vices, un peu de choix dans ses plaisirs, un peu de discernement dans ses extravagances, un peu de ménagement dans ses fredaines, un peu de bienséance dans ses incongruités. Ce n'est pas un homme, c'est un fantoche; il agit comme un mannequin à ressorts. Il parle comme le Montpavon du *Nabab*. Il pense comme un perroquet mal élevé. Pauvre Sténie! Elle n'a pas un jour, pas une heure d'illusion. Sa lune de miel est une lanterne sourde dans un nid de guêpes; et pourtant le *laideron*, la petite fille gauche et maigrelette, la *Mounine* d'autrefois, a complété sa métamorphose; elle est délicieusement jolie!

Maintenant, vous dirai-je les suites désastreuses, mais logiques, de ce *faux départ,* de ces deux unions désunies d'avance? L'auteur nous les raconte mieux que je ne pourrais le faire. Scènes de la vie mondaine esquissées d'après nature, et cachant bien des douleurs sous leurs fugitives élégances; insanités toujours croissantes de M. d'Éricey; martyre de Sténie, dont l'admirable attitude et la douceur résignée déjouent toutes les médisances; angoisses de Georges se débattant contre l'évidence, meurtri dans son cœur et dans son honneur, forcé de reconnaître, chez la coupable Hélène, toutes les spécialités du serpent, moins la souplesse, et de la chatte, moins la patte de velours; scandaleuse conduite d'Hélène qui a renoncé à épouser le duc de Sauve, mais non pas à être duchesse *in partibus infidelium;* inconstance du duc, qu'Hélène fatigue de ses obsessions amoureuses et jalouses, et qui voudrait bien, à titre d'ami de Félix d'Éricey, triompher de l'invulnérable vertu de sa femme; querelles de jeu servant de prétexte à l'assouvissement d'autres colères; épilogue inévitable, duel final où le duc tue M. d'Éricey, ce qui le dispense de se battre avec Georges outragé, et lui permet de s'enfuir avec madame de Fleynac, affichée sans être aimée; tous ces détails d'un intérêt poignant, émouvant, dramatique, s'effacent pourtant et semblent presque secondaires, lorsque nous arrivons à la troisième partie du récit, à cette date significative, encore pleine, après dix ans, de frémissements, de frissons et de terreurs : OCTOBRE 1870.

A la fin de 1832, nous avions tous ou presque tous écrit une nouvelle de début, — *Maiden speech*, — dont les deux héros, séparés par des événements extraordinaires, se retrouvaient à l'Hôtel-Dieu, au chevet des cholériques. Mais qu'est-ce que le choléra de Paris comparé à cette guerre de 1870, dont on pourrait dire que les romanciers y trouvent autant d'inspirations et d'émotions que les Prussiens y ont trouvé de pendules et que Gaudissart-Gambetta y a prodigué de *blagues*? L'effet en est sûr, si sûr, que j'aurais presque envie de me demander s'il ne siérait pas de laisser se reposer cette mine inépuisable, si nos conteurs, à force de retracer les épisodes de l'année terrible, ne risquent pas de se répéter. J'ai changé d'avis en lisant les cent dernières pages de ce roman, *à côté du bonheur*. D'abord, en un moment où nos seigneurs et maîtres, aidés de la bêtise et de l'ingratitude du suffrage universel, font prévaloir, à propos de ces malheurs inouïs dont ils furent à la fois les complices et les bénéficiaires, exactement le contraire de la vérité, c'est si bon de voir un écrivain d'une distinction rare répondre à nos souvenirs, à nos rancunes, et de lire des lignes telles que celles-ci : « La Révolution a sacrifié le pays aux intérêts de son parti. Le gouvernement nouveau s'est refusé à réunir les députés de la nation. Le pouvoir suprême repose tout entier entre les mains d'hommes décidés à diriger la France, comme à commander ses armées, sans avoir jamais rien su du gouvernement ni de la guerre ! »

Dès lors, nous le savons, nous sommes en parfaite communauté d'idées avec l'auteur du récit, et encore mieux disposés à rendre hommage à la façon toute naturelle dont elle conduit et fait ressortir ses personnages à travers les calamités collectives. Grâce à un préjugé de fabliau, de théâtre, de comédie et de tradition gauloise, nous sommes si sottement enclins à voir une sorte de déchéance dans le rôle de mari trompé, qu'il nous fallait une large indemnité; la *réhabilitation* romanesque — que dis-je! héroïque de Georges de Fleynac. Rien n'y manque, et ce qui la rend plus complète encore, plus consolante et plus éclatante, c'est que l'auteur y associe constamment l'adorable Sténie d'Éricey; c'est que, entre ces deux êtres d'élite, faits l'un pour l'autre, expropriés de leur part de bonheur en ce monde, obligés de faire de l'amitié le pseudonyme de l'amour, il s'établit une émulation généreuse de dévouement, de courage, d'abnégation, de patriotisme et de sacrifice. Après avoir été la providence de ses *mobiles*, après leur avoir donné de magnifiques exemples d'énergie et de bravoure, Georges est blessé, mourant; il ne peut être sauvé que par miracle. Ce miracle, Sténie l'accomplit sans emphase, sans rien perdre de sa grâce de grande dame, de ses perfections d'honnête femme, de son auréole de sainte. Il y a là deux ou trois épisodes, la rencontre de Georges qui pardonne avec le duc de Sauve qui meurt, celle de Sténie avec l'officier prussien qu'elle reconnaît pour l'avoir vu à l'hôtel d'Ericey, la fuite du blessé et de son intrépide infirmière à travers les bois, les fermes, les solitudes, jusqu'aux ruines d'une vieille abbaye ; — chapitres d'autant plus remarquables que l'auteur y déploie de charmantes qualités de paysagiste, tout en observant une sage mesure, une proportion exacte entre la description et le récit.

Ces deux âmes sont trop saturées d'héroïsme, montées trop haut, pour qu'un dénouement ordinaire soit possible ; il serait facile de marier Georges et Sténie ; la misérable Hélène, abandonnée, tombée, flétrie, égarée même dans les ambulances de l'armée allemande, a fini, de faute en faute et d'expiation en expiation, par revenir à Paris, le Paris de la Commune. Ici, je cède à l'envie de citer encore quelques lignes afin de rassurer l'Académie française, coupable d'avoir élu un détracteur des vrais patriotes, un calomniateur des vrais sauveurs de la République, un pourvoyeur des conseils de guerre : « — Quels crimes ! quelle honte ! On venait de leur envoyer de la ville la nouvelle de la prise de Paris, des incendies de la Commune et de ce comble de l'horreur et de la barbarie, qu'aucune épithète ne suffit à flétrir : l'assassinat des otages ! »

Une partie de la rue de Lille est dévorée par les flammes ; or madame de Fleynac, malade, agonisante, habitait, rue de Lille, une des maisons incendiées. Un mot de plus, un bulletin funèbre, et le veuvage de Georges autorisera toutes les espérances. Mais non, il est trop tard. Brisée par tant d'épreuves, Sténie meurt. Libre et veuf, Georges se fera prêtre, et peut-être, en ce moment même, est-il visé par l'article 7. — « O mon pauvre enfant ! s'écrie son vieux père, tu as passé à côté du bonheur ! — Non, mon père, répond Georges. Elle vient de m'en montrer le chemin !... » Vous me direz que c'est le vieux jeu ; je vous répondrai que le jeu d'échecs, qui n'est pas jeune, est plus noble que le jeu de bézigue ; vous me direz que ce roman, si intéressant, si pathétique, si touchant, écrit d'un style si pur, si doux et si facile, manque un peu d'originalité ; je vous répondrai que vous vous trompez, que, dans un temps, dans un pays, sous un régime où tout contribue à abaisser le niveau des intelligences et des âmes, c'est être original que de remonter aux sources de l'idéal où l'âme humaine se retrempe et redevient capable de grandeur morale. Vous me demanderez ce que je pense, en définitive, de ce roman : *A côté du bonheur*. Je vous répondrai : « L'auteur, quelle qu'elle soit, a su faire une œuvre excessivement distinguée avec des éléments peut-être un peu plus communs que son inspiration, son talent, son style, sa personne et son livre. »

XVIII

LES POÈTES[1]

4 avril 1880.

Tout n'est pas également à louer dans le poème de M. Jean Aicard ; mais n'y eût-il qu'une heureuse tentative, ou plutôt une initiative, ce serait assez pour mériter de vives sympathies et un examen attentif. Il y a deux ou trois mois, je vous disais, un peu au hasard et au *jugé*, que l'auteur de *Miette et Noré* me représentait une sorte de trait d'union entre Victor Hugo et Mistral ; c'est presque exact, et, pour n'avoir pas à y revenir, j'ajoute que j'aurais voulu trouver, soit dans un prélude, soit dans une dédicace, soit dans un épilogue, soit dans une note, un hommage à cette admirable *Mireille* que Miette, sans

---

1. *Miette et Noré.*

parler la même langue, pourrait appeler sa sœur aînée.

Franchement poète et franchement Provençal, Jean Aicard a dû, comme nous tous, lire, étudier, savourer, discuter, s'assimiler les œuvres de nos *Félibré;* il s'est rendu compte de ce mouvement, de cet élan de renaissance qui a fini par triompher des récalcitrants, des sceptiques et des railleurs, et qui, en plein XIXe siècle, au moment où s'effaçaient les distances et où la centralisation devenait encore plus absorbante, a su greffer toute une poésie originale sur le vieux tronc de la poésie et de la littérature françaises. Il a pesé, comme nous, le *pour* et le *contre*. Le *pour*, on ne peut plus le récuser sans résister à l'évidence ; c'est le groupe d'élite qui s'est formé autour de cette idée; c'est le réveil de la Muse provençale, régénérée, rajeunie, aussi fraîche, aussi printanière que le *renouveau* qui nous rend les grappes de nos cithyses, les aigrettes de nos marronniers et les coupes de nos renoncules. C'est le répertoire, déjà très riche, de cette poétique pléiade, ses communications périodiques avec les pays étrangers, les chaires qui se sont multipliées dans les villes studieuses et savantes; c'est la bienfaisante influence exercée dans nos ateliers et dans nos campagnes par ces livres où nos populations rurales et ouvrières apprennent à s'estimer sans se surfaire et à s'amuser sans se corrompre ; c'est l'antidote opposé aux poisons du journal à un sou ; la popularité de bon aloi contrastant avec la *populacerie* de cabaret. Il suffit de passer une heure, surtout aux approches du jour de l'an, dans la librairie de notre ami Roumanille et de voir affluer toutes ces brunes et rustiques figures, riveraines du Rhône et de la Durance, demandant à grands cris *l'Armanà Provençaou*, pour comprendre qu'il n'y a là rien de factice, d'artificiel, de parasite, de convenu ou même d'archaïque, mais une cordiale et familière alliance entre la Provence et ses poètes. Ajoutons que l'on comprend encore mieux, lorsqu'une belle Arlésienne, une jolie Tarasconaise ou une gentille Avignonaise, vient se joindre à cette clientèle villageoise.

Le *contre*, — *the rub*, dirait Hamlet, — vous le connaissez ; toujours le même ; la condition singulière d'une langue qui n'est pas parlée par ceux qui la lisent et qui est rarement lue par ceux qui la parlent ; la nécessité, pour ces poètes, de commencer par se traduire afin d'étendre leur domaine et d'agrandir leur public ; pour nous, de recourir à cette traduction et de laisser s'éventer, dans ce continuel passage d'un texte à l'autre, un peu de la saveur et du parfum. C'est enfin la crainte que cette belle et vaillante génération des Mistral, des Roumanille, des Aubanel, des Anselme Mathieu et de leurs dignes émules, n'ait pas d'héritiers, ou, ce qui serait pire, que, perdant leur justesse d'oreille au milieu de notre tapage démocratique, ses héritiers ne préfèrent la CIGALE à la fauvette.

Voilà la situation, et c'est après en avoir reconnu le

fort et le faible, que le jeune poète, déjà si remarqué, de *la Chanson de l'enfant* et des *Poèmes de Provence*, a voulu tout concilier en écrivant un poème français, mais avec une telle intensité de couleur locale, en s'entourant d'une atmosphère si complétement méridionale, que sa chère Provence pût réclamer son œuvre, comme la Bretagne a pu revendiquer *Marie* et *Primel et Nola*, de Brizeux. Comme Brizeux, — et je suis loin de blâmer cette concession, — Jean Aicard a émaillé quelques-uns de ses vers d'expressions empruntées à la langue de ses personnages. Moi qui suis habitué, depuis plus d'un demi-siècle, à terminer en patois une phrase commencée en français, — et réciproquement, — j'ai salué amicalement *mitan* pour *milieu*, *canastelle* pour *corbeille*, *Té! vé!* au lieu de *Tiens! vois!* — *Zou!* pour *Allons! banastes* pour *baines*, *marrias* pour *chenapan*, *adesias* pour *adieu*, *Péchère !* au lieu de *Pauvre diable !* l'*araïre* pour la *charrue*, *caleù* pour *lampe*, etc., etc. Cet essai d'acclimatation provençale dans le français n'a rien de choquant. C'est le type de notre conversation journalière que Jean Aicard reproduit en le poétisant. D'ailleurs, cette langue, que je n'appelle *patois* que par distraction ou pour ne pas trop me répéter, a des mots charmants que la nôtre ne traduit qu'imparfaitement; *piéladous* par exemple, qui signifie à la fois tendre, compatissant, avec une nuance de piété. Jean Aicard pourrait invoquer d'illustres modèles. Essayez de lire en anglais les premiers chapitres de *Guy-Mannering* ; à chaque ligne, vous rencontrerez une locution écossaise ; *Colomba* a un bon nombre de mots et de tours de phrase corses.

Ce qui me plaît moins, dans *Miette et Noré*, ce sont les licences que l'auteur se permet avec le rhythme et la césure. Ce n'est plus du vers brisé, comme disait la parodie *de Hernani* en 1830; c'est du vers pilé.

Passe encore, lorsque le mot reste intact sous la griffe de cette terrible césure :

Et j'aiderai pour les châtaignes ; c'est le temps.

Mais il est plus difficile d'admettre des vers tels que ceux-ci :

Voilà pourquoi, ce ma-riage, il le faudrait.
Il a compris, le jo-li mousse, il rit aux anges !
Je sais chercher ; en pa-reil temps, j'ai du mérite.

Là, les deux hémistiches sont tellement adhérents l'un à l'autre, que, pour les décoller, on les casse. Notons aussi quelques négligences ou quelques libertés moins recommandables que la liberté d'enseignement :

O toi, guerre où se *tuent* les hommes, fils des femmes !
Satan, le monstre vert, est partout, fuyons-*le!*
Fuyons tout ce qui plaît aux regards, azur *bleu*...
Noré, surpris du coup, dit : « Peut-être *que oui*. »

Je suis sûr que Jean Aicard, qui lit admirablement, sait rendre ces taches imperceptibles ; mais il ne sied pas qu'un vrai poète puisse être traité de dupeur d'oreilles. Heureusement, les compensations surabondent. Comme Alfred de Musset, comme Alfred de Vigny, l'auteur de *Miette et Noré* excelle, tantôt à nous présenter une image visible dans un vers, tantôt à lancer un vers qui nous enlève :

> Car l'amour vrai pardonne à tout, même à l'amour !
> Les premiers champignons vont, s'il pleut, dans les bois,
> Crever le sol léger, fait de débris de feuille...
> Autour d'elle parfois la route tout entière
> Dans un coup de mistral cheminait en poussière.
> Et dans ce qui fait naître il voudrait se finir !
>   ... Les taureaux
> Mugissants défier les mugissantes eaux !

Ne croyez pas que le souffle poétique de Jean Aicard se réduise à un vers ou à un distique. Dieu merci ! il a l'haleine plus longue. Quoi de plus charmant, par exemple, que ce premier rêve ou ce premier chagrin de Miette !

> Miette rêve assise et pleure doucement.
> Voyez, dans son chagrin, que son air est charmant !
> Comme à travers ses doigts cette larme qui brille
> Semble un chaton de bague à la main de la fille !...
> Belle, c'est à l'anneau d'or fin qu'il faut songer !
> C'est là qu'est le salut... C'est là qu'est le danger !
> Mais tes yeux sont si grands ! Sur ta figure fraîche
> Brille si fin un si joli duvet de pêche !
> Si dorée est ta peau des baisers du soleil,
> Et si chauds tes cheveux, — bruns à reflet vermeil, —
> Ton jeune sein naissant si doux à l'œil qu'il charme,
> Que tous te donneraient l'anneau — pour cette larme !

Et plus loin, dans le chant intitulé *le Foulard rouge* :

Tous les garçons sont fiers d'être la force même ;
Vous êtes, vous, la grâce — et la force vous aime,
Jeunes filles ! — Pourtant, quand ils vous parleront
Si bas que la rougeur vous couvrira le front,
Quand ils vous diront : « Viens, ce soir, à la fontaine,
Ou près du bois, » alors, — chose étrange et certaine ! —
Ces forts ayant perdu leur force en vous aimant,
Ce qu'ils voudront de vous pour vous chérir vraiment,
Filles, — c'est qu'au désir du feu qui les emporte
Votre grâce d'enfant s'oppose, et soit plus forte !
De ce qu'ils demandaient le refus leur est cher ;
C'est le secret de Dieu, le secret de la chair.
Repousse donc l'amant pour être épouse, fille !
Sois plus forte que lui, pour fonder la famille,
Ou le gueux se dira, lui qui faiblit toujours :
« J'ai peur de sa faiblesse ! Elle est prompte aux amours ! »
L'amour qu'il veut de toi, l'homme t'en fait un crime,
Et, chargé de sa faute, il te voudrait sublime,
Parce qu'il rêve, au sein qui doit former ses fils,
La force du lion et la candeur du lis !
C'est pourquoi, si tu crains ta faiblesse, petite,
Quand il parle d'amour, marche vite, cours vite !
Va, feins de te cacher sous le saule et l'ormeau...
Alors il t'atteindra pour t'apporter l'anneau !

On ne saurait mieux peindre, renseigner et catéchiser l'amour au village. Par malheur, Miette n'est pas exactement fidèle à ce sage programme. Une brève analyse va me servir à préciser les objections que j'oppose au jeune et brillant poète. Noré est le fils d'un fermier riche et laborieux, un homme *de la bonne,* comme nous disons, dans notre français mi-parti de Provençal dont Jean Aicard s'est si bien approprié les bigarrures. — *Toupin, flammade, calignaïre, ramiade, campas, gurusas, grands* (pour *ancêtres*). Miette n'a rien. Son père, cantonnier de son état, paresseux avec délices, est un de ces ivrognes impénitents qui se disent, une fois au cabaret : « *Quand on y est,* il faut y rester ! » — C'est, en sens inverse, la situation de Mireille, riche, et de Vincent, pauvre vannier. Noré aime la jolie Miette, à sa façon qui n'est pas la meilleure. Il a toutes les prérogatives du coq de village ; mais, au lieu de ravager les basses-cours, il mériterait d'être hissé sur le clocher en guise de girouette. Son père lui propose Norine Toucas, et il répond tranquillement : « Norine aussi me plaît ! »

Cependant, un irrésistible attrait le ramène sans cesse à Miette. Après quelques scènes très gracieuses d'où Miette, quoique déjà compromise, s'échappe à peu près saine et sauve, arrive le moment critique, qu'on appelle, je ne sais pourquoi, psychologique ; car l'âme n'y joue qu'un rôle bien secondaire. Ici, ce n'est plus à Mistral que le poète me fait songer ; c'est à Musset :

O moines qui dormez, bras croisés, sous la terre,
Dans la ruine en fleur du cloître solitaire,
O cloître fait exprès pour attrister le jour,
Tombeaux ! — vous voilà donc les témoins de l'amour !

Il y a de l'ampleur et de la puissance dans les pages qui suivent. Le cadre est bien choisi ; la faute de Miette ne s'explique que trop aisément. Cheminant sans penser à mal, elle se trouve tout à coup en face d'un de ces bœufs à demi-sauvages qui défrayent les *ferrades* d'Arles et d'Aigues-Mortes. Miette a peur; l'attitude du bœuf est fort peu rassurante. Comme Edgard de Rawenswood au début de *Lucie de Lammermoor*, — mais avec des intentions moins chevaleresques, — Noré enlève la fillette, la sauve... et la perd. Vous voyez d'ici le lieu de la scène, j'allais dire le théâtre du crime; les débris d'un vieux cloître avec toute la flore des ruines; les murs s'écroulant sous le poids de leur manteau de lierre; les arceaux enguirlandés de *labrusques* et de clématites. Le tableau est de main de maître; le contraste est saisissant, le récit est pathétique; l'auteur y déploie de rares qualités pittoresques; et cependant, je ne puis applaudir sans réserve et sans regret. Miette n'en reste pas moins intéressante; je la voudrais plus pure; sa faute a le double inconvénient de rendre Noré presque haïssable jusqu'au dénouement, et surtout de préparer un épisode qui m'inspire une répulsion invincible. Le goût, le sentiment d'une harmonie nécessaire entre les divers éléments du poème sont ici du même avis que l'austère morale.

Nous avions déjà lu, dans *Mireille*, — chant onzième, — *les Saintes*, le pèlerinage, les beautés originales du paysage qui conduit à leur église, l'ardeur des pèlerins, l'explosion douloureuse ou rayonnante de la foi populaire, l'attente fiévreuse, le mélange d'espérance et d'angoisse, le cri de détresse saluant l'apparition de la Châsse, toutes ces mains d'affligés, de malades et d'infirmes tendues vers les mystérieuses reliques, tous les yeux levés au ciel, toutes les voix implorant une guérison surnaturelle, cet ensemble qui est déjà un miracle en attendant que d'autres miracles rendent la vue aux aveugles, l'ouïe aux sourds et fassent tomber les béquilles des paralytiques. Je ne discute pas; quiconque a vu cette scène incomparable, vertigineuse, surhumaine, — que dis-je! profondément humaine et essentiellement méridionale, en garde une impression indélébile, inaccessible aux spirituelles ironies de la libre pensée. La poésie n'en demande pas davantage; elle a, elle aussi, sinon ses miracles, au moins ses mirages, comme les mornes immensités de la Crau et de la Camargue, que Jean Aicard décrit si bien. Mais il n'y faut pas d'équivoque alliage, pas de fausse note. J'admettrais parfaitement que Miette, plus faible que coupable, pécheresse inconsciente, sans préméditation, par surprise, fît le pèlerinage des Saintes pour obtenir la grâce d'être épousée par le beau et volage Noré. Mais, lorsque, ne pouvant plus se faire illusion sur son état de grossesse, elle s'écrie :

Saintes !... et toi surtout, Vierge, vois ma misère;
Mère, délivre-moi de la peur d'être mère !...

Je récalcitre et je dirais, si je ne l'avais déjà répété vingt fois : *Questa coda non è di questo gatto !* Ce détail est d'autant plus fâcheux que Miette, dépouillée de son auréole virginale, tombe dans le catégorie des filles séduites, des filles mères, au moment même où nous voyons s'ouvrir pour elle un avenir meilleur. A dater de la troisième partie (page 245), l'intérêt se déplace. Noré s'efface, ou à peu près, et c'est ce qu'il a de mieux à faire. Sa trop confiante victime, qui n'avait à lui offrir que sa beauté, sa pauvreté, ses larmes et un père ivrogne, est tout à coup dédommagée par le retour de son oncle François, frère de sa mère, capitaine au long cours, un excellent type de marin provençal. Il est célibataire, il *a le sac;* Miette sera son héritière, et il prétend lui choisir un mari. Justement, étant en mer et en grand péril, il a fait vœu de visiter les Saintes, et c'est lui qui sert de guide à sa nièce. Le voyage se fait le long de la côte, à bord du brick *le Suffren*, commandé par le capitaine Fournier, ami de François et père d'un beau jeune homme de vingt ans, nommé Toussaint.

> ... Beau petit de vingt ans,
> Que tourmente beaucoup son âge de printemps,
> Et qui, voyant Miette, a songé dans lui-même,
> Sur-le-champ : « Je la veux pour ma femme, je l'aime !... »

C'est ce qu'on appelle, en langage romanesque, le coup de foudre. Dès lors, ce loyal et inflammable Toussaint accapare si bien toutes nos sympathies, qu'il n'en reste plus pour Noré. Toussaint ne sait encore rien ; mais le lecteur, qui sait tout, éprouve une sensation de malaise. Il regrette que Miette soit trop *engagée* pour répondre à cet amour si enthousiaste et si vrai. Le voyage est plein d'incidents pittoresques, d'heureux coups de pinceau, de vers lestement enlevés. Mais le charme en est altéré par une image importune, désobligeante, désagréable, sur laquelle je n'ai pas besoin d'insister. Miette et Toussaint méritaient mieux. Noré ne méritait rien.

Tout s'arrange pourtant; quand le fatal secret ne peut plus se cacher, lorsque Miette a tout avoué à sa mère, celle-ci se relève, va droit aux parents de Noré, brave leurs rebuffades, leur dit carrément : « Il le faut ! » — et, comme elle a affaire, en définitive, à de très honnêtes gens, comme le vieil André, père de Noré, riverain de la Durance, est trop bon agriculteur pour ne pas comprendre la nécessité des réparations, Miette épouse Noré. Toussaint se consolera; jeune et marin, il a pour lui le temps, le mouvement et l'espace. Le poème finit par une jolie scène et un aimable épilogue où le poète intervient en personne. Noré lui-même se réhabilite, malgré son mot malencontreux : *Peut-être que oui!* quand on lui demande s'il est le père de l'enfant. Jean Aicard est dans le vrai de son personnage et de son sujet, lorsqu'il indique le double aspect de cette nature agreste, primitive, ardente, robuste, primesautière, qui a fait le mal avec une sorte d'innocence, qui, dans cette furie des sens, n'a pas su distinguer de l'emportement de la *bête* les sincères préférences de son cœur. Calmé, reposé, réconcilié avec son bonheur et son amour, Noré désarme nos rancunes en disant avec un mélange de naïveté, d'humilité et de tendresse :

Miette, j'étais fou comme un poulain sauvage ;
Et tu m'as pardonné ! — C'était le feu de l'âge !
J'étais comme un oiseau qui ne sait rien de rien,
Plus bête que ton âne et moins bon que ton chien !
Maintenant, j'ai compris et je t'aime, — belle âme !

Ainsi, pour finir par un mot provençal, le *manquamén* est réparé.

De cette analyse bien incomplète on peut conclure, non pas ce qu'il faut penser, mais ce que je pense de ce poème de *Miette et Noré*, qui n'a pas moins de 400 pages, qui contient plus de 7,000 vers et qui gagnerait peut-être à en perdre 5 ou 600. Il me semble défectueux dans quelques parties. Dans quelques autres, il côtoie de trop près *Mireille*, et, comme on ne peut pas tuer ce qui est immortel, il eût mieux fait de s'en tenir un peu plus loin ; mais ces défauts sont rachetés par un profond sentiment de la couleur locale, par une aptitude toute particulière à *provençaliser* la poésie française, et par bien des beautés de détail. Ces défauts, s'il fallait les préciser, je dirais que Jean Aicard versifie trop facilement, et qu'il lit trop bien. M. Buloz, conseiller si sûr sous une écorce un peu rude, nous disait souvent : « Méfiez-vous des lectures ! » et il avait raison. Pourtant, quand on est magicien, comment renoncer à sa magie? comment résister à la certitude d'un succès préventif? comment ne pas céder au plaisir d'être applaudi dans le plus lettré des salons de la République athénienne, présidé par une femme charmante et illuminé par la présence d'un homme plus extraordinaire, à lui tout seul, que Napoléon, Alexandre, César, Annibal, Charlemagne, Cromwell et Attila; car nos désastres — son ouvrage — l'ont fait populaire et tout-puissant; et ses fautes de français — son bagage — vont probablement le faire académicien !

XIX

M. VICTOR TISSOT

Avril 1880.

— Ah ! vous voilà, monsieur mon cousin ! Je suis enchanté de vous voir !...

— Et moi donc !

— Justement, je vous cherchais pour vous faire une grosse querelle...

— A moi ?

— A vous... C'est bien la peine d'avoir dans sa famille un critique littéraire !... Il est vrai, mon pauvre vieux, que je vous crois diablement démodé !.... mais enfin, ce n'est pas de cela qu'il s'agit... Je suis veuve ; j'ai deux enfants, un fils de vingt ans et une fille de dix-huit...

1. *Voyage au pays des Tziganes (la Hongrie inconnue).*

— André et Blanche...

— Oui, André et Blanche... et vous savez comment je les élève... avec un soin, une vigilance, un scrupule, une sollicitude...

— Oh! chère cousine, *sollicitude!... sollicitude!...*

— *A mon oreille est rude!...* J'ai lu, tout comme vous, *les Femmes savantes...* Mais ne détournez pas la question... Je n'ai pas un moment perdu de vue ces deux plantes délicates ; je les ai préservées de tout contact avec l'atmosphère extérieure, avec les frivolités mondaines et les perversités d'un siècle gangrené par les révolutions... J'ai eu honneur à mon fait... André et Blanche sont d'une innocence...

— Baptismale! Deux lis, deux sensitives!... Je trouve même que, pour André, vous exagérez un peu. Il me rappelle, par ses beaux côtés, le héros de l'amusante pièce du Gymnase, *Bébé...*

— Je ne l'ai pas vue, et ne me soucie pas de la voir... Ces deux chers enfants aiment passionnément la lecture, et c'est vous, monsieur le critique, que j'ai consulté sur le choix des ouvrages que je pouvais, sans danger, leur faire lire...

— J'ai été trop fier de cette marque de confiance pour qu'il me soit possible de l'oublier..., et, si je ne me trompe, je vous ai répondu : « *Le Correspondant* est une excellente *revue*, profondément catholique et sérieusement morale ; le nom de ses fondateurs, de ses rédacteurs, Lacordaire, Foisset, Montalembert, de Falloux, Cochin, Marmier, Champagny, de Carné, duc de Broglie, de Lacombe, de Meaux, Antoine de Latour, Léopold de Gaillard, Victor de Laprade, Léon Lavedan de Grandlieu, Paul Thureau, madame Craven, Victor Fournel, etc., etc., est une solide garantie ; sa clientèle ne badine pas sur le chapitre de la gaudriole, et il perdrait tous ses abonnés, si ses articles renfermaient une seule ligne capable de troubler les imaginations juvéniles... Donc, vous pouvez, en toute sécurité, mettre entre les mains virginales d'André et de Blanche tout livre qui aura préalablement paru dans le *Correspondant*... (29, rue de Tournon, 35 fr. par an.) »

— Oui, c'est bien cela, et vous avez encore un peu de mémoire, malgré votre grand âge... Maintenant, comprenez quelle a dû être ma stupeur, ma consternation, lorsque Blanche m'a demandé, avant-hier soir, avec une naïveté angélique qui aggravait le coup de foudre :

« — Maman ! comment font donc les maris pour mettre leur chapeau ?

» — Les maris ?... leur chapeau ?

» — Oui, je viens de lire, dans le *Voyage au pays des Tziganes*, — oh ! un livre bien amusant ! — que les maris portent des cornes (page 125) ; ce doit être bien incommode ! »

Ici, j'eus quelque peine à réprimer une forte envie de rire. Aristote n'avait pas prévu cette incommodité dans son fameux chapitre des chapeaux. La bonne douairière, pleine de son sujet, continua avec une émotion croissante:

— Je n'étais pas au bout de mes douloureuses surprises. Une heure après, mon André, mon lis, mon Éliacin, mon Séraphin...

— Et peut-être votre Chérubin, murmurai-je, sans qu'elle songeât à Beaumarchais.

— André m'arrive tout ébouriffé, rouge comme une pivoine, et il me dit :

« — Maman ! vous m'avez promis que, si monsieur l'abbé était content de moi jusqu'aux vacances, et si je récitais couramment mon *Énéide expurgata*... et, par parenthèse, vous ne m'avez jamais dit, au juste, ce que signifiait ce mot : *expurgata*...

» — *Purgée*, ai-je répondu étourdiment.

» — *Purgée !* Virgile prenait donc des médecines ?

» — Voyez, mon cousin, quelle délicieuse ignorance, quelle adorable innocence, et quel sacrilége si un souffle délétère !... J'avais repris mon aplomb, et je lui répondis sans broncher :

» — Tu sais que Virgile est mort sans avoir pu mettre la dernière main à son admirable poème. Il voulait même qu'on le brûlât. Il y a laissé bien des négligences... des vers faux, des hémistiches tronqués. Ce sont ces négligences que l'on a retranchées ou corrigées dans ton édition *expurgata*...

» — Ah ! pardon ! je croyais... Raoul, le fils du locataire du second, rhétoricien du lycée Fontanes, m'avait dit que c'était à cause... à cause de Didon...

» — Oui, Didon aussi, Didon, dominic..., non, reine de Carthage... La manche un peu large..., à côté... de splendides beautés, des périls peut-être... Des conférences... dans une caverne, avec Énée, le pieux Énée... *Pius Æneas!*...

» Je bredouillais, j'avais perdu mon latin ; je parlais à tort et à travers. André me ramena à son point de départ.

» — Peu importe ! reprit-il. Voici, chère maman, ce que je venais vous dire : Vous m'avez permis d'espérer que je ferais un voyage d'agrément pendant ces vacances. Je choisis d'avance la Hongrie, le pays des tziganes et je dois ajouter que c'est M. Victor Tissot qui vient de m'inoculer la nostalgie de ce pays-là !... Voilà mon homme, M. Victor Tissot ! Voilà un écrivain habile à donner à ses lecteurs une fiévreuse envie de parcourir les paysages qu'il décrit si bien ! Je ne rêve plus que tziganes, *czardas*, *puszta*, bains de Krapina, brigands, bouquetières, Vénus, Lédas, bains de Bude, *guzlas*, maggyars, *kanasz*, sirènes, naïades, pantoufles roses, bottines rouges, corsages échancrés, le diable et son train, sans compter beaucoup de diablesses ! Quel pays de Cocagne, cette Hongrie ! L'eau, ou plutôt le vin de Tokay, m'en vient à la bouche ! De bons moines qui boivent sec, mangent comme quatre et s'attablent avec de jolies filles! Et ce portrait des Hongroises! Pas une femme laide dans cette bienheureuse contrée! Un paradis où on trouve tout ce qui manquait à l'autre!... Car vous savez, Adam et Ève péchèrent surtout par ennui!...

» Horreur! il aurait pu parler, comme cela, pendant trois heures; je n'avais plus la force de l'interrompre... J'étais foudroyée, navrée, indignée, suffoquée, hébétée, ahurie, abasourdie... Je croyais faire un mauvais rêve! Cette éducation à la fois si douce et si austère, si tendre et si maternelle, si scrupuleuse et si attentive, je la voyais s'écrouler comme un château de cartes ou de Bohême, au bruit d'une musique infernale, la musique de ces abominables tziganes et de leurs éternelles *czardas,* accompagnant la ronde du Sabbat!... A la fin, je réussis, par un énergique effort, à sortir de cet affreux cauchemar, et je dis à André :

» Mais, malheureux enfant, où as-tu vu toutes ces belles choses?

» Dans le livre... dans le *Voyage au pays des Tziganes,* que vous m'avez permis de lire... Oh! merci! chère maman! Je n'ai pas tout compris, mais je me suis bien amusé!

» A présent, monsieur mon cousin, comprenez-vous que je sois furieuse, et qu'il me serait difficile de vous pardonner? Que me direz-vous pour votre défense? Prendrez-vous parti pour ces nudités?

— Non, mais je prendrai un fiacre... De la rue du

Cherche-Midi à la rue Cassette, il n'y a pas loin...
Veuillez, ma chère cousine, m'attendre dix minutes!

Dix minutes après, je revenais avec ma collection du *Correspondant*, depuis le 25 avril 1879.

— Voici mes pièces justificatives! dis-je à la mère, justement courroucée, de l'angélique Blanche et de l'innocent André. Cherchons d'abord ces fameuses cornes... Précisément, j'en ai fait une à la page 652...

... « Les femmes mariées portent des *cornes* et les
» jeunes filles de longues nattes enrubannées, que relie
» entre elles, vers le milieu, un petit ruban »...

Rien de plus. Quoi de moins tentateur que ce petit ruban?... Arnolphe lui-même serait rassuré...

« Il m'a pris le ruban que vous m'aviez donné...
— Passe pour le ruban!... »

— Eh bien, soit! passe pour le ruban! reprit ma cousine; mais le reste? tous ces détails si décolletés, si bien faits pour monter la tête des jeunes gens?

Même jeu, même cas d'*alibi*, même preuve que le ciel n'est pas plus pur que le fond de mon cœur et le texte du *Correspondant*...

— Ouvrons le volume au hasard, page 134 :

« On m'avait dit qu'à Agram je trouverais les premiers
» cordonniers du monde... Si je ne m'étais pas rappelé les
» cordonniers d'Agram, et, si j'avais continué mon che-
» min, le jeune moine et la jeune fille qui se trouvaient

» côte à côte eussent tranquillement achevé de manger
» leur glace, et n'auraient pas été interrompus dans le plus
» doux des entretiens que puisse avoir un moine avec
» une jolie femme, après celui de lui entendre raconter
» ses péchés... Le moine, qui portait l'habit de saint Fran-
» çois, ressemblait à Hercule devenu ermite; il était bâti
» comme un vieux chêne, et le vermillon de la santé il-
» luminait ses joues. La jeune fille pouvait avoir dix-huit
» à vingt ans; c'était une belle et robuste créature, une
» Omphale au sourire fin et sensuel... »

— Bonté céleste! s'écria la pieuse douairière, incapable de se contenir plus longtemps.

— Oui, j'en conviens, c'est leste, c'est un peu leste; mais vous ne trouverez pas, dans le *Correspondant*, une syllabe de cette page... ainsi de suite... pas un mot blessant pour les oreilles délicates... pas un seul de ces détails plastiques qui vous ont scandalisée, et qui affriandent notre cher André. Nous pourrions confronter, d'un bout à l'autre, les nénufars du *Correspondant* et les tubéreuses du volume; ce serait toujours la même chose... Mais l'opération serait trop longue, et vous pouvez me croire sur parole... Le mieux est de dire à André que l'auteur de ce livre trop récréatif nous a donné des récits et des tableaux de fantaisie... Comment admettre, par exemple, que, dans le pays classique de la Diète, on se livre à des repas si pantagruéliques?...

— Vous voulez me faire rire pour me désarmer...

Vous n'y parviendrez pas; je vous crois; mais mon courroux, loin de s'apaiser, se déplace... Vous connaissez M. Victor Tissot?...

— J'ai cet honneur, et j'ajoute que je connais peu d'hommes plus sympathiques. Son premier ouvrage nous a, sinon consolés, au moins vengés de nos désastres... J'ai applaudi de tout cœur à ses succès, qui ont été immenses... Si vous pouviez voir cet intérieur charmant, cette femme exquise, cet enfant délicieux!... Ah! il n'y a pas là l'étoffe d'un corrupteur!...

— Ta ta ta! Ceci n'est pas de mon ressort... Avez-vous quelque autorité sur lui?

— Une autorité, ma cousine!... Vous oubliez donc que toutes les autorités réactionnaires ont été radicalement révoquées? Nous sommes les gendarmes de la littérature; aujourd'hui, en littérature comme partout, telle est la consigne de prendre parti pour le malfaiteur contre les gendarmes, qu'ils finiront par ne plus arrêter qu'eux-mêmes... Une autorité! Hélas! tout au plus celle de mon âge!...

— Eh bien, vieillissez-vous de dix ans, faites-vous nonagénaire, pour dire, de ma part, à l'auteur du *Voyage au pays des Tziganes*, que c'est mal, que c'est bien mal... qu'il a troublé le repos d'une pauvre mère, surexcité une jeune cervelle, amené des questions alarmantes sur des lèvres virginales; qu'il vaut mieux que cela, mille fois mieux; qu'il n'a pas besoin, pour réussir, de ces moyens insidieux et de ces amorces sensuelles... Je vais prier pour lui, pendant que vous le sermonnerez !...

— Oui, ma cousine, votre commission sera faite!

C'est donc une commission dont je m'acquitte en adressant à Victor Tissot le seul reproche que mérite son ouvrage. *Tu quoque!* ma gronderie — (j'emploie à dessein ce vocable paternel et bénisseur) — sera d'autant plus véhémente, que ces ingrédients, à tous les points de vue, étaient parfaitement inutiles, et que l'aimable explorateur de la Hongrie inconnue avait mille moyens d'éclairer ses lecteurs sans les allumer. Il est désormais posé et coté dans la république des lettres, de façon à chiffrer d'avance ses éditions par dizaines et par vingtaines, quand même ses récits et ses voyages seraient spécialement dédiés aux petites pensionnaires de douze à quatorze ans. Son sujet était trop riche, trop attrayant, trop beau pour se souvenir du mot de la camériste de madame du Barry : «Il n'y a que le *nu* qui habille. » — Le succès l'accompagne partout, l'attend au seuil de la librairie Dentu, le suit à l'étranger, l'accrédite en province. Pourquoi le frelater au lieu de le boire pur! Lorsque le comte Walewski lut au comité du Théâtre-Français sa comédie intitulée *l'École du Monde*, un des sociétaires lui dit : « Maintenant, je vous conseille de saupoudrer votre second acte de traits d'esprit. » — Je suis bien sûr que, après la publication de *la Hongrie inconnue* dans *le Correspondant*, le très spirituel direc-

teur n'a pas dit à Victor Tissot : « Vous venez de réussir
à souhait ; pour réussir encore mieux, je vous conseille
de reprendre en sous-œuvre cette charmante odyssée,
cette série de tableaux, d'anecdotes, d'épisodes, de souvenirs ; tous plus intéressants les uns que les autres, et
de les saupoudrer de poivre de Cythère ! »

L'inconvénient, le tort, le péril a plus de gravité dans
un *Voyage* que dans un roman. Par ses origines, ses antécédents, ses aboutissants, son nom même, le roman est
un suspect. Il est signalé à la douane des moralistes sérieux, et il ne peut passer la frontière qu'après avoir fait
visiter ses papiers et fouiller sa valise. Mais *le Voyage !*
On l'accepte sur sa bonne mine ; il a ses grandes et petites entrées dans les maisons les plus scrupuleuses. Il
n'inspire aucune méfiance ; c'est à peine si on lui dit,
chapeau bas : « Monsieur n'a rien à déclarer ? » On
coupe le volume depuis la première page jusqu'à la
dernière, sans se douter qu'il puisse être coupable. —
Et voilà comment les malheurs arrivent ! voilà comment Blanche et André, ma nièce et mon neveu à la
mode de plusieurs Bretagnes, chastement élevés sous
l'aile maternelle, rigoureusement préservés de tout contact avec nos serres-chaudes littéraires et mondaines, ont
vu danser dans leurs rêves toutes les filles de la Hongrie
et de la Bohême, toutes les ondines du Rhin, toutes les
naïades du Danube, toutes les nymphes de l'île Marguerite, toutes les mélodies endiablées de l'orchestre des

tziganes, dans des costumes trop simplifiés pour ne pas compliquer la situation, sveltes, fringantes, cambrées, souriantes, pâmées, échevelées, emportant en un voluptueux pêle-mêle servantes d'auberge, marchandes de souliers, chanteuses d'opérettes, brigands d'opéra-comique, moines de l'abbaye de Thélême; buveurs de bière, sirènes de café, évêques bottés, maris coiffés, franciscains trop hospitaliers, toute la mise en scène, tout le décor, tout le personnel d'une féerie qui, pour être encore plus féerique, aurait trop lésiné sur la mousseline et sur la gaze!

Il y a, heureusement, autre chose dans ce *Voyage au pays des Tziganes*, et c'est ce qui me fait dire à chaque mauvaise rencontre : « Quel dommage ! On serait si bien ici pour un *Décaméron* d'honnêtes gens ! Quelles jolies histoires, et comme l'auteur les conte bien ! Quels beaux paysages, et comme Victor Tissot excelle à les décrire ! Quelle piquante variété de figures ! Quelle richesse de couleur locale ! Mirko, le neveu du pendu ! L'aveugle assassin ! Le vieux *guzlar*! *Bétyars* et pandours ! Sobry ! Mylfait ! Le juif qui passe un mauvais quart d'heure ! Et l'amusant récit de chasse ! Et le vieux garde forestier, non pas à deux doigts de sa perte, mais à la perte de ses deux doigts ! Et le bon jeune homme ! Et la belle inconnue ! Et la comtesse qui n'a pas peur des brigands ! Et la forêt de Bakony ! Et la cathédrale de Gran ! Et les tanières de bohémiens ! Et le soir sur le Danube ! Quel régal, n'était cet arrière-goût d'épices et de piment qui vous râpe le gosier! Si les mœurs de ce beau pays sont plus faciles que sa langue, n'était-il pas possible de le faire deviner sans le crier sur les toits, de glisser sans appuyer? Si les moines, les évêques et les curés, admirablement charitables d'ailleurs et bienfaiteurs de la contrée, se ressentent encore des traditions et des habitudes seigneuriales, s'ils ont de trop bonnes caves, s'ils fument des cigares trop exquis, s'ils font alterner le vin de Tokay avec le vin de leurs burettes, s'ils vivent dans une intimité, peut-être innocente, mais trop familière, avec leurs gentilles diocésaines, quel excellent texte et quel merveilleux *à-propos*, sous une plume catholique et française, pour mettre en relief le contraste de ce clergé, de cet épiscopat, entourés de respects tandis qu'ils ne se privent d'aucune des jouissances de la vie, et de nos prêtres, de nos religieux, de nos évêques, que l'on insulte, que l'on menace, que l'on persécute, que l'on proscrit, pendant qu'ils donnent l'exemple de la vertu la plus austère, vivent d'abnégation et de sacrifice, et, pour être plus sûrs de s'interdire le superflu, se refusent souvent le nécessaire! Je comprendrais cette complaisance de Victor Tissot pour les détails anacréontiques, s'il s'agissait, comme dans son premier ouvrage, de nous prouver la perversion morale, le grossier libertinage, le vertige sensuel d'une nation qui nous a écrasés, qui nous déteste, qui a légitimé d'avance toutes nos rancunes et toutes nos représailles ;

mais ces braves Hongrois ! Nos amis ! hélas ! nos seuls amis peut-être !

« En 1870, nous dit Victor Tissot, le gouvernement hongrois, à la tête duquel se trouvait alors le comte Andrassy, ne cessa de témoigner ses sympathies pour la France. Un seul membre, aujourd'hui décédé, du cabinet maggyar, le baron Eôtvôs, croyait au succès final de l'Allemagne. Dès le début de la guerre, le comte Andrassy, président du conseil, demanda une intervention armée en faveur de la France et voulut entrer immédiatement en campagne. Après les défaites de Wœrth et de Wissembourg, les Hongrois, refrénés par l'Autriche dans leur ardeur bouillante, organisèrent partout des concerts et des collectes en faveur des blessés, et plusieurs d'entre eux accoururent à Paris s'engager dans le bataillon des *Amis de la France.* »

S'il est vrai que l'adversité doive rendre encore plus sensible aux rares témoignages de sympathie, nous ne saurions éprouver pour le peuple hongrois une assez vive reconnaissance, et la meilleure manière de la lui montrer, c'est de jeter un voile sur ses peccadilles. En somme, il est bon, hospitalier, généreux, religieux, charitable ; il n'a pas perdu le sens du respect ; il honore son passé ; il garde des vestiges de cet esprit chevaleresque qui se retrouve aux grandes heures de péril et de crise ; il offre des trésors au paysagiste, à l'observateur, au peintre d'intérieur, à l'amateur de traditions poétiques et de légendes. Pourquoi jouer les Watteau, les Boucher et les Fragonard, là où l'on pourrait s'inspirer d'Holbein et d'Hobbéma, d'Eugène Delacroix et de Van Dyck ? Voyez le début de l'admirable description de la forêt de Bakony ! C'est à croire que l'on va voir apparaître une fée derrière le tronc de ces bouleaux, un sylphe sous ce feuillage, une willy sur ces eaux dormantes, un enchanteur dans ce massif de chênes centenaires, un chevalier armé de toutes pièces dans le demi-jour de cette clairière, le chasseur noir et sa meute là-bas, bien loin, dans la profondeur de ces futaies ! — « Il faut plusieurs jours pour traverser dans sa longueur cette épaisse mer de feuilles, qui n'a pas moins de dix-huit lieues d'étendue. La route qui coupe la forêt en large, pour aboutir au couvent de Saint-Martin, est accidentée, vagabonde, capricieuse : elle s'enfonce dans des vallées aux courbes brusques et heurtées, gravit des collines en s'y repliant comme une couleuvre, traverse gaiement des clairières qui lui font risette et dont la belle nappe lumineuse est mouchetée de villages aux toits de chaume ; elle se perd au fond de gorges suspectes (moins suspectes que d'autres, dont l'auteur parle trop), d'engouffrements de terrain scabreux, de chaos noirs, de dessous de bois baignés d'un bleuissement de crépuscule, enveloppés d'une ombre émeraudée qui donne aux choses un aspect étrange et fantastique. On se croirait dans le pays du rêve, au milieu d'une région inconnue à la réalité. Mais, si un rayon de soleil vient à ricocher par hasard jusque dans ces profondeurs, si des gouttes de jour s'y égrènent comme des perles d'or, nimbant les feuilles de leur éclat, la forêt prend alors une teinte mystérieuse et légendaire ; il semble que vous êtes transporté dans une avenue de conte de fées... » — Il faudrait tout citer ; mais, encore une fois, je suis arrêté par une réflexion chagrine. Dans cet océan de feuilles, il n'y avait donc ni une feuille de vigne, ni une feuille de figuier ?...

J'insiste beaucoup trop ; j'ai tort. C'est que je ne puis me déshabituer de considérer Victor Tissot comme un des nôtres. C'est comme tel que je l'ai salué tout d'abord, accueilli, lu, recommandé, choyé, loué, — n'ayant pas eu à l'acheter. Il n'est pas de ceux auxquels on renonce aisément, et j'aime mieux le gronder que le *lâcher*. Oui, il est à nous. Si la large hospitalité des couvents hongrois a quelque peu troublé ses idées, si les fumées du vin de Tokay lui ont voilé ce qu'il nous montrait un peu trop, si toutes les variétés de la couleur locale se sont trop résumées pour lui dans la couleur de chair, si la musique et la danse de ces diables et de ces diablesses de tziganes l'ont un moment ensorcelé, il nous reviendra, j'en suis sûr. Nous traversons une effroyable épreuve où Rabelais doit céder le pas à Jérémie. Les catholiques et les patriotes, en un pareil moment, n'ont qu'un moyen d'honorer leur religion et leur patrie, de protester contre d'odieuses violences, de se montrer également dignes de la persécution et de la victoire ; c'est de se souvenir que, si la vertu, d'après Montesquieu, peut seule faire vivre les républiques, elle seule aussi peut servir à les combattre et à les vaincre.

XX

MADAME CAMPAN A ÉCOUEN [1]

Avril 1880.

Il y a quinze jours, si j'avais eu à parler de l'intéressant ouvrage de M. Bonneville de Marsangy, j'aurais dit peut-être : « Le seul tort de ce livre est de nous arriver un quart de siècle trop tôt. Tant que vous n'en aurez pas fini avec la légende napoléonienne, tant qu'il ne vous suffira pas de Sedan, du Mexique et du Zoulouland pour comprendre qu'on ne peut plus, sans une coupable folie, chercher une lueur d'avenir dans les ombres sinistres de ce passé, tout livre qui nous rappellera, même sous un aspect inoffensif, le Napoléon du chauvinisme, nous sera suspect ou désagréable. Dans les archives d'une

1. Par M. Bonneville de Marsangy.

institution de jeunes filles comme sur les ruines du palais de la Légion d'honneur, sur les tombes de nos soldats comme dans l'inventaire de son fatal héritage, dans les chiffres de notre budget comme dans les mutilations de nos frontières, ce nom ne peut plus espérer les amnisties de l'histoire, que s'il accepte pour suaire la robe de deuil d'une auguste mère, s'il consent à se faire sceller dans le sépulcre du prince impérial, s'il devient à tout jamais l'équivalent des noms de Charlemagne ou de Clovis avec quelques bienfaits de moins et quelques maléfices de plus ; le synonyme d'une chose grande, mais encore plus morte que grande, encore plus enterrée que morte, et que nul effort humain ne pourra désormais exhumer, galvaniser ou ressusciter. »

Abstulit hunc tandem!... La lettre du 5 avril, — mais pas du 1er, — la lettre du prince Napoléon rejette dans le lointain des âges fabuleux, — mais pas héroïques, — au milieu des cryptes, des hypogées, des sarcophages, des nécropoles, parmi les contemporains des Pharaons, des Sésostris, des Ptolémée et des Nabuchodonosor, cette race funeste qui ne savait pas même se résigner à finir. Arrêtons-nous un moment à ce personnage étrange, aussi peu français que possible, fils, gendre et beau-frère de Rois, mari d'une sainte, bien plus Bonaparte que Napoléon III, et réunissant en une seule figure tous les vices de la démagogie, du Césarisme et du Bas-Empire ; curieux mélange de jacobin, de païen et de byzantin.

Je n'ai vu que deux fois, à trente ans de distance, le prince Napoléon, Jérôme. La première fois, ce fut en décembre 1848, dans les rangs du *second de la première*, comme nous disions alors en parlant du second bataillon de la première légion de la garde nationale, colonel M. Destutt de Tracy. J'en étais, et, s'il m'est jamais arrivé de regarder les Parisiens comme le peuple le plus spirituel de la terre, ce n'est pas sous l'uniforme de soldat-citoyen. Sauf quelques rares exceptions, les gardes nationaux, mes camarades, offraient toutes les variétés du badaud, du gobeur et du mouton de Panurge, « qui craignait les coups naturellement. » Il aurait été content de l'ovation que l'on fit à son disciple, alors garde national comme nous, et qui devait plus tard, en Crimée, alléguer la colique pour se dispenser de la tranchée, puis revenir après s'être fait une belle barbe de sa peur. Ce fut une véritable émeute. Jamais bateau en détresse sous les arches du pont Royal, caniche nageant en pleine eau pour rapporter le mouchoir de son maître, pêcheur à la ligne ou ivrogne ramassé par les sergents de ville, n'obtinrent un pareil succès de curiosité. Le prestige napoléonien refleurissait sur les pavés des barricades, et l'on se disait de groupe en groupe: « Il est là ! » — Qui? — Lui, le grand homme, sous les traits de son neveu. Oncques ne vit une telle ressemblance; c'est à vous donner envie de crier: « Vive l'Empereur ! » — Je m'approchai; c'était Lui en effet; l'Empereur à vingt-huit ans; le profil ou le masque impérial, mais non pas consulaire; car il y manquait les *cheveux plats,* la flamme et le regard d'aigle. C'était une remarquable étude de numismate, une médaille transitoire entre les Augustes et les Augustules à mettre sous la vitrine des Césars de rencontre; rien de plus. Je me trouvais, je m'en souviens, avec un de mes amis de collège, qui s'appelait Léon, comme M. Gambetta, et, atteint déjà d'un *tic* qui s'est fort aggravé depuis lors, je ne pus m'empêcher de lui dire : « C'est un camée, Léon ! » — Était-ce un calembour ou un pressentiment ? Pour le moment, ce médaillon était gâté par une prodigieuse expression d'ennui. Évidemment, ces regards indiscrets, ce cercle qui se formait autour de lui, l'importunaient et l'agaçaient. Peut-être aussi fut-il contrarié, à cause ou en dépit de cette terrible ressemblance, d'être pris pour ce qu'il n'était pas. L'âne chargé de reliques est enchanté, parce qu'il est un âne; mais le lièvre, qui est beaucoup plus intelligent, s'il était couvert de la peau du lion, serait probablement plus embarrassé.

La seconde fois, en décembre 1878, je croisai le prince Napoléon dans la cour du grand hôtel du Louvre et de la Paix, à Marseille. Il revenait, me dit-on, d'un voyage en Corse, et il me rappela le mot de son oncle à propos du portrait de Chateaubriand peint par Girodet : « Il a l'air d'un conspirateur descendu par la cheminée. » — Le soleil d'Ajaccio avait noirci le visage. Trente ans avaient passé sur cette tête de César sans emploi. La taille s'était alourdie; les joues et le menton étaient empâtés. Mais le type se reconnaissait toujours sous un air de lassitude, de désuétude et de mauvaise humeur qui donnait la mesure du temps écoulé, des catastrophes survenues et des espérances avortées. Il suffisait de le voir, seul dans cet hôtel, absolument délaissé par l'élite du bonapartisme marseillais, pour comprendre que la légende napoléonienne avait un second passé, expiation et démenti du premier. Le César en expectative n'était qu'un César en retraite.

La mort tragique du prince impérial, si vaillant, si religieux et si sympathique, avait un moment remis en lumière ce néfaste cousin de qui l'on pouvait dire :

> Grâce à lui, cette mort est doublement funeste.
> Ah! doit-on hériter de ceux que l'on déteste?

Déjà, avant la lettre, la partie était perdue, irrévocablement perdue, et je m'étonne qu'on ait pu s'y méprendre. Il ne dépend pas des événements de guérir des blessures incurables, de rapprocher des idées incompatibles, de réparer des torts irréparables, d'effacer des souvenirs indélébiles, de transformer un rôle aussi adhérent au personnage que la robe de Nessus. En pareil cas, il n'y a pas de réconciliations, il n'y a que des replâtrages; il n'y a pas de conversions, il n'y a que des hypocrisies. On avait dit de Frédérick Lemaître, que, désormais entré dans la peau de Robert Macaire, il n'en sortirait plus; que, même en jouant les amoureux et les héros, il serait toujours Robert Macaire. Le fanfaron d'athéisme, le représentant avéré de la démocratie césarienne, de la révolution italienne et de la guerre au pouvoir temporel, l'ennemi personnel de l'Impératrice et de la Papauté, le disciple des sociétés secrètes, l'orateur impie du Sénat, applaudi par Sainte-Beuve et par Mérimée, le convive des vendredis saints, ne pouvait pas tout à coup, pour les besoins de sa cause et la consolation de M. Rouher, tracer son chemin de Damas à travers le champ de maïs du Zoulouland et se réveiller catholique, conservateur, réactionnaire, contre-révolutionnaire, effrayant pour les radicaux, rassurant pour les consciences, tranquillisant pour les poltrons, bienfaisant pour les âmes, pacifiant pour les intérêts, balsamique pour le clergé, respectueux pour la cour de Rome, électrisant pour l'armée, foudroyant pour les communards, observateur du carême, prêt à adorer ce qu'il brûlait, à brûler ce qu'il adorait, apparaissant au seuil de l'Élysée et du Palais-Bourbon, non pas avec le glaive de l'archange exterminateur, mais du moins avec le balai, ce fameux balai dont le manche aurait dû figurer dans l'écusson du duc de Morny, et qui, d'après le plus énergique des bonapartistes, était de force à suppléer le prestige évanoui. Non! non! on ne supprime pas plus ses antécédents qu'on ne se refait soi-même. Le prince Napoléon a cinquante-huit ans, et c'est la fatalité, c'est le châtiment d'une vie comme la sienne, qu'il lui soit impossible de s'édulcorer sans s'affadir, de s'améliorer sans se travestir, de s'embellir sans se masquer, de se corriger sans s'annuler, de se déjuger sans s'anéantir.

Mais, faute de mieux, il pouvait se taire, ne fût-ce que pour ne pas avoir l'air de profiter du départ de l'Impératrice, dont le lointain et funèbre voyage coïncide si singulièrement avec cette reprise d'hostilités antichrétiennes. Il n'a pas pu se tenir. Quand on a passé trente ans à manger du prêtre, l'habitude renouvelle sans cesse l'appétit. Il lui coûtait trop de dépouiller le vieil homme, parce qu'il devinait que la peau s'en irait avec la dépouille. Le voilà rentré dans son naturel, réinstallé dans sa vocation, remis en possession de sa spécialité, réintégré dans sa physionomie, rapatrié dans son athéisme. Maintenant, sur quoi et sur qui va-t-il s'appuyer? Sur l'armée? Depuis le maréchal de France jusqu'au simple *tourlourou*, un immense éclat de rire répondrait à cette prétention martiale. Sur le clergé? Il ne pourrait pas même compter sur le bedeau de l'ex-Père Hyacinthe. La bourgeoisie? Mais elle demande, avant tout, qu'on la tranquillise, et, de toutes les solutions, celle-là serait la plus inquiétante. Le *vrai* peuple? Il ne connaît pas Napoléon V; il sait seulement ce que lui ont coûté le premier et le troisième. *Le faux*, la multitude radicale, socialiste, communiste? Elle n'a pas besoin de lui, et elle se méfiera toujours d'une Altesse. Quand son moment sera venu, il lui sera bien plus commode d'aller droit aux Clémenceau, aux Rochefort, aux Humbert, que de s'embarrasser d'un prince qui serait lui-même fort empêtré du contraste de ses alliances avec son rôle. Non, j'ai beau chercher, je ne vois, groupés autour de ce Robinson du Vendredi au pâté de foies gras, je ne vois, prêts à remonter pour lui l'horloge impériale et à lui décerner la présidence ou l'Empire, que quelques vivisecteurs de l'École de médecine, quelques athées de l'Institut et du journalisme, quelques d'Hozier de la généalogie des singes, quelques habitués de la table de Magny. Est-ce assez?

Avant la lettre, il y avait à peine, quoi qu'on ait pu dire, un bonapartiste sur dix électeurs. Sur dix bonapartistes, il y en avait neuf, qui ne persistaient dans leur opinion que parce qu'ils se croyaient les conservateurs, les réparateurs, les réactionnaires par excellence, seuls capables, à un moment donné, de recommencer le 18 brumaire ou le 2 décembre, d'écraser l'hydre démagogique, le radicalisme furieux, le communisme affamé, le socialisme implacable, les persécuteurs du clergé, les démolisseurs de la maison et de l'église, les sectaires du pillage et du partage ; à peu près comme ces dompteurs dont on peut dire que les fauves qu'ils domptent les font vivre. Une fois que le bonapartisme ne signifie plus cela, il ne signifie plus rien ; c'est un mot à écrire dans une langue morte, une plante desséchée dans un herbier, une

curiosité dans un cabinet d'antiques. Quant à la chaloupe
de sauvetage qui irait chercher au Marais, dans une salle
d'études du lycée Charlemagne, un fils du prince Napoléon, afin de remplacer le père par le fils, à condition
que le fils, sans toutefois renier le père, adopterait un
programme diamétralement contraire à la politique et à
la religion paternelles, on nous permettra de ne pas la
prendre au sérieux. Si c'est un sentiment, il est respec-
table mais chimérique; si c'est un principe, nous de-
manderons quel peut être le principe de la légitimité napoléonienne, du moment qu'elle ne donne ni la stabilité,
ni la sécurité, ni la gloire, à moins que ce ne soit le
chiffre des hommes qu'elle a fait périr, et des milliards
qu'elle a fait perdre. Vous figurez-vous une de ces crises
formidables qui décident du destin des nations : menace
de guerre au dehors, de guerre civile au dedans, Cham-
bres envahies, président supprimé, otages incarcérés,
incendies et massacres en perspective, et, comme contrepoids ou correctif à ce paroxysme de calamités et de
périls, un adolescent interrompant sa version ou sa partie
de barres pour dire à la foule affolée et endiablée :
« Calmez-vous ! Attendez un instant ! Laissez-moi relire
mon catéchisme politique, qui est un peu compliqué ;
laissez-moi surtout m'assurer que mon père n'est pas à
votre tête, ce qui me gênerait, s'il fallait se résoudre à
faire le coup de fusil. J'honore mon père, afin de vivre
longuement ; mais je déplore ses erreurs. J'ai doublement

le droit de vous gouverner et de vous réprimer ; d'abord, comme fils de mon père, ensuite comme professant des doctrines d'après lesquelles mon père est un mécréant, un réprouvé, un factieux et un chenapan. Voilà mon manifeste, que j'aurais peut-être mieux fait de copier dans mon *Conciones*. A présent, mes amis, jeunes élèves, *fortissimi commilitones*, *verum-enim-vero*, si vous n'êtes pas convaincus et contents, c'est que vous êtes bien difficiles ! Soyez sages ! Que chacun se retire en bon ordre, et, si vous voulez absolument crier quelque chose, je vous permets de crier : « Vive l'Empereur ! »

Oui, c'est fini, bien fini, ARCHIFINI, et c'est pour cela que je puis librement parler de tout ce qui se rattache aux belles années du premier Empire, à celles où Napoléon Ier, dans sa suprême bonté, faisait tuer ses officiers et élever leurs filles. M. Bonneville de Marsangy a été bien inspiré en nous montrant madame Campan dans son second cadre, à Écouen, à la tête de cette institution célèbre qu'elle a dirigée, perfectionnée, personnifiée, dont on peut chicaner quelques détails, mais qui tient une grande place dans les vicissitudes, les réformes et les progrès de l'éducation féminine. En dehors de toute opinion politique et de toute rancune historique, il y a quelque chose de gracieux et d'attendrissant dans cet asile offert à ces jeunes filles qui peuvent se demander, chaque matin et chaque soir, si elles ne sont pas orphelines. Ce n'est plus tout à fait la maison de Saint-Cyr, avec l'austère majesté du grand siècle à son déclin, Louis XIV pour protecteur, madame de Maintenon pour patronne, madame de Sévigné pour *courriériste* et Racine pour poète. Ce n'est pas encore le couvent moderne, entremêlé de guimpes et de robes blanches, plus profondément catholique, plus fertile en vocations religieuses, plus régulier dans sa discipline, à demi tourné vers le ciel sans rompre complétement avec le monde. C'est l'éducation laïque, mitigée et assainie par une femme très distinguée, qui comprend toutes les harmonies entre les grâces de son sexe et les beautés de la religion, et qui a vu de près l'auguste ménage de Louis XVI et de Marie-Antoinette. Je dirai volontiers que la maison d'Écouen est à celle de Saint-Cyr ce que Napoléon est à Louis XIV, la reine Hortense à madame de Maintenon, Masséna à Turenne, Daru à Colbert, Fontanes à Bossuet, la croix d'honneur à la croix de Saint-Louis, et la romance *Partant pour la Syrie* aux chœurs d'*Athalie* et d'*Esther*. N'importe! quand on songe à ce qu'avait pu être l'éducation des jeunes filles de 1792 à 1806, on ne peut que saluer avec une respectueuse sympathie l'inspiration, la persévérance, la droiture, le dévouement, l'intelligence, l'aptitude, l'œuvre de madame Campan.

J'ai dit second cadre; vous savez quel fut le premier; madame Campan a eu ce remarquable privilège, que sa vie s'est partagée en deux moitiés, qui semblaient se contredire, et que cette contradiction apparente n'en altère pas l'accord. Sa jeunesse appartient à l'ancien régime, et se donne à la reine Marie-Antoinette avec une franchise d'affection et de respect, qui se traduit dans bien des pages de ses intéressants *Mémoires*. On ne peut lire sans émotion ces lignes de M. Bonneville de Marsangy : « Madame Campan resta attachée au service de la Reine jusqu'à son arrestation. Elle sollicita comme une grâce d'être incarcérée avec elle ; mais Pétion lui refusa le dangereux honneur de partager la captivité de celle qu'elle avait servie avec un inaltérable dévouement. »

Son mariage n'avait pas été heureux ; les chagrins ou les mécomptes de ce genre, quand ils ne dépravent pas ou n'égarent pas le cœur, développent l'esprit d'observation. Fille de M. Genet, homme de mérite, premier commis au ministère des affaires étrangères, elle avait pu voir et entendre les écrivains à la mode, prendre les leçons des meilleurs maîtres, avoir sa part de cette vie sociable, mondaine et lettrée de la fin du xviiie siècle, où des auteurs et des poètes médiocres se montraient de merveilleux causeurs, probablement parce que les idées qu'ils ne trouvaient pas dans leur écritoire circulaient dans l'air. Mariée contre son gré à M. Campan, libertin et dissipateur, forcée, pour l'épouser, de combattre une inclination sérieuse pour un officier protestant, Henriette Genet, bientôt séparée de son mari, puis attachée au service de Marie-Antoinette, réunissait d'avance bien des conditions de supériorité dans cette mission de l'enseignement qui devait consacrer son nom. Ses premières épreuves, courageusement supportées, l'amenaient à s'abstraire d'elle-même, à déplacer et à transporter au dehors ses facultés aimantes et son active intelligence. Le bonheur n'est pas seulement égoïste : il est myope, et il regarde en soi pour se suffire. Le malheur, ou mieux encore le renoncement, dans les natures d'élite, est une école d'abnégation ; il cherche sans cesse à utiliser au profit des autres le trésor intérieur dont il ne trouve plus l'emploi. La perfection, pour les instituteurs et les institutrices de la jeunesse, est de n'avoir plus d'enjeu dans la vie, d'être détaché des joies de ce monde, d'être amené à se créer une nouvelle famille, une famille adoptive, qui se substitue à l'autre et dépayse, sans l'affaiblir, le sentiment paternel et maternel. On comprend dès lors que les religieux et les religieuses soient des instituteurs par excellence ; car ils n'ont pas même à passer par les mécomptes vulgaires qui disposèrent madame Campan à sa tâche. Ils n'ont pas même à se désabuser des hommes pour tout reporter à Dieu. Une vocation surnaturelle, une nostalgie de dévouement et de sacrifice leur tiennent lieu et les dispensent de ces adversités qui sont, elles aussi, des institutrices, mais dont la férule nous révolte souvent loin de nous améliorer. C'est de plain-pied, sous l'inspiration divine, qu'ils arrivent à entreprendre et à réaliser cette œuvre, la plus belle, la plus délicate, la plus difficile qui soit au monde ;

former, préparer aux luttes de la vie des jeunes gens, des citoyens, des chrétiens, des épouses, des mères. Vous comprenez encore mieux, n'est-ce pas? tout ce qu'il y a de barbarie sous prétexte de civilisation, d'ignorance sous le masque de la science, de tyrannie sous le voile de la liberté, d'éteignoir sous le pseudonyme de la lumière, de reculade sous le manteau du progrès, à entraver, à molester, à paralyser, à persécuter, à proscrire ces maîtres qui sont des bienfaiteurs, ces bienfaiteurs qui sont des maîtres!...

A la cour de Louis XVI et de Marie-Antoinette, madame Campan eut un autre genre de préparation, un autre sujet d'étude. Elle put constater tout ce qui avait manqué, même dans les classes supérieures, à l'éducation de ces brillantes jeunes femmes dont quelques-unes restaient encore un peu trop les contemporaines du règne précédent, et ne revenaient que lentement au bercail des vertus domestiques, malgré le charme des bergeries de Trianon. Dirons-nous que toutes les élèves de madame Campan, purifiées par l'atmosphère de feu d'Austerlitz et d'Iéna, aient toujours offert un contraste absolu avec les élégantes légèretés de l'ancien régime? Ce serait nous avancer un peu trop. L'uniforme est bien séduisant entre deux victoires. Il y a un philtre bien dangereux dans l'amour de ceux qui vont mourir. L'éducation laïque, même entre les mains les meilleures, ne va pas sans quelques lacunes mi-parties entre la religion et la morale. Le règne des beautés du Directoire était encore bien récent. Les noms de la princesse Pauline, de Caroline Murat, et même, hélas! de la reine Hortense, éveillent des images d'une grâce particulière que la Mère Angélique eût refusé de reconnaître. En dehors de ces questions délicates, insidieuses et désobligeantes, le mieux est de renoncer au roman pour revenir à l'histoire, et de remarquer que le malheur des temps, les folies de Napoléon et les désastres inévitables compromirent l'œuvre de madame Campan, qui se trouva, bien à son insu, avoir préparé des ennemies, de belles ennemies, à la Restauration, et, par conséquent, à la France. De fins connaisseurs du cœur humain — et féminin, — dans ses rapports avec la politique, m'ont assuré que les susceptibilités de la Charte, les méfiances de la bourgeoisie, les imprudences de la Chambre introuvable, le schisme du pavillon Marsan, les violences du libéralisme, les sous-entendus de la comédie de quinze ans firent moins de mal aux Bourbons que l'antagonisme à coups d'épingle des grandes dames du pur faubourg avec les belles dames de la noblesse impériale, presque toutes élèves de l'institution d'Écouen. Les torts furent réciproques, j'en conviens. Néanmoins, en lisant le livre de M. Bonneville de Marsangy, si sage, si modéré, si doucement mélancolique, si riche de documents inédits, je ne pouvais me défendre d'un sentiment de tristesse. Nous sommes dans un temps où rien ne dure; et je suis tenté d'ajouter :

« Heureusement ! » — car il y a des maux qui, s'ils duraient, seraient intolérables. Madame Campan a assez vécu pour voir s'écrouler son œuvre. On ne pouvait sans injustice demander aux Bourbons de continuer ce qui n'avait plus sa raison d'être, puisqu'ils nous apportaient les bienfaits de la paix et qu'il fallait la guerre, une guerre incessante, pour renouveler le personnel d'Écouen en peuplant de cadavres les champs de bataille. Écouen, d'ailleurs, appartenait aux princes de Condé, et que de souvenirs sinistres désintéressaient de cette institution impériale les légitimes propriétaires, désormais sans héritier ! sur les robes blanches de ces charmantes pensionnaires, il leur eût semblé voir quelques gouttes de sang échappées du fossé de Vincennes !...

Ni la révolution de juillet, ni le règne de Louis-Philippe, ni la République de février, n'essayèrent de vaincre l'espèce de *jettatura* attachée au château d'Écouen. Même sous Napoléon III, ce ne fut plus qu'un diminutif, une réduction d'après ce procédé de contrefaçon napoléonienne qui n'a su amplifier que nos désastres. A présent, c'est un vestige, une ombre, le débris d'un monument qui se détache pierre par pierre. Ces jeunes filles qui ont animé de leurs sourires, de leurs gazouillements et de leurs chansons les galeries et les cours de ce château historique sous le regard quasi maternel de madame Campan, elles ont disparu avec les années ; elles sont mortes, et la plupart sont enveloppées de cet oubli que l'on a justement appelé le second linceul des morts. Persisterai-je à voir en elles des bonapartistes entêtées, fanatisées par le grand Empereur, accueillant ses rares visites avec des transports d'enthousiasme, buvant dans le verre où il avait bu, se disputant ses reliques, pleurant sa chute, hostiles au régime balsamique qui réparait ses folies, secondant de leur gracieuse influence l'alliance monstrueuse du bonapartisme avec la jeune liberté? Non! j'aime mieux me les représenter comme de pâles fantômes, de plaintives *willis* évoquées sur des ruines; c'est pour moi le meilleur moyen de rendre justice et hommage à l'excellent ouvrage de M. Bonneville de Marsangy.

XXI

OASIS

I. SOUVENIRS D'UN CHANTEUR[1]
II. FRÉDÉRIC CHOPIN

SA VIE ET SES ŒUVRES[2]

I

Avril 1880.

Les moments *critiques* devraient nous traiter en confrères, et avoir pour nous quelques douceurs. Hélas! c'est tout le contraire; ils aggravent nos embarras. Si nous aventurons notre causerie dans la bagarre, si notre littérature s'absorbe dans les questions brûlantes de la politique actuelle, vous voilà, ma chère lectrice, nous demandant, avec votre jolie petite moue, en quoi le feuilleton diffère de l'âpre Premier-Paris, et s'il ne vaudrait pas mieux vous distraire un instant de ces anxiétés,

1. Par G. Duprez.
2. Par Mme Audley.

de ces colères, de ces querelles, de ces rumeurs et de ces orages. Si nous restons trop littéraires, si nous continuons notre air de flûte à travers le déchaînement des tempêtes, autre grief. Vous vous étonnez justement qu'un homme d'âge, intéressé à ces luttes, atteint en plein cœur par les malheurs et les humiliations de son pays, profondément blessé par l'insolent triomphe de l'impiété, du scandale, de la violence et de l'arbitraire, puisse conserver ou retrouver assez de sang-froid pour discuter avec vous le mérite d'un roman, les défauts d'un poème, la pauvreté d'une rime, le charme d'une légende, la verve d'un dialogue, l'agrément d'une fantaisie, la vraisemblance d'un épisode, la péripétie d'un dénouement, le *pour* et le *contre* du mariage d'Edmée avec Gontran, ou des amours de Lionel avec Valentine.

Eh bien, aujourd'hui, c'est moi qui vous demande grâce. C'est moi qu'une lassitude toujours croissante forcerait d'interrompre ces *Causeries*, s'il ne m'était permis de me réfugier dans mes souvenirs, et, cette fois, en bien bonne compagnie; avec un grand artiste qui ressuscita *Guillaume Tell*; avec une femme d'élite, énergique chrétienne au service de l'art chrétien, qui nous raconte Frédéric Chopin; une âme repliant ses ailes sur les touches d'un clavier; un malade traduisant sa fièvre en idéales mélodies; une élégie vivante, égarée au milieu des joies de ce monde et portant le deuil de la patrie absente; un songe s'éveillant pour répéter ce qu'il vient d'entendre; un visionnaire fixant sous ses doigts magiques les échos d'un pays intermédiaire entre la terre et le ciel; un mystique dominé, comme beaucoup de mystiques, par les nerfs et les sens, et rencontrant dans ce bizarre contraste des inspirations surnaturelles; une figure impalpable qui semble s'évanouir à mesure qu'on la regarde, et qui ne pouvait que se briser entre les fortes mains pseudo-maternelles de la châtelaine de Nohant: conte fantastique, histoire de revenant, dont M. Liszt a été l'Hoffmann amphigourique et que madame Audley a ramenée à sa physionomie véritable.

Madame Audley! Frédéric Chopin! Gilbert Duprez! Adolphe Nourrit! Choron! Franz Liszt! George Sand! Rossini! Meyerbeer! La grande allée du Luxembourg et le théâtre *San-Carlo!* Mendelssohn! Schumann et Henri Heine! Mickiewiez! Eugène Delacroix! Les soirs étoilés du Berri et la salle Le Peletier! Berlioz! Bellini! madame Pasta! madame Malibran! Donizetti! Paris, Venise, Varsovie! Les embrassements presque funèbres de la France et de la Pologne! Toute la poésie, toute la musique, toute l'aventure, tout l'idéal de cette phase unique, où les imaginations manquèrent leur but à force de le dépasser! Tout le magnétisme de ces années heureuses, dont le plus grand charme est encore de n'être pas le présent! Quelle tentation irrésistible! Quelle aimable et puissante diversion à tant d'inquiétudes et de vilenies! Je suis le contemporain de ces dates mémorables, de ces *Sursum corda!* d'un art sans cesse appelé vers les cimes, de ces fêtes de l'esprit, du regard et de l'oreille. Cette fois encore, du fond de ma mélancolique retraite et de ma vieillesse attristée, il me semble que je puis sans effort m'associer à ces souvenirs, ou plutôt en faire les miens par la plus facile, la plus douce des assimilations et des métamorphoses. Ce *petit* Duprez, comme nous disions en 1826, entre écoliers avides de spectacle, je l'ai entendu à l'Odéon, lorsqu'il n'était que *tenorino* et qu'il chantait *le Barbier de Séville*, traduit par mon vieil ami Castil-Blaze. Quel régal, quelle saveur, ces fruits défendus de la rhétorique, ces soirées de demi-contrebande! On était censé se promener bien loin, derrière l'Observatoire; on regardait à l'horloge du palais du Luxembourg. — « Sept heures! nous avons le temps d'entendre la sérénade, le *duo* et la cavatine... et, s'il le faut, nous vendrons, rue des Grès, notre *Gradus ad Parnassum* pour subvenir à cette folle dépense!» — et le mieux doué de notre groupe de jeunes mélomanes fredonnait en regardant les palombes planer sur les tilleuls et les platanes : *Ecco ridente il cielo!*

Quel brave homme, ce grand chanteur! quel bon père de famille! quel parfum d'honnêteté, de franchise, de droiture, dans tout son livre! Comme il évite de se surfaire! Je serais presque tenté de renouveler pour lui le reproche que madame Émile de Girardin adressait à *la Marseillaise de la Paix*, de Lamartine. Il est trop bon!

Je le voudrais parfois plus vif, plus acerbe, plus incisif, plus *justicier*, contre Fiorentino par exemple, dont il eut tant à se plaindre, et qui s'acharna contre Duprez compositeur, après avoir odieusement traité l'admirable interprète d'Arnold, de Raoul, d'Eléazar et de Fernand. Autre critique, assez singulière, mais que je crois juste; l'auteur, le héros de ces mélodieux *Souvenirs* nous a trop peu parlé de son adorable fille, de son incomparable élève Caroline. Au moment où il se retirait de l'Opéra (1849), il y eut, à l'Opéra-Comique, comme un renouveau de fauvettes, un épanouissement de fleurs printanières, une pléiade d'*étoiles*. Je trouve dans un de mes vieux carnets de ce temps-là les lignes suivantes : « Mademoiselle Lefebvre est délicieuse; madame Ugalde est étourdissante; madame Cabel est éblouissante; mademoiselle Miolan est parfaite; mademoiselle Duprez est exquise. » — Après quoi, fidèle à la déplorable manie dont je n'ai jamais pu me guérir, j'ajoutais en note : « C'est la première fois que je rencontre un rossignol *miaulant!* » horrible paillette dont je fus puni, quinze jours plus tard, en reconnaissant que j'avais innocemment copié M. Danières dans *le Sourd* ou *l'Auberge pleine!*

Oui, *exquise*, c'était bien le mot, et je ne m'en dédis pas; un type de distinction, d'élégance, de fraîcheur virginale, et, pour ainsi dire, de chasteté musicale et dramatique. C'est bien à elle que l'on aurait pu appliquer le mot d'Alexandre Dumas dans son éloquent discours sur la tombe de M. Montigny :

Elle fut grande artiste, et fila de la laine !

Et, quand on l'avait applaudie la veille dans *l'Étoile du Nord*, dans *les Diamants de la Couronne*, dans *Marco Spada*, dans *Valentine d'Aubigny*, charmant opéra d'Halévy, victime d'un caprice du dilettantisme parisien, comme on aimait à la revoir, le lendemain, à l'église de Notre-Dame de Lorette, pieuse, recueillie, le front incliné, humblement agenouillée, toute à la prière qui chantait en elle la plus douce, la plus pure, la plus suave de ses mélodies !

Puisque je suis en veine de critiques, je signalerai à M. Duprez deux légères inexactitudes. Ce n'est pas au commencement de 1838, mais le 7 mars 1839, que le suicide de Nourrit vint assombrir les triomphes de son heureux rival. « En arrivant à Marseille, nous dit madame Audley, Chopin apprit qu'on y célébrait une messe de *Requiem* pour le repos de l'âme d'Adolphe Nourrit; il se rendit sur-le-champ à l'église, monta à l'orgue, et joua, en l'honneur de son ami, une de ses plus pathétiques improvisations. » — Autre chicane, à propos d'Elleviou. Ce n'est pas lui qui vint mourir chez son vieux camarade Martin. Ce fut, au contraire, Martin qui mourut, quatre ans auparavant, chez Elleviou, devenu maire de sa commune, membre du conseil général

du Rhône, et propriétaire, près de Lyon, d'un beau château qui dut souvent rappeler aux deux amis le *duo* de *Maison à vendre.* Elleviou mourut à Paris en mai 1840. Il fut foudroyé par une attaque d'apoplexie en sortant des bureaux du *Charivari,* où il venait de renouveler son abonnement. Homme du monde, posant pour l'homme sérieux, administrateur, tournant à merveille le couplet et le petit vers de société, donnant à dîner à son préfet et même à son évêque, il ne pouvait souffrir, on le sait, qu'on lui parlât de ses succès de théâtre; faiblesse d'autant plus ridicule, que, pendant longues années, même après sa mort, son nom, si harmonieux d'ailleurs, servait à qualifier un emploi dans les théâtres de province. Aussi, ses obsèques, célébrées à Saint-Roch, faillirent être aussi peu musicales que s'il s'était agi d'un notaire ou d'un marchand de la rue Saint-Honoré. Mais Duprez était là, toujours vaillant, toujours sur la brèche :
— « Il n'est pas possible, dis-je à Masson (le maître de chapelle) de laisser un ténor s'en aller comme cela ! As-tu là quelque chose que je puisse chanter ? — J'ai un *Offertoire* de Monpou. — Eh bien, donne-le ! » — Le moment venu, je chantai, au grand étonnement de la famille du défunt ! »

Et j'ajoute, ce que Duprez ne dit pas, qu'il chanta admirablement.

On ne tarirait pas à propos de toutes ces piquantes anecdotes. Le règne de Duprez à l'Opéra fut troublé par la dictature de madame Rosine Stoltz. Madame Stoltz, la Léonore de la *Favorite*, l'Odette de *Charles VI*, héritière de cette pauvre Cornélie Falcon, avait ensorcelé le directeur d'alors, M. Léon Pillet. Elle abusait de son empire pour tyranniser le personnel du théâtre, écarter les rivales inquiétantes, entraver le répertoire, imposer au public débonnaire ses prodigieux caprices et hébéter son directeur, qui se frottait les mains lorsqu'elle ne jouait pas et que la recette tombait au-dessous de 4,000 fr. Mais il lui sera beaucoup pardonné, parce qu'elle était et est encore, j'aime à le croire, légitimiste passionnée. Voici un détail qui prouve que les chanteurs n'ont pas le don de seconde vue. Madame Stoltz était exécrée de tous ses camarades. Un jour, elle passait dans la cour de l'Opéra, fière, hautaine, dédaigneuse, superbe, souveraine, et surtout sultane favorite, au moment où les artistes étaient réunis pour une répétition. « Et dire, fit Alizard de sa grosse voix picarde, et dire que cette femme-là est destinée, sur ses vieux jours, à faire des ménages de garçons... le mien peut-être ! »

Or, vingt ans après, en 1865, j'étais à Ems. Madame Stoltz s'y trouvait aussi. Nos opinions nous rapprochèrent — hélas ! et aussi nos âges. Sa conversation me charmait et m'amusait par un singulier mélange où se confondaient l'artiste, la grande dame, la voyageuse, la fantaisiste — et la millionnaire. Elle me raconta, avec un accent d'émotion et de reconnaissance sincère, que, en 1847, lors de son départ de l'Opéra, il ne lui restait pas un sou de tout ce qu'elle avait gagné pendant sa dictature. La duchesse de Berri, sa marraine, lui dit, après la révolution de février : « Mon enfant, je ne veux pas que vous mouriez sur la paille... Vous n'avez plus rien à faire en France... Allez en Portugal, au Brésil... Voici des lettres pour les familles régnantes; toutes les portes vous seront ouvertes; votre talent fera le reste, et vous avez le temps de vous créer une seconde fortune ! »

La prédiction de notre généreuse princesse se réalisa de point en point. A Lisbonne, à Rio-de-Janeiro surtout, Rosine Stoltz fut accueillie avec enthousiasme, engagée à des conditions californiennes, comblée de présents magnifiques et d'ovations fabuleuses. C'est alors que Berlioz écrivit dans le feuilleton des graves *Débats* : « Toutes nos cantatrices, depuis qu'elles ont appris les immenses succès de madame Stoltz à Rio-de-Janeiro, veulent *brésilier* leur engagement. » — A l'heure où nous causions ainsi, comme deux vieux camarades, sur les bords charmants de la Lahn, elle avait cent cinquante mille livres de rente. MM. Naquet et Dumas auraient été contents de ses idées sur le divorce. Il paraît que, dans sa naïve jeunesse, elle avait épousé un M. Lécuyer, qu'elle traitait fort cavalièrement, et qui avait le tort énorme de n'être pas mort. — « Mariée en Belgique, ajoutait-elle, j'ai eu la sottise de plaider en séparation, conformément à la loi française; j'ai gagné, comme de juste; mais, si je pouvais obtenir le divorce, j'ai un lord tout prêt, un pair d'Angleterre, et ce serait une fin assez convenable pour la reine de Chypre! — Et tout cela, disait-elle les larmes aux yeux, je le dois à ma chère bienfaitrice! — Parions, répliquai-je étourdiment, que vous retrouveriez votre voix de *la Reine de Chypre* pour chanter *Vive Henri IV!* — Ma voix? mais elle est aussi fraîche, aussi jeune, aussi étendue que lorsque je chantais *O mon Fernand!*... Seulement, ce *bêta* de public ne voudrait pas le croire! » — Et *nous avions* cinquante-quatre ans! N'est-ce pas là un trait caractéristique? Je crois avoir lu dans un journal qu'elle avait réalisé son vœu, et épousé un très grand personnage. On le voit, il y a loin de là aux *ménages de garçon* de ce brave Alizard, excellente basse-taille, qui a chanté *Robert le Diable*, mais non pas *le Prophète!*

Je vais trop vite, et me voilà *doublant* Duprez, qui méritait mieux. Au seuil de sa brillante carrière, saluons deux figures originales, l'une sympathique, l'autre rébarbative, qui semblent garder le jardin des Hespérides; Choron et Cherubini! Les anecdotes dont Choron est le héros ont été déjà reproduites. Cherubini, le terrible directeur du Conservatoire, n'était pas moins amusant, avec son humeur de dogue, son tempérament irascible, ses rebuffades aiguisées par son accent italien, ses légendaires coups de boutoir que les musiciens se transmettent de génération en génération. On l'a comparé à M. Ingres, qui fit son portrait en l'idéalisant, mais dont l'œuvre est restée plus considérable et plus vivante. Je dirais plutôt qu'il me fait songer, dans un cadre bien différent, à Royer-Collard; un oracle comme Royer-Collard, respecté, redouté, affirmant et imposant autour de lui une supériorité plus facile à subir qu'à contrôler; accepté comme une puissance, effrayant de ses *mots* les débutants et les timides, mais, en somme, n'ayant laissé que des fragments, et occupant une place peu distincte entre Cimarosa et Rossini, comme Royer-Collard entre La Romiguière et Victor Cousin. Ses colères étaient trop comiques pour être bien offensantes. Un artiste, qui lui déplaisait, se présenta un jour chez lui. « Allez-vous-en! lui dit-il. Qué si vous ne vous en allez pas, zé me zette par la fenêtre, que l'on dira qué c'est vous! » Une autre fois, il accable d'injures un jeune chanteur, Serda, qui *créa* plus tard, dans *les Huguenots*, le rôle de Saint-Bris. Serda est très mortifié; on supplie le maître de lui dire quelques bonnes paroles en guise de compresse : Et qu'est-cé qué tou veux qué zé loui dise? répond-il; tiens! vas-y dé ma part... Tu peux l'assurer qué zé né loui en veux plous! »

Et ce pauvre Bénédict, une célébrité marseillaise, le critique musical du *Sémaphore*, l'auteur du fameux *Chichois!* Il était fort laid, et se présentait pour une classe de chant. Cherubini le toisa et lui dit : « *E ché!* vous voulez vous faire récévoir ici? Allez ploutôt au

Zardin des Plantes; nous né prénons pas des sinzes ici! »
Mais ce que je ne puis croire, quoique je tienne l'anecdote de Berlioz, c'est le mot de Cherubini à la répétition générale de *la Juive*. Halévy était son élève favori. Seulement, il le traitait comme un enfant sans conséquence.

A cette répétition d'un chef-d'œuvre, tout le monde complimentait le jeune compositeur; Cherubini se taisait. « Et vous, cher maître, vous ne me dites rien? murmure Halévy d'une voix tremblante. — Et qué veux-tu que zé té dise? Voilà quatre heures qué zé t'écoute, et tu né mé dis rien! » Coup d'assommoir qui fait sourire, si l'on compare les destinées de *la Juive* à celles d'*Ali Baba!*

Ce qui me frappe dans ces intéressants *Souvenirs* si honnêtement racontés, ce qui leur donne une valeur morale, supérieure à leurs modestes prétentions, c'est la vocation énergique, la force de volonté, qui fait de ce *tenorino*, à peine remarqué à l'Odéon et à l'Opéra-Comique, le chanteur à large envergure, rival de Rubini dans les grands rôles de *Lucia*, de *Mosé* et d'*Anna Bolena*, le héros de l'inoubliable soirée du 17 avril 1837 ; reprise de *Guillaume Tell* à l'Opéra, ou plutôt reprise de possession de l'Opéra par *Guillaume Tell*. Duprez m'échappe pendant ses années de lutte, d'apprentissage, de déplacements, de succès, de déboires, d'aventures et de maigres appointements dans les principales villes d'Italie. Je cueille à la hâte sous sa plume les noms glorieux de

Judith Pasta et de madame Malibran, auxquelles il donne vaillamment la réplique. Rue Le Peletier, nous nous retrouvons ensemble, lui sur la scène, moi dans la salle, et nous ne nous séparons plus. Quelle soirée, ce 17 avril ! La situation était délicate. Le sublime chef-d'œuvre de Rossini tombait en morceaux. De temps en temps, on jouait le premier acte, en lever de rideau, avant le ballet à la mode. C'est à l'occasion d'un de ces sacrilèges que Duponchel, rencontrant Rossini sur le boulevard, lui dit : « Nous donnons ce soir le second acte de *Guillaume Tell*. — Tout entier?... » répliqua le maître avec cette ironie qui cachait autant d'amertume qu'elle montrait d'insouciance.

D'autre part, les dispositions du public, du haut dilettantisme, de l'orchestre, des bons petits camarades, n'étaient pas favorables. On en voulait au nouveau venu d'être cause du départ de Nourrit, si chevaleresque, si passionné, si dramatique, d'une ardeur si communicative, et, malgré son embonpoint, si beau sous l'armure de Robert, le pourpoint de Raoul ou le manteau de don Juan. Duprez, lequel, par parenthèse, a, dans son livre, singulièrement exagéré sa laideur, passait pour un nain. Dans les coulisses, au foyer de la danse, on le traitait carrément de pygmée et même de *crapaud*. Au milieu de ces préventions hostiles, il n'avait pour lui qu'une imperceptible minorité, les rares spectateurs qui l'avaient entendu chanter en Italie. De ce nombre était Alexandre Dumas. Il avait Hector Berlioz pour voisin de stalle. « Je voudrais être plus vieux de dix minutes, » lui dit-il au moment où, après la mercuriale paternelle sur *le bonheur d'être époux*, après ces beaux vers de M. de Jouy.

> La fête des pasteurs, par un triple lien,
> Va consacrer, dans ce jour d'allégresse,
> Trois serments de l'hymen... et ce n'est pas le tien!

Arnold, resté seul sur cette vaste scène, entama le récitatif, inaperçu jusqu'alors, aujourd'hui *classique* : « Ils me parlent d'hymen! » — Dumas n'eut pas même dix minutes à attendre. Ce fut une révélation — et une révolution. D'abord, un léger murmure de surprise, un frémissement dont l'artiste intimidé ne se rendit pas bien compte; puis des bravos enthousiastes qui redoublèrent après le délicieux *duo* : *O Mathilde!* et que le merveilleux *trio*, puis le célèbre : *Suivez-moi!* exaltèrent jusqu'au délire. Laissons parler Duprez, et admirons cette force de volonté que je rappelais tout à l'heure. — « Il fallait, pour se mettre à la hauteur de cette énergique création, la concentration de toute la volonté, de toutes les forces morales et physiques de celui qui s'en ferait l'interprète...

— » Eh! parbleu! m'écriai-je en terminant, j'éclaterai peut-être; mais j'y arriverai! »

Tout Duprez est dans cette phrase; et quelle sagesse!

Quel bon sens ! « Voilà, ajoute-t-il, comment je trouvai cet *ut* de poitrine qui me valut à Paris tant de succès, trop peut-être; car, enfin, qu'est-ce qu'un son, sinon un moyen d'exprimer une pensée? Qu'est-ce qu'une note, sans le sentiment qu'elle colore et dont elle est animée? »

Le grand artiste a raison. Sa supériorité, son vrai titre aux suffrages de l'élite de ses admirateurs, ce n'était pas cette note exceptionnelle dont l'effet est purement nerveux, et dont le dangereux exemple a, suivant son expression, *vidé* bien des ténors. C'était la perfection du style, le relief, la largeur, l'intensité de la phrase musicale, l'art de l'unir si étroitement aux paroles et à l'action dramatique, que l'on ne sait plus si c'est le drame qui chante ou la musique qui agit et qui parle. C'était la valeur toute nouvelle, donnée au récitatif, qui sortait de l'ombre pour faire sa partie dans l'harmonie générale de l'œuvre, en éclairer le sens, en relier les divers morceaux. Duprez, par ces innovations excellentes qu'il pratiquait en musicien accompli et en virtuose inspiré, préludait aux tentatives, aux hardiesses de la nouvelle école; très recommandables quand elles prouvent qu'un opéra ne doit pas être une succession d'*adagios*, de *cavatines* et de *cabalettes* méthodiquement chantées devant le trou du souffleur et enjolivées de trilles, de roulades, de vocalises, de cadences et de points d'orgue, mais moins agréables quand elles croient pouvoir se passer de mélodie.

Cette soirée du 17 avril 1837 fut, pour Duprez, une date glorieuse, mais périlleuse. Si j'osais, je dirais que, après le triomphal *ut* de poitrine, il ne pouvait plus *monter*. Le lendemain, la presse fut unanime. Le feuilleton de Berlioz débordait d'enthousiasme. Cet enthousiasme se soutint à la reprise des *Huguenots* et de *la Juive*. Après la première représentation de *Guido et Ginevra*, Henri Blaze qualifia Duprez de *sublime ténor*. Puis survint un certain *Benvenuto Cellini*, de Berlioz, qui ne fut pas le bienvenu. L'irritable compositeur se crut trahi par l'artiste qu'il avait élevé *alle stelle*. Voici le fait, tel que Duprez nous le raconte, et qui le montre sous son double aspect de chanteur admirable et de père de famille : « Le soir... je partis de chez moi laissant madame Duprez dans l'attente d'un événement qui me laissait peu de calme. N'ayant encore eu que des filles, je désirais passionnément un fils ; je priai donc en sortant le docteur Gasnault, qui soignait la malade, de venir sans retard me dire si ma femme accouchait d'un garçon. Or, pendant que j'étais en scène dans le dernier acte, j'aperçois mon fidèle docteur, dans la coulisse, le visage tout rayonnant. Sa joie me fait perdre la tête. Lorsqu'on s'embrouille dans cette musique compliquée et savante, telle que la composait Berlioz, il n'est pas facile de se retrouver. Je me tirai assez mal de cette aventure. » N'est-ce pas touchant et charmant ?

Duprez m'absorbe ; je n'ai pas encore épuisé ses pi-

quants récits d'éminent artiste, de ténor sans fiel et
d'honnête homme, — et je n'ai encore rien dit de Chopin.

Encore une page sur Duprez et ses intéressants *Souvenirs*. La voix délicate et flexible du jeune *tenorino* de
1826, transformée, agrandie, surmenée par un prodigieux effort de volonté et arrivant à la hauteur du sextuor de *Lucie*, du duo des *Huguenots*, de l'air de *la Juive*,
du trio de *Guillaume Tell*, c'était déjà un phénomène;
il aurait fallu un miracle pour que cette voix, ainsi travaillée, domptée, *sombrée*, conservât longtemps le *velouté*, la fraîcheur de la jeunesse, le charme et la pureté
de son timbre d'or. En 1843, après une absence, j'entendis Duprez dans *Don Sébastien de Portugal*, assez médiocre opéra de Donizetti. Ce n'était plus le Raoul et
l'Arnold de ses triomphants débuts; mais c'était toujours le grand artiste, rachetant des défaillances passagères par la beauté du style et l'intensité de l'expression
pathétique. Il y avait là une romance : *Seul sur la
terre* qui, chantée en demi-teinte et comme à travers
un voile de deuil, désarma les juges les plus revêches.
Je m'étonne que Duprez, intimement lié avec Donizetti,
dont il fut, à vrai dire, le ténor comme Rubini fut le
ténor de Bellini, ne nous ait pas raconté comment on
s'aperçut, pour la première fois, que l'aimable auteur de
l'Elisire d'amore, un peu trop friand de ce dangereux
élixir, ne jouissait plus de la plénitude de ses facultés.
Un de ses meilleurs amis l'invita sans façon à dîner pour

le soir même, et la maîtresse du logis lui dit avec cette familiarité qui donne tant d'agrément aux relations à demi bourgeoises, à demi artistiques du véritable Paris : « Puisque vous sortez, commandez chez X..., en passant, ce vol-au-vent que vous avez trouvé si bon l'autre jour. » A l'heure dite, on vit arriver une trentaine de garçons pâtissiers, apportant chacun son vol-au-vent. Le pauvre Donizetti avait fait la même commande chez tous les pâtissiers du quartier; il était fou, et, peu de temps après, il alla mourir à Bergame, sa ville natale.

Cependant, Duprez ne pouvait plus se faire illusion sur les signes de fatigue qui trahissaient son énergie et compromirent parfois ses tournées en province. A Avignon notamment, ce fut presque une déroute. J'étais assailli, dans les couloirs, par les dilettantes désappointés qui me disaient : *Eïs aco, vostré Duprez? A li miraou créba!* Et pourtant, qu'il fut beau dans la scène finale de *Lucie*, où il traduisait en sanglots, sans que la musique y perdît rien :

>Mais qui faut-il donc que je pleure ?...
>Ah! dites-moi, dites-moi qui va mourir!...
>— Lucie!...

Cette scène si pathétique, Duprez en était presque l'auteur. « Je conseillai à Donizetti, nous dit-il, la reprise du thème principal par les violoncelles sous les sanglots et les plaintes entrecoupées d'Edgar. »

Notre grand ténor fut encore bien beau dans *Jérusalem* (novembre 1847); j'y étais, et je retrouve, au bout de trente-trois ans, mes impressions de cette première soirée : « Duprez est toujours cet artiste étonnant, chez qui l'art, la science, l'inspiration, la volonté, le style, l'âme, suppléent à la voix inégale ou rebelle. Son chant, si beau d'expression, fait l'effet d'un dessin de Raphaël, légèrement estompé par le temps. » — Franchissons un espace de deux années. Bien des choses se sont passées dans cet intervalle, sans compter une révolution, une république, une guerre civile, une présidence en salle d'attente et une dictature en expectative. A la demande de Meyerbeer, l'Opéra venait d'engager Roger pour chanter *le Prophète*, et pas n'était besoin de l'être pour prédire que, dans ce rôle écrasant et ce répertoire terrible, la royauté du charmant ténor de l'Opéra-Comique serait aussi éphémère, aussi fragile que celle de Jean de Leyde. L'heure de la retraite avait sonné pour Duprez. Un soir, en mars 1849, l'affiche annonçait *Othello* pour les débuts de madame Anna de Lagrange. Duprez jouait Othello. Il entre en scène; il ouvre la bouche; rien! *Vox faucibus hæsit.* On fait une annonce; l'orchestre est consterné; nous nous demandons si la représentation pourra continuer. O prodige! Arrive le fameux duo de la jalousie : *Il cor mi si divide!* Le chanteur a lutté contre son enrouement. Il rentre, pour dix minutes, en possession de tous ses moyens, et jamais Garcia, Donzelli, Rubini, Tamberlick, n'ont produit dans cette scène tragique un effet pareil. C'était douloureux et sublime! On admirait, mais on souffrait, et nous aurions dit volontiers au grand artiste qui se sacrifiait ainsi à nos plaisirs : « Nous avons mal à votre poitrine! » A travers un tonnerre d'applaudissements, la respiration haletante de l'héroïque More parvenait jusqu'à nos fauteuils, comparable à un soufflet de forge. L'organe rebelle était dompté; mais à quel prix? serait-il possible de gagner deux fois cette gageure, de recommencer un tel tour de force?

Aussi, à dater de cette soirée, que Duprez ne peut avoir oubliée, ne nous apparaît-il plus qu'à titre de professeur, de *maestro*, rendant d'immenses services à l'art qu'il a si constamment aimé et qui le lui a si bien rendu. Pour lui, la musique et la charité sont sœurs; l'une lui sert à obtenir ce que l'autre l'engage à demander. A Paris, il recrute, il inspire, il encourage, il *crée* des élèves qui deviennent à leur tour des chefs d'emploi et des *étoiles*. Dans sa jolie *villa* de Valmondois, il organise des concerts de bienfaisance; il se rend si utile, il est entouré de sympathies si unanimes, que le sous-préfet, qui, par hasard, a de l'esprit (1854), le force d'accepter l'écharpe municipale; je n'aurai garde d'omettre ce détail, qui, pendant quelques années, m'eût permis de l'appeler « mon cher collègue »! — Rue Turgot, son élégante salle, toujours hospitalière, s'ouvre aux jeunes compositeurs qu'ajourne ou décourage l'encombrement de nos théâtres lyriques. C'est Duprez qui eut le mérite de prendre très au sérieux la belle partition des *Amants de Vérone*, par le marquis d'Ivry. C'est chez lui, en 1867, que nous entendîmes pour la première fois, chanté par sa fille, son fils et ses meilleurs élèves, cet opéra qui devait, onze ans plus tard, balancer le succès de *Paul et Virginie* et nous offrir le chant du cygne de Capoul. Si le grand artiste n'avait pas adopté ces *Amants* avec sa foi robuste et son énergie habituelle, peut-être d'Ivry n'aurait-il pas eu le courage de lutter, pendant dix années, contre la malechance, la fée *Guignon*, la terrible concurrence de Gounod, la faillite de deux ou trois directeurs et le grave inconvénient de ne pas être *enfant de la balle*. Je viens de nommer Gounod, qui sera toujours pour nous, de préférence, l'auteur de *Faust*. J'ajoute le mot d'un homme d'esprit, mon voisin de stalle, rue Turgot, à cette première audition qui réunit la meilleure compagnie de Paris : « La Juliette de Gounod est peut-être plus poétique; mais celle-ci est plus dramatique. » Il était impossible de mieux raconter d'avance la victoire d'Ivry, et, moi, je ne saurais mieux terminer mon voyage à travers un livre qui m'a reposé, rajeuni, consolé et charmé.

II

J'ai fait les parts un peu inégales ; c'est que les souvenirs de Duprez piquaient au jeu les miens, tandis que, avec Frédéric Chopin, mon imagination est forcée de suppléer ma mémoire. Heureusement, madame Audley sera mon guide, et je ne puis en choisir de plus sûr, ni de plus fidèle. Nous n'avons plus ici le spectacle d'une nature forte, énergique, égale, résolue, admirablement équilibrée, allant droit au but, douée d'une santé et d'une bonne humeur imperturbable, ne donnant au roman de la vie que tout juste ce qu'il faut pour aimer, épouser, être heureux et pleurer; aux prises avec bien des difficultés, mais certaine de les vaincre. Il y a eu évidemment deux hommes chez Chopin en dehors du virtuose incomplet, mais incomparable; le Polonais, de provenance et d'éducation catholique, prêt à se donner tout entier à un premier amour, à régulariser son existence avant de la livrer aux caprices de la Muse, aux *gâteries* du monde et aux enchantements du succès; homme d'intérieur et de famille, si les circonstances s'y étaient prêtées; entremêlant ses rêveries de bouffées joyeuses, de velléités comiques, de ces aptitudes diverses ou contraires qui caractérisent la plupart des artistes; et le *romantique* de 1830, mi-parti de Slave et de Français, atteint de cette *mal'aria* où se confondaient la passion, l'orgueil, le doute, la fièvre de l'inconnu, l'aspiration inquiète vers les horizons vagues, les régions fantastiques, le royaume des sylphes, des gnomes, des elfes, des willis, des esprits de l'ombre et de la nuit; conservant, dans son talent et sa physionomie profondément originale, je ne sais quoi de maladif — j'allais dire de poitrinaire, — qui ajoute à son charme et mêle à l'enthousiasme qu'il excite un sentiment d'anxiété et de mélancolie, élément obligé de toutes les joies humaines ; prédestiné à subir l'influence d'une organisation plus vigoureuse que la sienne, et, s'il s'agit d'une femme, à intervertir les rôles; portant le germe d'un mal physique qui s'envenime d'une maladie morale, qui se change peu à peu en agonie, et que consolent, *in extremis*, la Religion et l'Amitié, l'une prodiguant ses pardons et ses espérances, l'autre se réservant ses souvenirs.

On comprend le parti que la plume élégante, sympathique et chrétienne de madame Audley a dû tirer de cette vie si brillante et si courte, qui commença et finit avec le bon Dieu, et dont la phase la plus orageuse et la plus célèbre appartint au plus éloquent et au plus paradoxal des avocats du diable. Remercions d'abord madame Audley d'avoir débarrassé de la prose de M. l'abbé Liszt la mémoire de Chopin. J'admets parfaitement que l'art, comme la science, ait sa langue particulière, un peu différente de celle des ignorants comme vous et moi. Est-ce une raison pour écrire des phrases telles que celle-ci : « Chopin savait qu'il n'agissait pas sur les multitudes et ne pouvait frapper les masses ; car, pareils à une mer de plomb, leurs flots malléables à tous les feux n'en sont pas moins lourds à remuer et nécessitent le bras puissant de l'ouvrier athlète, pour que, versé dans un moule, ce métal en fusion devienne tout à coup pensée et sentiment sous la forme qu'il leur impose. » J'avoue que cette mer, ce plomb, ces flots malléables, ces feux, ce bras, cet athlète, ce métal, cette fusion, ce moule, cette pensée et ce sentiment ne me semblent pas faire bien bon ménage.

Et celle-ci : « La lumière concentrée autour du piano tombait sur le parquet, glissant dessus comme une onde épandue, rejoignait les clartés incohérentes du foyer, où surgissaient de temps à autre des flammes orangées, courtes et épaisses comme des gnomes curieux, attirés par des mots de leur langue. Un seul portrait semblait invité à être le constant auditeur du flux et reflux de tons qui venaient gémir, gronder, murmurer et mourir sur les plages de l'instrument près duquel il était placé. La nappe réverbérante de la glace, etc... » — Il est donc bien difficile d'être naturel et simple ? Tout le livre de M. l'abbé Liszt sur Frédéric Chopin est écrit de ce style. Et notez que le tableau n'est pas même vrai, si j'en juge par un détail. M. l'abbé Liszt fait asseoir Meyerbeer à côté de Henri Heine. C'est exactement comme si on nous montrait Napoléon et lord Wellington fraternisant la veille de Waterloo. Meyerbeer était la bête noire de Henri Heine, qui lui refusait même du talent. « Mais le quatrième acte des *Huguenots?* lui disait un jour Berlioz. — Oh! très beau! magnifique! sublime! Seulement, il n'est pas de lui; il est de Gouin. » Pour comprendre le sel de cette plaisanterie fantaisiste, il faut savoir que M. Gouin, homme d'esprit d'ailleurs, admirateur passionné de Meyerbeer, s'était fait volontairement son *factotum* et ne savait pas une note de musique.

Madame Audley nous a délivrés de tout ce germanisme, où M. Jourdain n'aurait pas manqué de trouver trop de *brouillamini* et de *tintamarre*. Sans doute, elle comprend trop bien Chopin pour ignorer que cette figure si originale n'est pas de celles qui se détachent en relief sur un fond solide, et dont il est facile de fixer les contours. Elle sait qu'il y avait dans ce génie morbide tout un côté qui s'estompait dans la brume, qui avoisinait le pays du bleu, et dont l'attrait irrésistible consistait surtout à nous faire rêver l'*au delà*, à nous ouvrir les portes mystérieuses de l'idéal, de l'invisible et de l'infini. Elle sait que, si les doigts noueux et formidables de Liszt étaient comparables à des ongles de lion, les doigts légers de Chopin nous faisaient songer à des ailes de ramier. L'un comptait ses victoires par les pianos tués sous lui; l'autre, en leur donnant une âme, ménageait leur corps. Madame Audley sait tout cela mieux que nous. Elle analyse le talent, l'œuvre, la musique, la *poésie* de Chopin en musicienne consommée; mais, en même temps, elle nous raconte sa vie, et, comme elle est femme, elle nous renseigne avec une exquise délicatesse sur le *roman* ou sur les *romans* de *Fritzchen*, nom familier du grand artiste. Les deux premiers sont doux, purs et tristes comme un avril qui n'aurait pas de mai. A vingt ans, Chopin aime chastement une jeune cantatrice qui, par une ironie baptismale, s'appelle Constantia. Constantia n'est pas constante; elle quitte le théâtre, et, sans oublier tout à fait Chopin, « elle se marie prosaïquement à un autre ».

— Sept ans après, il aime Maria W..., jeune Polonaise, sœur de deux de ses anciens condisciples. Cette fois, on va jusqu'aux fiançailles; encore une préface sans livre, une aurore sans jour! — « Peu de temps après être rentré à Paris, il apprit que sa fiancée, plus vaniteuse que tendre, préférait une couronne de comte à une auréole d'artiste, et lui rendait sa parole... »

Elle aspirait à descendre. *Ce n'était pas écrit!* comme disent les musulmans. Mais ce qui était écrit, hélas! et même imprimé, c'est ce qui va suivre. Figurez-vous un poème de lord Byron, dont le prologue serait écrit par Millevoye, le quatrième acte des *Huguenots*, qu'un caprice de l'orchestre ferait précéder de l'ouverture de *la Dame blanche*. Des régions tempérées, incessamment rafraîchies par une brise conjugale, Chopin passe dans la zone torride. Il rencontre fortuitement George Sand, et nous voici arrivés à l'épisode le plus orageux, le plus éclatant, le plus discutable, le moins salubre de sa vie. Madame Audley — et elle en avait le droit — s'est montrée sévère pour l'auteur de *Lélia*. Il ne s'agit pas, bien entendu, de controverser la morale de ses ouvrages, dont la plupart lui servirent, dit-on, à maximer ses pratiques, à se raconter, à se peindre, et probablement à s'embellir sous les traits de telle ou telle de ses héroïnes. La vieillesse et la mort reprennent peu à peu les secrets que la jeunesse a trahis. Elles entourent d'une sorte de respect d'après coup celles qui ne se sont pas assez respectées elles-mêmes au beau temps des équipées et des aventures. Elles couvrent d'une ombre discrète les désordres et les scandales. Certes, il vaudrait mieux que les fautes fussent effacées par le repentir de la pécheresse et le pardon divin. Mais une grand'mère ou une morte peut réclamer cette absolution mondaine, indulgence de l'oubli, qui n'est, après tout, qu'une prescription déguisée. Pour raturer les vieilles chroniques, pour apaiser les anciennes rancunes, pour guérir les anciennes blessures, pour innocenter les amours d'*antan*, il suffit de deux bandeaux de cheveux blancs, et, mieux encore, d'un linceul.

Non! la seule question à débattre, ce serait le plus ou moins de bien ou de mal que l'intimité de madame Sand aurait fait, humainement parlant, à Frédéric Chopin.

Ici, je crois que l'on peut plaider le *pour* et le *contre*. M. De Vaisnes disait de madame de Staël : « C'est une excellente femme, qui noierait volontiers tous ses amis pour avoir le plaisir de les pêcher à la ligne. » Il y a des femmes qui ne pêchent pas à la ligne, mais qui se dédoublent, pour ainsi dire, afin de soigner leurs victimes, de panser les plaies qu'elles ont faites, d'offrir, en une seule et même personne, la Célimène et la garde-malade, la sirène et la sœur de charité. Elles ne sont pas, comme la Charlotte Corday de Lamartine, les anges de l'assassinat, mais les démons du cataplasme. Coquettes endiablées, ne songeant, au fond, qu'aux intérêts de leur orgueil singulièrement placé, quand elles ont bien torturé, bien martyrisé, bien mortifié, bien humilié, bien compromis un galant homme, parfois un homme supérieur, elles sont tentées de l'engager à se mettre au lit, pour lui prouver, la tasse de tisane à la main, qu'elles sont des modèles de dévouement, de tendresse et de bonté. Impitoybles tant qu'il leur faut un nom de plus sur leur liste *don juanesque*, leur rêve favori, le *nec plus ultra* de leur succès et de leur gloire serait qu'un amoureux fou — ou imbécile — se tuât pour leurs beaux yeux, qu'il ne fût pas tout à fait mort, et qu'il leur fût possible de mettre à le ressusciter autant de soin et de génie qu'elles en ont mis à l'occire. Comme le fait est, en somme, assez rare, elles se consolent en se persuadant et en racontant aux *gobeurs* que c'est arrivé, et c'est alors le cas de répéter que le malheureux X... est mort d'amour et d'une fluxion de poitrine.

Quelques-uns de ces traits de fantaisie s'appliquent, je crois, à madame Sand dans ses rapports avec ceux qui l'ont aimée et qui sont sortis de cette crise plus ou moins endoloris. Mais, en dépit d'une masse de réquisitoires, de plaidoyers, de commentaires, de fictions transparentes et de pièces justificatives, bien des doutes et des problèmes restent attachés à ce caractère énigmatique où s'associaient tous les extrêmes. Il est certain que madame Sand, outre son génie et son beau style, avait des aptitudes remarquables de ménagère, de *bonne femme* et d'infirmière, bigarrées de singuliers contrastes. Le plus célèbre de ses amis d'arrière-saison me racontait que, quelques années auparavant, elle avait soigné un hôte qui lui était cher, comme une vraie sœur de saint Vincent de Paul, avec des attentions, un souci de détails, une assiduité, une énergie, un mélange de persévérance et de douceur, une abnégation et un oubli de soi-même, digne de la meilleure des mères. L'agonie avait été longue; la châtelaine de Nohant avait veillé le malade pendant une douzaine de nuits; à la fin, il meurt. Voyant madame Sand accablée, son illustre ami lui dit : « Voyons! courage! Ne puis-je rien pour vous? Que vous faudrait-il maintenant pour vous relever de cette cruelle secousse? — Un bain, répondit-elle, et une soirée au spectacle. »

Elle n'eut, Dieu merci! ni à se baigner, ni à louer une loge le jour de la mort de Chopin. C'est tout au plus si elle dut se dire comme Pilate et les auteurs des décrets du 29 mars : « Je m'en lave les mains! » — Le catholique, le Polonais, l'artiste immatériel, lui avait échappé depuis deux ou trois ans. Le plus juste résumé de ce trop romanesque épisode est peut-être dans ces simples mots : « Ils s'étaient fait souffrir l'un l'autre. » — Je les préfère à l'emphatique apostrophe de M. l'abbé Liszt : « Brune et *olivâtre* Lélia! tu as promené tes pas dans *les lieux solitaires*, sombre comme Lara, déchirée comme Manfred, rebelle *comme Caïn*, mais plus farouche, plus impitoyable, plus inconsolable qu'eux; car il ne s'est pas trouvé un cœur d'homme assez féminin pour t'aimer comme ils ont été aimés, pour payer à tes charmes virils (?) l'hommage d'une soumission confiante et aveugle, d'un dévouement muet et ardent, pour laisser protéger *ses obéissances* par ta force d'amazone! » — Comprenez-vous? — Non. — Eh bien! ni moi non plus. Ce qui est plus clair, c'est que madame Sand, ainsi que les femmes endoctrinées par ses romans et ses exemples peu exemplaires, ne possédait pas au nombre de ses vertus celle de la lance d'Achille. Elle s'entendait moins bien à guérir les blessures qu'à les faire [1].

---

1. Voir, pour plus amples renseignements, *Lucrezia Floriani*, de George Sand.

Reposons-nous, en finissant, sur de plus consolantes images. On sent que madame Audley, dépaysée et attristée au milieu des orages, des précipices, des ravins et des fondrières d'une passion expirant dans le vide, se retrouve chez elle et respire à pleins poumons l'air de la délivrance, en retraçant la fin chrétienne de Chopin.

« Alors, écrit l'abbé Alexandre Jelowicki, son compatriote et son ami, j'éprouvai une joie inexprimable, mêlée d'une angoisse indescriptible. Comment devais-je recevoir cette chère âme, pour la donner à Dieu? Je tombai à genoux et je criai vers Dieu de toute l'énergie de ma foi : « Recevez-la vous seul, ô mon Dieu! » Et je tendis à Chopin l'image du Sauveur crucifié, en la lui serrant fortement dans les deux mains sans mot dire. De ses yeux tombèrent alors de grosses larmes. « Crois-» tu? lui demandai-je. — Je crois! — Crois-tu comme ta » mère te l'a enseigné? — Comme ma mère me l'a ensei-» gné, » répondit-il encore. »

Voyons! en dehors même de tout dogme et de toute Eglise, n'y a-t-il pas là quelque chose de plus vrai, de plus *humain*, de plus tendre, de plus émouvant, que dans toutes ces grandes phrases où une passion factice se bat les flancs pour dissimuler l'absence du cœur, dans ce laborieux effort de deux âmes dépareillées pour se prouver qu'elles se suffisent et qu'elles n'ont pas à chercher au delà de l'horizon l'idéal de leurs amours et de leurs joies? Madame Sand serait-elle la

bienvenue à nous parler des « terreurs atroces que le dogme catholique jette sur la mort », en présence de ce crucifix, céleste trait d'union entre ces deux amis, ce saint prêtre et ce grand artiste; image de pardon, de miséricorde et de salut qui rassure à la fois le pénitent et le confesseur, le moribond et le survivant? Que lui aurait-elle offert à la place de ce gage d'espérance et de certitude? Les vraies consolations, celles dont il était digne, entourèrent le lit de mort et le cercueil de Chopin. La noble colonie polonaise s'empressa à ce douloureux appel de l'art, de la religion et de la patrie. Une poétique étrangère murmura à l'oreille de l'agonisant les airs de sa chère Pologne. Des gerbes de fleurs couvrirent son tombeau. Bien que son génie si original, si personnel, essentiellement romantique et peut-être un peu excentrique, parût exclure l'idée de tradition, de leçons, de méthode à enseigner, Chopin eut des élèves, qu'il déconcertait parfois par ses brusqueries nerveuses, mais qui sont devenues, sous son influence, de très remarquables virtuoses. J'ai rencontré notamment, à Marseille, une adorable femme que Chopin, après l'avoir entendue, jugea digne de recevoir ses leçons, mais à laquelle il dit, en guise de premier encouragement : « Il faut vous faire couper ce doigt-là! » exactement comme Toinette dit au Malade imaginaire : « Voilà un bras que je me ferais couper tout à l'heure, si j'étais que de vous. »
— Avoir été élève de Chopin, savoir jouer la musique

de Chopin, c'est un titre d'honneur qui n'est pas commun. Madame Audley y a joint un mérite encore plus rare; elle a excellé à l'analyser, à le comprendre, à le peindre et à le raconter.

XXII

FOSCA[1]

Mai 1880.

Un prédicateur illustre, déplorant en chaire l'indécence de certaines toilettes féminines, s'écriait : « Où cela s'arrêtera-t-il ? » Nous aussi, causeurs littéraires, nous pourrions demander où s'arrêtera cette production toujours croissante, qui nous encombre, qui nous écrase, qui nous désespère. Quoi de plus cruel, en effet, pour un écrivain consciencieux, que de se savoir endetté et de se sentir insolvable? Le roman seul, dans cette inondation moins fertilisante que celles du Rhône et du Nil, suffirait à défrayer, non pas cinquante-deux *Semaines*, mais 365 jours de critique à jet continu; le feuilleton quotidien,

1. Par M. Gustave Claudin.

qui entreprendrait ce travail d'Hercule, serait forcé de laisser à l'écart tous les genres, tous les ouvrages qui lui offriraient un plus sérieux sujet d'étude ; philosophie, histoire, *Mémoires*, *Voyages*, questions contemporaines, politiques et sociales, poésie, et une foule d'*et cætera!* Singulier contraste! éternelle humiliation de la sagesse humaine! On est jeune encore, ou presque jeune; on aime passionnément la littérature, sans être sûr, hélas! d'être payé de retour ; on lit des romans ; on essaye même, sinon d'en faire, au moins d'en écrire, et l'on se dit avec une conviction digne d'un meilleur sort : « Chaque âge a ses lectures. Quand je serai vieux, je reviendrai à mes chers *classiques*, à Homère, à Virgile, à Cicéron, à Corneille, à Tacite, à Pascal, à Bossuet, à Racine, à Fénelon, à la Bruyère, à madame de Sévigné. A mesure que la vieillesse m'affaiblira, je me nourrirai de cette moelle de lions ; à mesure que l'horizon se fera plus sombre, je demanderai à ces immortels foyers de lumière d'éclairer pour moi ce crépuscule ; à mesure que j'apercevrai le bout du chemin, je resserrerai mon intimité respectueuse avec ces grands esprits, ces puissants consolateurs, dont l'idéal est si haut qu'il semble une étape du suprême voyage, un point de transition entre le fini et l'infini, un trait d'union entre la terre et le ciel! »

Je me disais tout cela, et je comptais sans mon hôte, sans ce démon familier, habile à me persuader que je dois poursuivre ma tâche, qu'il y a encore quelque chose à faire, que mes lecteurs attendent mon avis sur le roman d'hier et le roman de demain, et que, pour atténuer la dissonance entre mon âge et ces frivoles lectures, il me suffit de traduire en français le *telum sine ictu*, et de combattre pour le bien contre le mal, pour la vérité contre le mensonge, pour la morale contre le vice, pour le naturel contre le naturalisme, pour les persécutés contre les persécuteurs, pour la défaite contre le triomphe, pour la liberté contre l'arbitraire. En pareil cas, le diable est bien fin, bien persuasif; il a pour complices toutes les secrètes faiblesses de l'esprit et du cœur, les supercheries de la vanité, les complaisances du *moi*, le penchant à croire qu'il n'y a pas de raison pour ne pas recommencer ce soir ce que l'on a fait ce matin, la persistance du péché mignon, le chagrin de n'avoir plus voix au chapitre, et l'ennui de couper d'une main sénile le dernier fil qui nous rattache à la vie, aux passions, aux intérêts, aux succès, aux curiosités, aux épisodes, aux rumeurs, aux glorioles de ce monde. Je me laisse donc convaincre, et je continue; mais comment faire? Voilà quarante romans sur ma table, et, si tous ne sont pas des chefs-d'œuvre, il y en a bien peu où l'on ne rencontre des traces visibles de talent. Inexplicable énigme! Nous sommes forcés d'avouer que notre niveau intellectuel s'est abaissé, que la société s'en va, que la littérature se déprave ou se dégrade, que les imaginations fouillent le coin des bornes au lieu d'interroger les cimes et les étoiles, que notre époque n'est ni héroïque, ni romanesque, ni chevaleresque; et cependant le pire des romans d'aujourd'hui est supérieur à la moyenne de ceux qui réussissaient et occupaient la critique au commencement de ce siècle. L'autre jour, alléché par la *fugue* d'une comédienne fantaisiste, fantastique, nerveuse, vaporeuse, aérienne, trop légère pour qu'on soit surpris de la voir prendre sen vol et trop mince pour qu'on s'étonne de sa facilité à s'emballer, j'ai cherché dans mon antique collection du *Journal des Débats* l'histoire d'une autre *fugue*, qui fit du bruit en son temps, celle de mademoiselle Georges, le mercredi 11 mai 1808, au moment même où l'affiche du Théâtre-Français annonçait la cinquième représentation d'*Artaxerce*, tragédie en cinq actes, en vers, par M. Delrieu, jouée par Saint-Prix, Lafon, Damas, et la belle mademoiselle Georges dans le rôle de Mandane. — Par parenthèse, quel joli sujet de fantaisie sous la plume d'un de nos jeunes chroniqueurs! *Artaxerce* attirait la foule. Delrieu avait, pour y ajouter son appoint, une recette dont ne se doutent probablement ni Augier, ni Sardou, ni Bornier, ni Gondinet, ni Labiche. Les jours où on jouait sa pièce, il allait, dès midi, se poster devant les affiches, et il s'écriait à haute et intelligible voix : « Quoi! comment! *Artaxerce*, ce soir! Ah bien! on va refuser du monde! Et moi qui n'ai pas de place!... » Ici, il tirait sa montre : « Tout juste le temps de courir au bureau de location!... » —

Et il courait... aux affiches voisines, et ainsi de suite jusqu'à l'ouverture des bureaux. Son effet était produit; parmi les passants, les flâneurs et les badauds qu'avait attirés son monologue, il y en avait toujours bien quelques-uns qui s'y laissaient prendre, qui disaient : *Allons voir Artaxerce!* et c'était autant de gagné !

Ce soir-là, quel coup de foudre! Sur l'affiche une large bande : « Relâche, fuite de mademoiselle Georges! » Géoffroy, le Sarcey de cette époque, se fit l'interprète de la stupeur et de la consternation générales dans un feuilleton lamentable où la déconvenue du public, le départ de la belle Mandane, la déroute du cothurne, le deuil de Melpomène, étaient représentés comme une calamité publique, malgré les compensations offertes par Thalie et par Terpsichore. Et que de mystères, que de matières à légende laissait après soi la fugitive! Que de versions différentes, tragiques, épiques, impériales, autrement émouvantes qu'un caprice de jolie femme! 1808! Une année préparatoire au divorce, intérimaire entre Joséphine, que l'on n'aimait plus, et Marie-Louise, qu'on ne choisissait pas encore! Une fantaisie de César pour l'impératrice de théâtre! un rendez-vous nocturne, une entrée clandestine par le petit escalier des Tuileries; puis une scène de terreur, telle que n'avaient pu la prévoir ni Rodogune, ni Phèdre; plus voisine de Corvisart que de Talma; une crise soudaine, comparable à une attaque d'épilepsie; cette belle jeune femme, qui était venue au-devant d'un sourire, seule, à minuit, en présence du maître, témoin de ces convulsions effrayantes, en face de ce visage livide, n'osant pas appeler, n'osant pas crier, n'osant pas se taire ; se demandant avec angoisse si elle n'allait pas assister à la mort du plus grand tragédien de son temps ; tellement épouvantée, que, le lendemain, elle avait presque perdu la tête. Elle se croyait poursuivie, non pas par les Éuménides, mais par tous les alguazils et les sbires de Fouché, menacée des plus rudes châtiments pour avoir vu, comme Ovide, ce qu'elle ne devait pas voir. *Abiit, evasit, erupit ;* elle partit, elle s'enfuit, et telle était sa frayeur, que, en 1833, vingt-cinq ans plus tard, elle tremblait encore, elle, Marguerite de Bourgogne et Lucrèce Borgia, en racontant pour la première fois à M. Harel l'anecdote qu'elle avait tenue secrète pendant un quart de siècle ; elle la racontait devant Jules Janin, et sa terreur était si communicative, que, après un autre quart de siècle, J. J. était encore ému en me redisant la légende dans son paisible chalet de Passy.

Rien n'est plus entraînant que ces collections de vieux journaux. Je feuilletais ces années d'héroïsme, de gloire, d'enthousiasme, de chair à canon, et j'étais frappé de l'incroyable médiocrité des œuvres dont rendaient compte les plumes les mieux taillées de ce temps-là, à commencer par le très spirituel abbé Féletz. Des doublures et des triplures de Delille, des poèmes sur le tric-trac, les échecs et les vers à soie, des *héroïdes* imitées de Colardeau, des odes plus ou moins couronnées par les académies de province, de grotesques variantes de la *Civilité puérile et honnête*, des traités sur la diction, la syntaxe, la façon de se présenter dans le beau monde, des moralités dignes de M. Prudhomme égaré parmi les chansonniers du Caveau, s'étalaient fièrement au rez-de-chaussée de ces journaux dont le premier étage s'illuminait des reflets d'Austerlitz, de Wagram, de Friedland et d'Iéna. Ce n'était pas de la littérature; c'était quelque chose d'intermédiaire entre les jeux d'esprit de salon et les exercices d'Athénée. Quant aux romans, il me suffira de dire que madame de Genlis fut le George Sand et Ducray-Duminil le Balzac de ces conteuses et de ces conteurs qui fréquentaient les souterrains, hantaient les tours du Nord, peuplaient les chapelles et les cloîtres en ruine, chaussaient les bottes à revers, se coiffaient des bérets à plumes, dialoguaient avec l'ermite de la montagne et le chevalier de l'Aigle-Noir, donnaient audience aux troubadours et créaient tout un calendrier ou tout un martyrologe d'Évelinas, de Lodoïskas, de Pamélas, de Claras, d'Amandas, d'Élodies et d'Imogènes.

Aujourd'hui, le roman a plus de valeur littéraire. On peut le discuter, le récuser, le haïr, le maudire, gémir, de ses tendances, s'affliger de ses excès, s'indigner de ses audaces, se dégoûter de ses turpitudes, s'effrayer de ses blasphèmes, se détourner de ses ordures; il est impossible de nier qu'il n'y ait là une force, une veine, un je ne sais quoi qui n'existait pas encore et que nous, vieillards de 1830, n'avions ni prévu ni soupçonné; un mystérieux effort de la démagogie triomphante, laquelle, maîtresse du terrain, acharnée à le déblayer, décidée à se passer de Dieu, de l'âme, du ciel, de l'idéal, de l'imagination, du cœur, des finesses aristocratiques, des luttes de la passion contre le devoir, des fibres délicates de l'homme intérieur, se rue sur la matière. Elle essaye d'en extraire quelque chose de grossier, de robuste, de vivant, de populacier, de haut en couleur, de surchauffé, d'épicé, de frelaté, d'alcoolisé, d'affriolant pour les vices des multitudes, qui soit, dans le domaine de l'art, ce qu'elle est elle-même dans le domaine de la politique. Cette littérature existe, soit! Elle triomphe, je le veux bien ; elle a des centaines d'éditions, tandis que, d'après une statistique de M. Charles Louandre, les meilleurs romans de madame Sand se tiraient et se vendaient, sous Louis-Philippe, à six ou sept cents exemplaires. Je m'y résigne ; mais nous, les vaincus, les disgraciés, les dédaignés, les prêcheurs dans le désert, quel est notre rôle sous cette dictature bicéphale dont la tête politique s'appelle Gambetta et la tête littéraire se nomme Émile Zola? Il est bien simple : n'avoir pas l'air de la connaître ; la laisser se pavaner dans son huit-ressorts, comme une honnête femme se promenant à pied sur le boulevard laisse passer une courtisane dans un attelage à la Daumont; répondre à ses envois par un mutisme obstiné; éviter également de la saluer, ce qui nous déclasserait, — et de lui montrer le poing, ce qui attirerait sur elle l'attention des flâneurs; réserver notre modeste publicité pour les œuvres et les auteurs qui résistent à l'épidémie, qui échappent à cette pourriture, qui ont le courage de réagir contre ces maléfices, qui aiment mieux réussir un peu moins et se respecter un peu plus.

Au milieu de l'encombrement dont je me plaignais tout à l'heure, j'ai eu le tort de ne pas arrêter au passage le charmant volume de M. Gustave Claudin, *Tout à l'ail et tout à l'ambre;* une fantaisie de Parisien, une boutade d'Athénien ennuyé de tous ces étalages de laideurs physiques et morales; une préface étincelante où le naturalisme est traité par l'homœopathie ; un livre mi-parti des élégances du passé et de parodies spirituelles où l'ilote légendaire se roule sur le perron de Tortoni et se grise de fine-champagne servie sur un plateau de vermeil par un habitué de Bignon et de Brébant. Ce tort bien involontaire, je voudrais le réparer au profit de *Fosca,* nouveau roman d'un intérêt très vif, où Gustave Claudin, à force de tact et de légèreté de main, trouve moyen d'effleurer ce qu'il serait difficile de fouiller sans se salir, de glisser à travers les écueils, d'adoucir les situations alarmantes, de soutenir jusqu'au bout les caractères, et de prendre parti pour la vertu en la rendant aussi attrayante, aussi amusante que ses contraires.

Fosca est la fille unique d'un riche fabricant rouennais, propriétaire d'un château magnifique, aux portes de l'antique cité normande que Gustave Claudin a décrite avec une tendresse quasi filiale. Travailleur infatigable, tout entier à l'exploitation de sa gigantesque verrerie, M. Lebrun n'en est pas moins disposé à idolâtrer et à *gâter* sa charmante Fosca, qu'il ramène triomphalement de son couvent ; elle lui est d'autant plus nécessaire, qu'il est veuf depuis de longues années. Seulement l'excellent homme ne s'aperçoit pas que les feux d'artifice s'éteignent, que les bouquets se fanent, que les acclamations s'enrouent, et que, au bout de quinze jours, sa fille, condamnée à n'entendre que des conversations spéciales sur les propriétés du minerai et l'éclat du verre dont elle n'a pas la fragilité, s'ennuie à faire pitié. Tréfenchel, un caissier modèle qui n'ira jamais en Belgique, l'avertit de sa distraction paternelle, et voilà le digne Lebrun, pour amuser Fosca, invitant ses deux meilleures amies de couvent, Irène et Faustine. Gustave Claudin excelle à peindre ces jolis groupes où les curiosités féminines se confondent avec les innocences virginales, où les divers genres de beauté se font valoir les uns par les autres, où il ne fait plus nuit, où il ne fait pas encore jour, où le rapide passage de l'adolescence à la jeunesse se révèle par des alternatives de gaietés sans objet, de mélancolies sans motif, de rêveries sans issue, de troubles indéfinissables et de rires inexplicables. Irène, c'est la fille de noblesse, qui n'est pas sûre de ne pas coiffer sainte Catherine si son ambitieuse mère, la marquise de Gransac plutôt que de gros sac, la sacrifie à son fils Gontran, jeune gommeux trop réussi, fort entamé déjà par les *belles petites* et le baccarat. Faustine — prenez garde à cette Faustine! — c'est la fille pauvre, admirablement douée, placée tôt ou tard dans une de ces situations délicates où la beauté peut devenir un péril, les talents des tentateurs, le succès un piège, et où la brillante élève du Conservatoire risque d'en sortir médiocrement conservée. Fosca, vous la connaissez ; c'est l'honnête fille qui sera une honnête femme ; heureuse de ses millions sans en être enivrée; demandant à aimer l'homme qu'elle épousera, prête à l'aimer encore mieux et à l'épouser encore plus, s'il ne la sépare pas de son père. Tous ces préludes sont charmants.

Ce phénix des maris et des gendres existe; il se nomme Daniel. Pour le moment, il parcourt les montagnes Rochat — non, Rocheuses, — au service de M. Lebrun et de ses mines aurifères. En l'attendant, on éconduit poliment le beau Gontran de Gransac et de petite braise, le sémillant baron de Robec et une foule d'autres prétendants plus intéressés qu'intéressants. Nous la savons par cœur, cette chasse à l'héritière, où le cœur est pour si peu de chose et dont chaque hiver parisien nous offre de si piquants exemples. La pauvre riche héroïne de ces romans à tranches dorées, point de mire de ces passions exaltées par l'arithmétique, objectif de ces Werthers endoctrinés par Barême, aurait besoin de tous les alambics des alchimistes du moyen âge pour analyser ces regards langoureux, ces soupirs discrets, ces évolutions savantes, ces rencontres attribuées au hasard, ces déclarations timides, ces métamorphoses de Lovelace en Grandison, et pour découvrir un atome de sentiment vrai dans cette masse de calculs. Il lui serait si doux d'être aimée pour elle-même! si doux de donner aux déshérités de ce monde cette énorme dot qui l'écrase, l'enlaidit et la désespère, de se dépouiller à plaisir, de se ruiner avec rage, puis de dire à l'amoureux qu'elle aurait choisi : « Je n'ai plus rien ; me voilà ! me voulez-vous? » Mais l'épreuve est impossible, ou serait trop dangereuse. Les parents ne lui permettraient pas cette romanesque folie. Elle se résigne, elle hésite, elle retarde l'heure décisive, et enfin, à la grâce de Dieu ! Pourquoi ce Dieu de bonté, qui lui a donné la richesse, ne lui accorderait-il pas le bonheur?

Et Faustine? Elle sera le camélia de cette touchante histoire dont Fosca est la fleur d'oranger. Sa mère, madame Sévin, est trop pauvre pour pousser jusqu'au bout ses études musicales; il faut donc, hélas! se rabattre sur l'opérette! L'opérette, plus menaçante pour la vertu que son grand frère l'opéra; car il est moins facile de se défendre après avoir parodié les dieux et les déesses, les Grecs et les Romains, après avoir fredonné *la Belle Hélène* ou *Orphée aux Enfers*, qu'après avoir chanté :

Sombres forêts ou : *Rendez-moi, ma patrie!* — Tel gilet à cœur qui sera timide avec madame Bilbaut-Vauchelet, sera plus hardi avec mademoiselle Jeanne Granier. Pris au sérieux, les habitants de l'Olympe ne sont déjà pas fort édifiants. Réduits à l'état de personnages comiques, grotesques ou bouffons, on dirait qu'ils engagent leurs fringantes interprètes à *cascader* avec eux, à batifoler avec elles, à entrer bravement dans la ronde fantastique où le sceptre de Jupiter, le trident de Neptune, le marteau de Vulcain et le caducée de Mercure sont remplacés par la baguette d'Offenbach. Donc, ne pariez pas pour la sagesse de Faustine! Elle débute avec éclat dans une opérette intitulée *Cléopâtre*, et ce qui ajoute à son succès plus d'originalité et de *montant*, c'est que, secondée par Fosca et le bibliothécaire de Rouen, comme Gustave Claudin s'est fait aider par Théophile Gautier, la nouvelle Cléopâtre porte avec une exactitude archéologique et une grâce juvénile les costumes pittoresques et diaphanes de l'ancienne.

Désormais les destinées des deux amies vont suivre deux lignes parallèles, et, pour le bonheur de Fosca, on aimerait mieux les voir s'éloigner que se rejoindre. Daniel revient du pays des dollars, et M. Lebrun l'accueille à bras ouverts. Fosca se l'était figuré grave, positif, massif, lourd comme un lingot, absorbé par les affaires, capable de donner à perpétuité la réplique au bonhomme Lebrun et à son lieutenant Tréfenchel. Elle est agréablement surprise en se trouvant en face d'un beau jeune homme de vingt-huit ans, élégant cavalier, bon musicien, heureux de reprendre possession de tout ce que lui refusait l'Amérique, et décidé à s'amuser pour rattraper le temps perdu. Daniel lui plaît; il ne la séparera pas de son père; les vœux de M. Lebrun sont comblés; elle aime, elle est aimée. Le mariage est célébré avec accompagnement de réjouissances, de fêtes, de largesses auxquelles ne manque que la pauvre Faustine, encore irréprochable, mais déjà trop compromise par ce seul fait qu'elle chante l'opérette, et trop déclassée pour jouer le rôle de demoiselle d'honneur. Fosca verse une petite larme qui se sèche au premier rayon de la lune de miel. Il semble que nous n'avons plus qu'à dire : « Ils furent heureux, et ils eurent quelques enfants! » — en ajoutant : « Le bonheur n'a pas d'histoire. » — Patience! cette absence de Faustine calomniée, c'est le point noir dans un ciel serein; c'est le petit nuage que vous voyez là-bas, à l'horizon inondé de lumière, qui sera peut-être, ce soir, une trombe ou une tempête.

Faustine est entourée de séductions, assaillie de déclarations auxquelles elle résiste vaillamment. Mais le danger permanent d'une position telle que la sienne, c'est que la conscience est obligée de se suffire en dehors de l'estime des autres, que la vertu, sûre de trouver le public incrédule, ne sert à rien qu'à une satisfaction de fierté ou de dignité personnelle, bien faible armure défensive contre de si puissantes tentations. Faustine, en outre, souffre d'une pauvreté excessive que fait paraître invraisemblable le chiffre des appointements de nos *étoiles*. Mais il faut croire que, pour elle, ce chiffre a été fixé la veille de son succès. C'est pourquoi l'on a envie de lui pardonner, lorsque, taquinée par ses créanciers, menacée de perdre sa fraîcheur, sa jeunesse et sa voix, mal conseillée par une de ses camarades, elle écoute les galants propos et accepte les munificences *san-franciscaines* du beau comte de Brive, qui est évidemment le plus amoureux et le plus prodigue des pseudonymes. Il va bien, ce comte de Brive, dont les apparitions intermittentes font rêver Faustine et son amie Phalaris! Si bien qu'il arrive, en deux ou trois étapes, au seuil d'un usurier de Tours, qui n'est pas la figure la moins originale de cet intéressant récit. C'est une trouvaille, cet Ustazade, usurier fantaisiste, paradoxal et octogénaire, qui fait de l'usure en artiste, avec des balances singulières, où un grain de folie sert de contrepoids aux rouleaux d'or et aux liasses de billets de banque. Hogarth et Balzac, Hoffmann et Gavarni auraient signé cette gravure à l'eau-forte. Par malheur, Ustazade meurt subitement, et les choses s'arrangent ou se dérangent de façon à attirer l'attention de la justice sur ce faux comte de Brive, qui n'est autre, hélas! que Daniel, Daniel, l'heureux et coupable Daniel, à qui Hoffmann déjà nommé pourrait dire, comme dans son admirable *Majorat* : « Daniel!

Daniel ! que fais-tu ici à cette heure ? » — Daniel, dont la *sensibilité* et les délicatesses de cœur se sont un peu grossoyées à San-Francisco et à New-York, est de l'avis de Louis XIV sur la continuité du pâté d'anguilles, qui ne tarde pas à amener une autre anguille sous roche. Pendant que sa femme et son beau-père étaient à Évian et en Suisse pour la santé de M. Lebrun, il est allé à Paris pour affaires; il y est resté pour ses plaisirs ; il y a vu, entendu, applaudi Faustine, dont la beauté, toute de contrastes avec celle de Fosca, a parlé à ses sens un nouveau langage. Vous savez le reste ; mais ce que vous ne savez pas, c'est que M. Lebrun, persuadé que Daniel a perdu au jeu ces sommes folles, paye sa dette et le délivre de tout souci du côté du tribunal de Tours ; c'est que Daniel, honteux de sa faute, revient de cœur et d'âme à Fosca ; c'est que Faustine, malheureuse de sa chûte, dégoûtée de son métier, ne voyant plus reparaître son comte de Brive, sans argent au milieu des splendeurs de son mobilier, de ses attelages, de ses bibelots et de ses parures, se décide à faire une vente. Cette vente amène le dénouement. Faustine y reconnaît le comte de Brive sous les traits de Daniel, mari de sa meilleure amie. Elle se tue. M. Lebrun, qui sait tout, pardonne encore à Daniel pour sauver le repos et le bonheur de sa fille, qui n'a rien su. Pendant six mois, on réussit à cacher à Fosca la mort de Faustine. Quand elle l'apprend, elle fond en larmes, et, comme son mari ne pleure pas, elle lui dit avec une douceur angélique :

— On voit bien que tu ne l'as pas connue!

C'est le mot de la fin; il est excellent comme tout le récit; si excellent, que, si j'en cherchais un autre, je ne pourrais que gâter celui de la charmante Fosca et de Gustave Claudin.

XXIII

GUSTAVE FLAUBERT

Mai 1880.

Lorsqu'on remarque un défaut absolu de proportion entre la valeur réelle d'un écrivain et le bruit qui se fait autour de son cercueil, le mieux est de laisser s'éteindre les cierges funéraires et d'attendre quelques semaines, ne fût-ce que par respect pour la mort, pour les amitiés sincères, pour les enthousiasmes de famille et pour le deuil d'héritier. Ici, le deuil d'héritier était de deux nuances ; M. Zola et ses dignes élèves, qui se font gloire de ne rien inventer, ne sauraient mieux justifier cette prétention singulière qu'en relisant ou — ce qui serait plus dur — en nous forçant de relire *Madame Bovary* et surtout *l'Éducation sentimentale*. Ce sont, de part et d'autre, les mêmes procédés, les mêmes *ficelles* ou plutôt les mêmes câbles, le même placage artificiel sous prétexte de naturalisme ou de réalisme, le même soin de substituer le tableau, le *morceau*, à l'intérêt du récit, au développement des situations et des caractères, le même sacrifice du sentiment à la sensation, de la vérité humaine à la réalité triviale ou nauséabonde, de l'homme à la chose, de la peinture à la photographie, de la beauté à la laideur, de l'âme au corps, de tout ce que les lecteurs d'élite cherchaient autrefois dans un roman à tout ce que les chiffonniers trouvent au coin d'une borne. Seulement, ne perdons pas de vue la différence des dates. Il est bon que chaque régime ait la responsabilité des œuvres qu'il produit, qu'il inspire, qui le traduisent et qui lui ressemblent. Les trois principaux ouvrages de Gustave Flaubert sont antérieurs à la chute de l'Empire. Ils expriment ou du moins ils font pressentir cette dissolution sociale, cette décomposition cadavérique, qui existait déjà à l'état latent, qui se dissimulait sous de brillantes surfaces, et qui, aujourd'hui, s'étale au grand soleil, dans toute la turpitude et toute l'insolence de son mandat officiel. *Madame Bovary*, qui eut des démêlés avec la justice, est une lecture édifiante, si on la compare aux ordures qui prospèrent en toute sécurité sous le pavillon de quelque journal gambettiste, qui atteignent sans encombre leur cinquantième édition, et que nos seigneurs et maîtres ne pourraient condamner sans se condamner eux-mêmes. En dépit du bien pauvre réquisitoire de M. Pinard, depuis lors ministre de l'intérieur, Emma Rouault, femme Bovary, est à Nana ce que les belles dames du second Empire, affriandées par les mystérieux détails de toilette de Salammbô, sont aux Égéries républicaines, ce qu'un coup de cloche est au tocsin, ce qu'un roulement de tambour est à un feu de peloton, ce que le dégel est à la débâcle. M. Zola et ses élèves couvrent de fleurs élégiaques le tombeau de Gustave Flaubert. Ils le lui doivent bien, et ils épuiseraient toutes les fleurs du mois de mai en y ajoutant celles de rhétorique, sans réussir à s'acquitter envers lui et à indemniser sa mémoire; car, en l'exagérant, ils le trahissent; en s'inspirant de sa méthode, ils nous montrent tout ce que renfermait sa littérature.

Un mot d'abord de cette littérature, en dehors de ses origines, de son influence, de son milieu, de l'atmosphère spéciale dont elle a besoin pour vivre. Lorsque, le lendemain de la mort de Flaubert, nous avons vu prodiguer les mots de *grand écrivain,* de *grand artiste,* quand on nous a parlé du vide immense que laisse dans les lettres contemporaines l'auteur du *Candidat* et d'*un Cœur simple,* de ce cabinet de travail d'où sont *parties tant de pages immortelles,* nous aurions volontiers ouvert un vaste riflard en attendant la fin de cette averse, et ici l'image est d'autant plus juste que, sauf quelques chapitres de *Madame Bovary,* les romans de Gutave Flaubert offrent beaucoup d'analogies avec la pluie. Il n'y a de vide laissé dans la littérature que lorsqu'un écrivain meurt, comme Balzac, en pleine verve, en pleine veine, lorsque ses derniers récits sont supérieurs aux premiers. Balzac a commencé par *Jane la Pâle* et a fini par *le Cousin Pons* et *la Cousine Bette*. Flaubert a commencé par *Madame Bovary* et a fini par *Bouvard et Peluchet*, que nous ne connaissons pas encore, mais dont le sommaire et le plan ont donné aux curieux tout un avant-goût de tiges de pavots, d'extrait de laudanum et de pilules de chloral. On a osé évoquer Balzac. Certes, je ne suis pas suspect à l'endroit de ce génie mal équilibré; mais comment comparer ce créateur prodigieux dont le cerveau en fusion ne se lasse pas de produire des figures vivantes, variées, multiples, originales, qui nous force d'y croire, de voir en elles les personnages d'une nouvelle *Comédie humaine*, qui leur donne un relief extraordinaire, qui en tire des situations émouvantes, passionnées, étonnantes, imprévues, irrésistibles, qui naturalise l'invraisemblable, qui acclimate l'impossible, qui fait des portraits avec des silhouettes et des types avec des caractères, qui devinait, en 1840, les mœurs, les héros, les héroïnes de 1855, — comment le comparer à une espèce d'opérateur impassible, d'anatomiste à froid, sans âme, sans flamme, sans idéal, sans style, pour qui le roman se réduit à une interminable série de séances de dissection et d'autopsie, qui ne croit à rien, qui n'aime rien, qui ne préfère rien, et qui a soin, lorsqu'il met en jeu ses marionnettes, de nous les dénoncer comme des zéros, de négations, des avortons, des grotesques, des fantoches, des caricatures, des phénomènes de laideur, d'impuissance, de bêtise, de nullité, de sottise? C'est comme si l'on comparait M. Nadar à Eugène Delacroix ou M. Lemercier de Neuville à Molière.

Balzac est le romancier de la vie, du mouvement, de l'activité fébrile, de la jeunesse exubérante, des exagérations du vice, des raffinements de la vertu, des ardeurs de l'ambition, des mirages de la vingtième année, du perpétuel effort vers la grandeur, le pouvoir, la richesse, l'amour, le luxe, le plaisir à outrance. Gustave Flaubert est le romancier du néant, de la léthargie, du *non possumus*, de l'anémie, de la paralysie morale, de la lassitude; non pas de cette lassitude poétique, de cet ennui grandiose, qu'ont chanté Gœthe, Chateaubriand, lord Byron et Lamartine, qui suppose une première phase d'illusion, d'enchantement et d'ivresse, mais de cette lassitude *préconçue*, *à priori*, originelle, instinctive, qui se décourage et s'abat avant d'avoir essayé. Il est le conteur, que dis-je! l'endormeur d'une société si malade, tellement près de tomber en pourriture, si fatalement et si justement dégoûtée d'elle-même, que ce dégoût devient l'inspiration favorite de ceux qui cherchent à la peindre, et que leurs créations maladives semblent appartenir à un monde négatif où l'on s'ennuie sans s'être amusé, où l'on bâille sans avoir ri, où l'on désespère sans avoir espéré, où l'on se fatigue sans avoir agi, où l'on tombe sous la table sans avoir vidé son verre. En somme, Flaubert ressemble à Balzac, comme une glacière ressemble à une fournaise.

Il est bien entendu que, dans cet essai de comparaison et d'analyse, je ne puis et ne veux parler que de *Madame Bovary* et de *l'Éducation sentimentale*. Tout ce que Flaubert a écrit depuis 1870 est d'une telle faiblesse, d'une insignifiance telle, on y découvre de tels signes d'un cerveau absolument vidé, qu'il en résulte un bizarre effet d'optique; on finit par le confondre avec ses personnages. Vous diriez que, à force de peindre à la loupe des énervés, des ennuyés, des ennuyeux, des impuissants, à force de s'imposer à lui-même l'ennui de ce fastidieux travail, à force de chercher *la petite bête* dans leurs idées, leurs sentiments, leurs passions, leur parti, leurs habitudes, leur entourage, il se les est assimilés, qu'il est entré *dans la peau de ses bonshommes*, et qu'il s'est condamné d'avance à mâcher comme eux dans le vide, à languir d'inanition, à dépérir et à s'annihiler avec eux.

Quant à la Carthaginoise *Salammbô*, cette curiosité monstrueuse ou cette monstruosité curieuse n'a rien à faire dans le débat. Essayer de la rattacher à une *formule* quelconque (style Zola), lui chercher des origines, des affinités, une lignée littéraire, c'est exactement comme si, pour juger l'architecture d'un édifice, on considérait un énorme fouillis de plantes parasites accrochées à la muraille. Ici, Gustave Flaubert n'avait pas Balzac pour ancêtre, mais l'abbé Terrasson, auteur de *Séthos*, ou, tout au plus, en achevant de le gâter, le Chateaubriand du poème en prose, des pages les plus artificielles des *Martyrs*. Étrange retour des choses et des réalistes d'ici-bas ! Se poser en peintre impitoyable de la vérité *quand même*, traiter l'idéal de vieux radoteur, s'installer dans les pharmacies, dans les écuries, dans les buanderies, dans les cuisines, ne nous faire grâce ni d'une saignée, ni d'une médecine, ni d'un massepain, ni d'un bocal, ni d'une charcuterie, ni d'un cataplasme, ni d'une plaie, ni d'une *chair effiloquée*, ni d'un *liquide figé en gale verte*, ni *de narines noires reniflant convulsivement*; prodiguer, à titre de friandises romanesques, les pieds bots, la stréphopodie, la stréphoratopodie, la stréphendopodie, les équins, les varus, les valgus, les encéphales, les œdèmes, les ecchymoses, etc., etc. ; — et tout à coup, sans crier gare, transporter à Carthage son appareil photographique, s'aventurer et se perdre, sur les traces incertaines du vieil historien Polybe, à travers un épisode plein d'obscurités et d'épouvantes, au milieu de héros qui ne valent pas même Childebrand, dans un chaos d'atrocités qui dépassent notre entendement, à la poursuite d'une fausse grandeur qui n'est que l'exagération factice et *voulue* de l'horreur, de la laideur, de la sensation violente, de toutes les variétés de la barbarie et

de la débauche, de l'invraisemblable et de l'impossible !
Quel écart, quel saut périlleux, quel précipice, et quelle
chute! On sourit en songeant à l'embarras de Sainte
Beuve en face de cette équipée carthaginoise. Il avait
été, on le sait, le parrain de madame Bovary, et il ne
s'attendait pas à voir sa filleule subir une pareille métamorphose. La chaleur de ses éloges quasi officiels,
— il les publiait dans *le Moniteur*, — opposés aux
sévérités de la magistrature, l'avait lié d'amitié avec
Gustave Flaubert, qu'il rencontrait d'ailleurs chez la
princesse Mathilde. Que faire? Certes, il aurait eu là, ne
fût-ce que par goût pour la couleur locale, une belle
occasion de pratiquer cette *fides punica*, dont il nous
offrit tant d'exemples. Il s'y prit autrement. Passé maître dans ce qu'il appelait la critique diplomatique, fertile en expédients, en réticences, en circonlocutions, en
évolutions, en subterfuges, en chatteries de toute sorte,
sûr d'être lu entre les lignes par sa meilleure clientèle,
il réussit à se faire pardonner par l'auteur des caresses
plus désagréables que des chicanes, des réserves plus significatives que des épigrammes, des objections plus accablantes qu'un blâme, des regrets plus cruels que des
reproches. Il avait l'air de concéder beaucoup à l'écrivain fourvoyé, et il ne lui laissait rien. — « Salammbô,
dit-il, n'est que bizarre, et si masquée, si affublée,
si fardée, qu'on ne se la figure pas bien, même au physique; et, au moral, si peu entraînée ou entraînante, que

malgré la complicité naturelle au lecteur en pareil cas, on ne prend nul plaisir à lui voir faire ce qu'elle fait. »

Et plus loin : « Martial, dans une de ses épigrammes, classe les œuvres de son temps en deux catégories ; les œuvres considérables, dites sérieuses, qu'on estime fort et qui attirent peu (en bon français de Sainte-Beuve, ASSOMMANTES), et les autres, celles dont on fait fi, et que chacun veut lire. M. Flaubert a voulu tâter à toute force et nous faire tâter des deux genres. Voilà tout. »

... ». Pour prendre ma comparaison hors de ce temps-ci, il vaut mieux avoir fait *Gil Blas* que *Séthos*. *Madame Bovary* n'est pas *Gil Blas*, (quel coup d'épingle !) et *Salammbô* est bien plus forte que *Séthos* ; mais on me comprend. » (Quel coup de massue !)

On ne peut se défendre d'un vif sentiment de tristesse, désormais respectueuse, lorsqu'on se rappelle à quelles circonstances cette atroce, absurde et ennuyeuse *Salammbô* dut un semblant de succès ; succès décevant comme la curiosité, fugitif comme le caprice, éphémère comme la mode, insensé comme la fantaisie, corrupteur comme le scandale. Elle s'ennuyait donc bien, cette Cour impériale, il lui fallait donc des excitants bien extraordinaires et bien rares, pour que certaines gaudrioles de costume, d'anneau et de chaînette lui fissent accepter cet amas d'abominations, ces odeurs infectes, ces tas de cadavres, ces effroyables supplices, ces plaies purulentes, toutes ces infamies dont Sainte-Beuve, malgré la largeur de sa manche, a dit en glissant comme chat sur braises couvées sous la cendre de Sodome : « Une pointe d'imagination SADIQUE[1] se mêle à ces descriptions, déjà bien assez fortes dans leur réalité! » pour qu'elle les préférât un moment à ces histoires touchantes et charmantes, *le Roman d'un jeune homme pauvre, Sibylle, la Maison de Pénarvan, le Marquis de Villemer*, pour que ces toilettes où l'archéologie déguisait fort mal l'indécence, eussent le privilège de défrayer un carnaval, de s'asseoir sur le tabouret des duchesses, de se glisser dans le boudoir des favorites? N'insistons pas! Cette cour exhaussée sur le sable obéissait à une fatalité d'étourdissement et d'imprévoyance, à une attraction d'effondrement, à une nostalgie de ruine, à un mystérieux instinct de suicide. L'aveuglement fut absolu, le vertige fut complet; l'expiation a été terrible. Par malheur, nous qui n'avons jamais joué avec le serpent de Salammbô, nous avalons maintenant les couleuvres républicaines. Est-ce juste?

Du moins il doit nous être permis, à nous, les impopulaires, de hasarder une remarque. Les panégyristes de Gustave Flaubert appartiennent tous ou presque tous à la littérature démocratique, démagogique, naturaliste, réaliste, communarde et radicale. Son roman posthume était promis, nous dit-on, à une *Revue* dirigée, inspirée

---

1. *Scilicet* le marquis de Sade; excusez du peu!

et probablement subventionnée par une femme spirituelle, riche et charmante, qui personnifie la République athénienne, et que l'on ne pourrait appeler fille d'Ève qu'en se trompant d'une génération. Comme ou ne peut pas supposer que Flaubert, en livrant d'avance à cette *Revue* son redoutable chef-d'œuvre — *Bouvard et Péluchet* — ait eu l'idée insidieuse de pousser au désabonnement, il faut bien croire à une entente cordiale entre le romancier Normand et nos nouveaux maîtres. Or Gustave Flaubert représente, de la façon la plus exacte, la littérature, le roman du second Empire, non seulement par les dates de ses trois principaux ouvrages — 1857, — 1862, — 1869, — mais par des analogies bien autrement puissantes entre ses modèles et ses portraits, ses inspirations et son œuvre, son texte et ses commentaires, ses tableaux et ses cadres. Il fut un des plus assidus et des mieux accueillis *semainiers* de Compiègne, et nous avons vu que, après la mort de Théophile Gautier, il écrivait à un ami : « Depuis le 4 septembre, je sens que nous sommes de trop et que je n'ai plus rien à faire ici-bas... » — Devons-nous penser qu'il s'était ravisé; que sa littérature, éclose sous le césarisme, lui avait paru s'adapter encore mieux à la démocratie républicaine ; qu'il s'était dit que, si le 4 septembre ne lui laissait plus rien à faire, ses romans, en revanche, avaient beaucoup fait pour le 4 septembre? Ou bien, est-ce le groupe de ses admirateurs et de ses amis qui, reconnaissant au haut du pavé, à la tribune, au Sénat, à la Chambre des députés, au ministère, dans les hôtels de préfecture, au conseil d'État, dans les recettes générales, sous tous les costumes officiels, à tous les guichets d'émargement, — partout, excepté dans les églises, — les Bouvard, les Péluchet, les Homais, les Arnoux, les Canivet, les Tautain, les Tuvache, les Binet, les Guillaumin, les Chambrion, les Dussardier, les Deslauriers, les Delmar, les Oudry, les Hussonnet, les Regimbart, les Sénécal, les Roque, etc., etc., s'est écrié en chœur : « Non! vous ne pouvez pas être hostile ou étranger à un régime peuplé de vos créatures!... » — Je constate le fait; je ne me charge pas de l'expliquer.

Donc, *Salammbô* ne compte pas; compterons-nous *le Candidat*, joué et lourdement tombé au Vaudeville? Ce serait une cruauté gratuite; s'il y a eu au théâtre des chutes éclatantes et *rebondissantes*, on n'en a pas vu de plus terne, de plus morne, de plus lugubre que celle-là. Il faut, pour rencontrer la pareille, descendre au *Bouton de rose* et autres rosiers dramatiques de M. Zola. En fait de cruauté, on ne pouvait pas en commettre de plus féroce qu'en invitant Gustave Flaubert, et, après lui, ses héritiers plus naturalistes que naturels, à écrire pour le théâtre. Dans ce contact immédiat avec le vrai public, les *formules*, les procédés, les partis pris, les artifices, tombent en miettes. Une école qui n'a rien d'humain, qui écrase l'homme sous l'objet matériel, qui affecte d'éluder l'action et de mépriser l'invention, qui accorde deux lignes à l'expression d'un sentiment et en prodigue deux cents à la description des choses inertes, cette école n'a rien à espérer dans un genre où le spectateur, venu pour s'attendrir, pour s'intéresser ou pour rire, s'ennuie, s'exaspère et se révolte, du moment que, au lieu d'êtres vivants, passionnés, amusants, pathétiques ou comiques, on lui montre des mannequins chargés de *formuler* un système. Le théâtre, c'est l'humanité collective, appelée à se reconnaître dans l'individu ; le naturalisme, ci-devant réalisme, c'est l'humanité mise hors la loi, supprimée, vilipendée, sacrifiée, au profit de tout ce qui l'humilie, la déshonore, la dégrade et l'anéantit. Le feu de la rampe a du bon ; il éclaire ce que d'orgueilleux impuissants, de désasteeux sectaires s'efforcent d'obscurcir ; il brûle ce qu'adore une curiosité extravagante ou imbécile. Voilà bien des phrases pour ce malheureux *Candidat*, qui, prenant au sérieux son titre, réussit à renchérir sur la platitude de ses homonymes ou confrères. J'aurais mieux fait de dire qu'une séance de conseil municipal de chef-lieu de canton est plus spirituelle et plus divertissante.

Restent *Madame Bovary* et *l'Éducation sentimentale*. Je ne crois pas qu'il existe dans l'immense répertoire du roman moderne un roman plus ennuyeux que cette *Éducation* en huit cents pages in-8°. J'ai trop parlé de pluie pour y revenir. Cette fois, je songerais plutôt à une poussière fine, grisâtre, impalpable, incessante, tombant d'une cheminée ou d'un toit en démolition, puis soulevée par les froides rafales d'une bise de novembre, et couvrant peu à peu l'auteur, les personnages, le livre et le lecteur. Le romancier semble jouer aux barres avec l'action ; il ne l'attrape jamais, mais elle nous attrape toujours. Son héros, Frédéric Moreau, est une manière de madame Bovary habillée en homme. Placé entre trois femmes, on ne sait jamais s'il va finir avec l'une, commencer avec l'autre ou se déclarer avec la troisième. On le croit aux pieds de madame Arnoux; pas du tout ! il est aux genoux de madame Dambreuse ; on le croit enamouré de madame Dambreuse; nullement! le voilà dans le boudoir de Rosannette. C'est comme une roue de *noria*, tournée par un cheval aveugle qui fait cinquante kilomètres dans sa journée sans changer de place; comme une plaine de la Crau, n'ayant pour toute végétation que des cailloux, et s'étendant à perte de vue sans que le regard puisse se reposer sur une figure humaine, sur un bouquet d'arbres, sur un épi de blé, sur une maison habitée, sur une cabane de laboureur ou de pêcheur. Mais, dans ce mortel ennui, dans cette série de négations, dans ce prodige d'atonie romanesque, il y a pourtant une sensation en permanence, une impression réelle et persistante ; c'est celle du désenchantement universel. Ce n'est plus de l'impartialité, c'est de la paralysie, une désarticulation implacable de toutes les facultés actives. L'amour, chimère ! La famille, mensonge ! La liberté, niaiserie ! La poésie, dérision ! La politique, ironie ! Le patriotisme, *blague !* La noblesse, un tas de lâches, de gâteux et de crétins ! La bourgeoisie, une masse d'égoïstes, d'intrigants et d'idiots ! Le peuple, une vache à lait au service des tribuns, des bavards et des fripons ! Le récit traverse la fin du règne de Louis-Philippe, la révolution de février et le début de l'Empire, sans qu'il soit possible de savoir si l'auteur a un sentiment quelconque pour ou contre la monarchie libérale, la République, l'émeute, le communisme, les barricades, les insurgés, la répression, l'armée, la garde nationale, la garde mobile, Cavaignac, Lamartine, Ledru-Rollin, Barbès, Louis Bonaparte, le général Bréa ou ses meurtriers, l'archevêque de Paris ou ses assassins. Pas une émotion, pas un battement de cœur. Un peintre distingué, M. Luminais, a exposé, au Salon de cette année, *les Énervés de Jumièges*. On composerait une galerie avec *les Énervés* de Gustave Flaubert.

Madame Bovary s'était bien compromise ; tellement compromise, qu'elle en était morte ; *l'Éducation sentimentale* trouva moyen de la ressusciter pour la compromettre encore ; car il était impossible que l'insuccès de l'une ne rejaillît pas sur l'autre. Il était difficile de ne pas s'apercevoir que la littérature de *Madame Bovary* se retrouvait tout entière dans *l'Éducation sentimentale*, exagérée à la fois et appauvrie. Je ne répéterai pas, à propos du premier roman, resté le chef-d'œuvre (tout est relatif) de M. Flaubert, ce qui fut, dès l'origine, si bien dit. Si vous voulez la note juste, relisez la belle étude de M. Cuvillier-Fleury — *Études historiques et littéraires,* — 1859. — Il y a vingt et un ans de cela, de quoi faire une majorité, et celle-là n'est pas trompeuse. Vous y verrez ce que l'on doit penser de cette étrange et indéfinissable héroïne qui n'est pas un caractère, mais un tempérament, de cet intolérable abus de descriptions et de détails, de ce goût de vulgarité, de grossièreté, de laideur, de ce *grand artiste* enfin, de ce *grand écrivain*, dont la prose varie entre le Stendhal du passé et le Zola de l'avenir.

Aujourd'hui, quinze jours après cette mort et ces obsèques qui n'ont rien eu de bien consolant, j'aurais voulu indiquer l'influence plutôt qu'étudier les œuvres. Cette influence est de deux sortes : sociale et littéraire. Sociale, elle n'aboutit à rien de moins que détruire tous les ressorts de l'activité humaine, à flétrir d'avance toutes les ambitions légitimes, à tuer dans leur germe toutes les belles croyances, tous les nobles amours, toutes les aspirations généreuses, tous les efforts vers le beau et le bien, toutes les notions du devoir, tout le patrimoine du cœur et de l'âme, tout ce qui élève l'homme au-dessus de la bête, tout ce qui me fait préférer le général Charette au citoyen Floquet. Si on prend au mot M. Flaubert et son œuvre, tout est dit; l'individu n'a qu'à se soustraire à la vie par le suicide; la société n'a qu'à se démettre; le pays n'a qu'à se livrer indifféremment aux nihilistes, aux communards, aux bandits ou aux Prussiens. L'influence littéraire ! Voltaire a dit : « Si c'est Homère qui a fait Virgile, c'est son plus bel ouvrage. » — Si c'est Gustave Flaubert qui a fait Émile Zola et les auteurs des *Soirées de Médan*, c'est sa condamnation la plus absolue.

FIN

TABLE DES MATIÈRES

I. — L'Assommoir à Athènes 1
II. — Alphonse Daudet 17
III. — Th. Bentzon 32
IV. — M. Lucien Double 48
V. — Le Vicomte Melchior de Vogué 65
VI. — Madame de Rémusat 81
VII. — M. Paul Thureau-Dangin 98
VIII. — La Littérature du jour de l'an 116
IX. — Le Comte Camille de Montalivet 133
X. — M. Poujoulat 148
XI. — Augustin Cochin, M. Henry Cochin 163

XII. — M. Albert Delpit, romancier		178
XIII. — M. Alphonse Karr		194
XIV. — M. Alexandre Dumas fils		210
XV. — Peintres et statuaires romantiques		241
XVI. — Causerie du samedi saint		258
XVII. — A côté du bonheur		275
XVIII. — Les Poètes		291
XIX. — M. Victor Tissot		305
XX. — Madame Campan à Écouen		322
XXI. — Oasis. — Souvenirs d'un chanteur. — Frédéric Chopin, sa vie et ses œuvres		351
XXII. — Fosca		372
XXIII. — Gustave Flaubert		389

FIN DE LA TABLE DES MATIÈRES

IMPRIMERIE GÉNÉRALE DE CHATILLON-SUR-SEINE. — J. ROBERT.

www.ingramcontent.com/pod-product-compliance
Lightning Source LLC
Chambersburg PA
CBHW052127230426
43671CB00009B/1144